古典文獻研究輯刊

十三編

潘美月・杜潔祥 主編

第18冊

「黃老帛書」研究

黃武智 著

國家圖書館出版品預行編目資料

「黃老帛書」研究／黃武智 著 — 初版 — 新北市：花木蘭文化出版社，2011〔民 100〕

序 2+ 目 2+186 面；19×26 公分

（古典文獻研究輯刊 十三編；第 18 冊）

ISBN：978-986-254-639-0（精裝）

1. 黃老治術 2. 帛書 3. 研究考訂

011.08 100015562

ISBN-978-986-254-639-0

古典文獻研究輯刊

十三編 第十八冊 ISBN：978-986-254-639-0

「黃老帛書」研究

作　　者 黃武智

主　　編 潘美月 杜潔祥

總 編 輯 杜潔祥

企劃出版 北京大學文化資源研究中心

出　　版 花木蘭文化出版社

發 行 所 花木蘭文化出版社

發 行 人 高小娟

聯絡地址 新北市永和區中正路五九五號七樓

電話：02-2923-1455／傳眞：02-2923-1452

網　　址 http://www.huamulan.tw 信箱 sut81518@gmail.com

印　　刷 普羅文化出版廣告事業

初　　版 2011 年 9 月

定　　價 十三編 20 冊（精裝）新台幣 31,000 元

「黃老帛書」研究

黃武智　著

作者簡介

黃武智，男，一九七三年生，台灣高雄人。畢業於靜宜大學中國文學系、國立中山大學中國文學系碩、博士班。碩士論文《「黃老帛書」考證》、博士論文《上博楚簡「禮記類」文獻研究》（獲得「國立中山大學 97 學年度博士研究生優秀畢業論文獎」）。長期致力於出土資料之思想史、學術史、文字學研究，以及清代台灣平埔族研究，著有〈黃叔璥生卒年及其著作《臺海使槎錄》序文作者考證〉、〈《臺海使槎錄》的史料價值與學術價值——以〈番俗六考〉與〈番俗雜記〉為例〉等文。

提　要

西元一九七三年冬，湖南省長沙市馬王堆三號墓中出土大批帛書，其中《老子》乙本卷前古佚書，學界咸認為乃漢初「黃老學派」之重要典籍，具有極高之思想史史料價值。本書寫作之目的，在為該佚書之名稱、作者、產生時間與產生地點作一考證，並略述該書之思想大綱。書分五章，首章略論本書之研究方向、動機、目標及方法。次章論述該佚書之外在形式、名稱、作者及產生地點，認為該佚書宜暫稱為「黃老帛書」。從「黃老帛書」之外在形式看來，未必為一不可分割之整體，而其與〈漢志〉中所著錄之諸典籍間，在內涵上也未必完全相同。依其內容及形式觀之，「黃老帛書」當非一人一時之作；其中之諸篇章，較可能收錄在諸子略道家《黃帝君臣》和兵書略兵陰陽家《黃帝》二書中。至於作者與地點問題，主張《經法》為楚人所作，而「黃老帛書」之產生地點則在齊國稷下。三章論述「黃老帛書」之產生時間，認為約當戰國末期初葉。四章論述「黃老帛書」之思想，發現其內涵與漢初流行之「黃老思想」相同，而其核心觀念乃為「因」，並在「因」之基礎上取用道家、法家、名家與陰陽家之說，構成其思想體系，亦以此為基準，批判式地取用儒家、墨家思想。末章則總結第二、三、四章之結論，並兼述黃老之學興盛於漢初之原因，以及「黃老帛書」在思想史上之意義。

目次

序

經過了一年的努力，這本論文終於修改完成了。猶記去年此時，在每個早上太陽出現的早晨，才肯巴巴的躺在床上，例行公事似的勉強自己闔上眼睛。那時的工作，主要是將自己在碩士班三年來，關於「黃老帛書」這個課題所作的「雜記式」記錄做一整理。

談到「黃老帛書」與我的因緣，不得不溯及到四年前，也就是大四的時候。那是一個充滿陽光的早上，劉榮賢老師在講堂前滔滔不絕的爲我們講述道家思想，照例地論述《老子》和《莊子》的思想後，劉老師談到了一九七三年馬王堆出土的，關於黃老思想的這份文獻。

對於道家思想我是極有興趣的。在還沒進大學前的那段青澀歲月裡，總有些充滿浪漫情懷的慘綠少年，在似懂非懂間嚮往著莊子那種自由自在、無拘無束的生活哲學，而我，就是其中一個。懷著同樣的心境，大學時代的我一天突發奇想，找了幾個同學直奔胡森永老師的研究室，要老師帶著我們讀《莊子注》，就這樣，一個很迷你的讀書會成立了。

於是，當劉老師提到這份我們當時聽來覺得很「新」的文獻時，我的眼睛爲之一亮。從那時起，就刻意的留意相關的資料，希望有一天寫點什麼。

如果說，這是我和「黃老帛書」之所以共渡三年的遠因的話，那麼，碩一時所選的二門課程，應該可以視之爲導火線吧！功課表上「先秦道家專題討論」幾個小字，想當然耳地被我複製、放大在選課單上的第一欄上，看著斗大的字跡，心中有種充實感。這是第一條導火線，這條導火線在徐漢昌老師的引領下，燒過《鬻子》、燒過《文子》、燒過《田子》、燒過《鶡冠子》、燒過《關尹子》……燒過這些我們從未接觸的道家典籍，更重要的是，它也燒過了馬王堆出土的《伊尹九主》和「黃老帛書」。另一條導火線是戴景賢老師所開的「文史資料討論」和「論文寫作指導」兩門課。這兩門課的教學目標只有一個，就是訓練學生寫出一篇符合嚴格學術標準的論文。在這門學長姐口中所說，老師總是犀利而無情的質疑，而使得上課的同學每每身感「千瘡百孔」的課程中，我選擇了討論「黃老帛書」的產生時間作爲寫作題目。在那段期間裡，每次上課後我並沒有如學長、妹所說的「千瘡百孔」的感覺，因爲，我認爲「萬箭穿心」更能形容我們這幾個不怕死、敢選這門課的同學。

就這樣，在碩一下時決定了論文題目，也開始從事收集資料的工作。其間，在閱讀相關資料及書籍而心有所得時，我都會如梁任公在《清代學術概論》裡所說的，清人雜記式的將它們紀錄下來。這種「雜記式」的寫作，讓我在呈現論文時遇到相當的困難，因爲當時的我，即便心中對於這個題目有了個整體的系統的掌握，但是由於時間緊迫，臨畢業前卻不易做一全面性的陳述，而使得整本論文看起來就如割裂的地圖般的見樹不見林。這也是爲何在畢業後的這近一年中，我不停的調整、修改論文的主要原因。

末了，除了上述幾位老師之外，在此還要特別感謝我的指導教授徐漢昌老師和兩位畢業論文口試委員：陳麗桂老師、徐信義老師。在已畢業的這一年中，徐漢昌老師並不因爲事務繁忙而忽略了這篇改寫的論文，仍不厭其煩的在百忙之中重新看過一次，並在大方向上給我許多建議。另外，在口試的過程中，陳麗桂老師熱心提出許多論文中不成熟的地方，並給予很多指導；而徐信義老師，則在口試之後依然熱心指導我。當初，大幅修改畢業論文的念頭，就是在老師一針見血的指出才決定的。

公元 1999 年 6 月

第一章　緒　論

一九七三年冬，大陸湖南省長沙市馬王堆三號墓，出土了大批的帛書。其中，包含了許多世無傳本的佚書。這些佚書當中，首先被世人所注目者乃《老子》乙本〔註1〕卷前，題名爲《經法》、《十六經》、《稱》、〈道原〉的古佚書。〔註2〕大陸和海外學者普遍認爲，這批佚書是流行於漢初之「黃老學派」的重要典籍，相當具有研究價值。但是，由於政治因素，使得兩岸學術交流遲至近幾年才熱絡起來，故而，這批珍貴史料的出土，並未對台灣的學術界帶來研究風潮，專門研究這四種佚書的專書屈指可數，除了少部分學者之外，其他學者並不特別重視它們。固然，大陸學者對此的研究不少，發表了許多著作，但是，兩岸自分治以來，對於古籍研究的觀點與方向，即有相當差異，故台灣學術界的研究腳步雖晚了一步，但若能以不同角度來研究「黃老帛書」，則亦有其價值。因此，筆者不翦固陋，將碩士論文的研究對象鎖定在這四種佚書上，希望能拋磚引玉，爲這種學術研究的不平衡發展貢獻棉薄。

第一節　研究範圍和研究方向

論文一開始，首先必須說明的是題目的名稱。本文名爲《「黃老帛書」研

〔註1〕馬王堆出土帛書中，涵《老子》者凡二：其一以介於篆、隸書間之字體抄錄，其二以隸書抄錄，前者學界稱爲「篆書本」或「甲本」，後者稱爲「隸書本」或「乙本」。

〔註2〕佚書乃「流失的典籍」之義，今此四種文獻重見天日，是否仍得稱之爲「佚書」，實爲一須加以討論之問題。然此種討論非本論文之重點，故文中或因行文之方便，仍稱之爲「佚書」。

究》，顧名思義，乃是以「黃老帛書」的研究為主題的論文。關於上述四種佚書的名稱，學術界至今尚有爭議：多數的學者認為它們就是〈漢志〉諸子略道家中的《黃帝四經》。但是，也有學者持不同意見，認為它們應該是其他典籍，如《黃帝君臣》、《力牧》、《黃帝外經》、《田子》等。另外，某些學者則認為，此一問題依現有條件而言，尚無法取得一個正確的答案，在嚴謹的學術角度上來看，應該先暫稱它們為「帛書《黃帝書》」或「黃老帛書」。本文對這個問題的看法，即建立在第三種觀點上，而稱四種佚書為「黃老帛書」（這個問題，在第二章將有專節討論，在此不擬詳述）。

至於言及本文的研究方向，則須從當前的研究成果說起。據筆者觀之，學者們研究「黃老帛書」，其方向可略分為三：其一為「黃老帛書」文字的考釋和注譯，如中共國家文物局古文獻研究室的《馬王堆漢墓帛書（壹）》〔註3〕、余明光的《黃帝四經今註今譯》〔註4〕、陳鼓應的《黃帝四經今註今譯》〔註5〕等；其二為「黃老帛書」名稱、時代、作者、地點、學派等問題的考證，如唐蘭的〈《黃帝四經》初探〉〔註6〕、龍晦的〈馬王堆出土《老子》卷前古佚書探源〉〔註7〕、朱曉海的《黃帝四經考辨》〔註8〕等；其三為「黃老帛書」思想的闡述，及其與其他思想關係的辨析，如鍾肇鵬的〈黃老帛書的哲學思想〉〔註9〕、陳麗桂師的《戰國時期的黃老思想》和《秦漢時期的黃老思想》〔註10〕。這三種研究方向中，學術界對佚書的釋文、斷句問題雖然仍存有些許異見，但是，其間的差異卻不甚大，故似無作一全面性研究的必要。故而，待研究者乃為考證與思想方面。以此二者而言，本文以為，先秦思想的研究必須建立在考證的基礎上，故筆者對「黃老帛書」的研究，乃先著力於考證方面。這一部分，我們將在第二章〈「黃老帛書」的外在形式、名稱、作者及

〔註3〕《馬王堆漢墓帛書（壹）（線裝二冊）》：中共國家文物局古文獻研究室編，文物出版社 1980 年 3 月北京初版一刷。（以下，同章中提及同書處皆逕標書名，其他資料不複述，它書亦然）

〔註4〕《黃帝四經今注今譯》：余明光、張國華著，岳麓書社 1993 年初版。

〔註5〕《黃帝四經今註今譯》：陳鼓應著，台灣商務印書館 1995 年台北 6 月初版一刷。

〔註6〕〈《黃帝四經》初探〉：唐蘭著，《文物》1974 年 10 期。

〔註7〕〈馬王堆出土《老子》卷前古佚書探源〉：龍晦著，《考古學報》1975 年 2 期。

〔註8〕《黃帝四經考辨》：朱曉海著，台大中文研究所 1977 年碩士論文。

〔註9〕〈黃老帛書的哲學思想〉：鍾肇鵬著，《文物》1978 年 2 期。

〔註10〕《戰國時期的黃老思想》：陳麗桂著，聯經出版社 1991 年 4 月台北初版。又《秦漢時期的黃老思想》：陳麗桂著，文津出版社 1997 年台北初版。

產生地點〉和第三章〈「黃老帛書」的產生時間〉中討論。

當然，這並不是意謂著學術、思想的研究，相對於考證而言並不重要。萬丈高樓平地起，欲興建先秦學術的研究大樓，地基的穩固固然重要，但是，在紮實的基礎上，仍必須進一步的向上發展。故而，對於學術、思想方面的研究，本文也決不敢掉以輕心。這一部分，我們將在第四章〈「黃老帛書」的思想〉中討論。

第二節　研究動機

王國維云：「古來新學問起，大都由於新發見。」並舉「孔子壁中書」、「汲冢書」及「殷虛、敦煌」爲例，論述地下出土材料的重要性。地下材料之所以重要，乃在於「吾國古籍，僞者頗多。有本無其書，而後人憑空杜撰者；有原書已亡，而後人僞撰以充其本者；有後人所著述之書，而被更後之人誤認爲當時之作品者；有雜取古代多人之著作，輯爲一編，而標名爲一家之書，致眞僞參半者。」〔註 11〕傳世文獻性質的難以確定，實爲史實研究的重大障礙，故王氏標舉「二重證據法」，欲以出土文物證傳世文獻的記載。但是，地下材料取得不易，故前人每有「文獻不足徵」之嘆。較前人幸運，今人拜科學技術之賜，得以見若干世無傳本的典籍。面對這些文化瑰寶，我們豈能不窮力以探之？

在「黃老帛書」尚未出土以前，學者研究「黃老之學」，其材料只能取自古人對「黃老之學」的描述，或其他典籍對《黃帝》書的引用等二手資料。巧婦難爲無米之炊，在這種文獻不足徵的情況下，其研究成果也僅限於對「黃老之學」的精神做綱要式的勾勒，而難以對「黃老之學」作出全面且系統的研究。「黃老帛書」的出土，適足以提供「黃老之學」的直接材料，使我們得以對「黃老之學」作全面而系統的研究，補此遺珠之憾。

學術研究「牽一髮而動全身」，「黃老之學」的研究本身對其他學術領域或主題的研究，必然會造成某種程度的影響。這種影響所牽涉的範圍爲何，固然不容易明確標示，但是本文認爲，「黃老帛書」的出土，在「學術史、思想史」和「史學、考據學」的研究上，至少有如下意義：

〔註 11〕《古籍導讀》：屈萬里著，台灣開明書局 1991 年台北二十二版，頁 44～45。

一、在學術史、思想史的研究上

（一）「黃老思想」內涵的全面了解

「黃老帛書」的出土，在學術史、思想史的研究上，最顯而易見的意義，即是有助於我們了解「黃老思想」的內涵。在「黃老帛書」尚未出土之前，世人對黃老思想的了解，因爲囿於材料的不足，故多偏於一隅，難窺全貌。另一方面，又因爲傳世史料中涉及黃老思想的部分，大多是漢初的文獻，故世人對黃老思想的了解，多偏重在「清靜無爲」這一方面。固然，「清靜無爲」乃是黃老政治思想的重要內容之一，但除了這一部分之外，它也同時強調要「采儒墨之善，撮名法之要」，批判性地攫取他家的政治思想。可惜，由於漢初特殊的歷史背景與社會環境，造成「黃老思想」中的「清靜無爲」部分被特別凸顯出來的同時，其他部分卻因此而未受到相對的重視，而使得「黃老思想」在這方面的論述無法保存下來。現在，「黃老帛書」的出土，正可以補足這方面的缺憾。

舉例而言，初步觀察「黃老帛書」的內容，可以發現其中的許多主張與儒、墨、名、法等家所持相同或相似。其中，尤以法家思想爲甚。除此之外，「黃老帛書」中也載有許多關於戰爭思想的內容。而這些戰爭思想，可以和其政治思想相結合，而形成一套特殊的體系。這些，都是我們在傳世文獻中看不到的部分。因此「黃老帛書」的出土，在相當程度上，可以幫助我們全面地了解「黃老思想」的內涵。

（二）填補先秦道家思想史上的闕漏

「黃老帛書」的出土，在學術史、思想史研究上的第二個重大意義，即是可以填補先秦道家思想史上的闕漏。因爲「黃老思想」乃先秦道家思想一個重要的流派，故對其思想的深入了解，有助於我們釐清先秦道家思想的演變。康有爲云：

> 老子之學，分爲二派：清虛一派，楊朱之徒也，弊猶淺；刻薄一派，申韓之徒也。……清虛一派，盛行於晉，流於六朝，清談黃老，高說玄妙。刻薄一派，即刑也。流毒至今日，重君權，薄民命，以法繩人，故泰西言中國最殘暴。〔註12〕

認爲《老子》之後的道家，其學術走向可以分成「清虛」和「刻薄」兩派。「清

〔註12〕《康有爲全集（二）》：康有爲著，上海古籍出版社1990年上海出版，頁217。

虛」一派，也就是現今大多數學者心中所認定的道家主流，遲至晉時才盛行於世。換言之，康氏以爲晉以前的道家主流乃是其所謂的，以「申、韓」爲主的「刻薄派」。揆諸史籍，這種說法雖不完全正確，但大抵上卻與事實相符。除了分析《老子》以下道家的流派後，康氏亦在同篇文章比較道家「刻薄派」與「儒教」——亦即儒家的政治主張：

> 其（筆者案：指「刻薄一派」的道家）與儒教異，在仁與暴，故儒教專言德，老教專言力。儒教最公，老教最私。儒教專言民，老教專言國。言力言國，故重刑法，而戰國之禍烈矣。〔註 13〕

認爲「刻薄派」道家與儒家在政治上最根本的差異，乃在於統治的過程中人主的價値觀：前者重視的是國君的一己之私，後者重視的則是人民的福址。重視國君的一己之私，則必以自私的角度看待人民，認爲驅使人民的力量來自於人類「趨利避禍」的心理；重視人民的福址，則視人爲一有尊嚴，具榮譽感的個體，而其治理人民，亦主張以德性感化的方式來進行。康氏這種論調，乃是將法家歸諸道家，認爲前者乃是後者的一個流派。這種說法固然不恰當，但是其說也不是毫無根據的空穴來風。因爲自從司馬遷作〈老莊申韓列傳〉後，即有部分學者將《老子》視爲一部專論權謀之術的書籍，並予以負面的評價。本文認爲，因爲《老子》文本具備某種特殊形式之故（這種特殊形式指的是《老子》一書乃是由許多篇幅短小的格言、諺語所組成），所以不妨將它看作是一部可從各種角度來解讀的「開放性的著作」，而且，這種特性即使在距離其產生時間不久的戰國時期亦然，故在當時各國爭強奪利的氣氛下，有人將它用之於政治，並對它作出種種解釋，亦屬合情合理。問題是，以《老子》爲基礎，而將它應用於政治運作上，是否即如康氏所言，乃表現在「申、韓」等法家思想上呢？

康氏之所以視「申、韓」思想爲《老子》的政治解釋，乃是因爲他認爲「申、韓」的思想源於《老子》，而將前者視爲後者在思想上的嫡傳。其實，《史記》、《漢書》等書中都明確的記載，更有資格被視作《老子》政治化後的主流思想者並非「申、韓」，而是「黃老學派」。在此我們不禁起疑，史籍斑斑，何以康氏會認爲「申、韓」學派乃《老子》政治化後的產物？合理的解釋是，康氏雖然明知「黃老學派」才足以代表《老子》政治化後的思想，但是由於當時並沒有代表「黃老學派」的文獻存在，故在文獻不足徵的情況

〔註 13〕《康有爲全集（二）》頁 217。

下，才不得不退而求其次，而以與《老子》有點關係，又與「黃老學派」有些雷同的法家思想來充數。

而今，代表「黃老術」的一手資料——「黃老帛書」出現在我們眼前，故對於這個問題，我們有必要來重新理解。

此外，「黃老帛書」的出土，對於先秦道家各流派間，其思想關係與影響的研究亦有所幫助。陳鼓應在〈先秦道家研究的新方向——從馬王堆漢墓帛書《黃帝四經》說起〉〔註14〕一文中認爲，「黃老帛書」〔註15〕是近年來出土文獻中最重要的典籍之一，因爲它「使我們對先秦道家發展的脈胳有了一個新的認識」。陳氏並在文中說明「黃老帛書」與《老子》、范蠡、《管子》、莊子學派和《易傳》的關係。對於陳氏所言，「黃老帛書」在先秦思想史上的地位，以及它和其他典籍或學派的關係之論述，由於對「黃老帛書」產生時間的認定學術界尚無定論，故而，本文對於此說法暫持保留態度。在這裡，本文想要強調的是，他在文中所舉，「黃老帛書」與其他典籍之間，在內容、思想上的許多相似之處。而這也點出，「黃老帛書」的出土，對於研究先秦道家諸流派，其思想間的關係與影響，存有相當重要的意義。

（三）提供研究稷下學者的材料

「黃老帛書」的出土，在學術史、思想史的研究上的第三個重大意義，乃是提供研究稷下學者的材料。眾所皆知，稷下學宮是戰國中期的學術重鎮，它的成立與運作，對於戰國思想的發展有相當程度的影響。故而，稷下學術的研究，對於理解戰國思想的發展，自有其關鍵性的地位。然而，和許多先秦思想史的其他主題的研究一樣，稷下學術的研究，首先面臨到的困難就是史料的缺乏。傳世的典籍之中，能夠反映稷下學術，且篇幅較夥者只有《管子》一書。然而，我們現在所看到的《管子》乃劉向所編，書中的內容乃出於眾人之手，故書中難免混雜著許多不屬於稷下學術的材料。因此，若要拿它來作爲研究稷下學術的材料，則不僅必須花費許多精力來辨識材料的眞僞，而且殫精竭慮之後，所得的結果也很難保證其正確性。職是之故，除了《管子》之外，稷下學術的研究尚需更多的材料來建立其客觀性，而「黃老帛書」的出土，多多少少能提供我們一些材料。

〔註14〕載《道家文化研究》六輯：1995年6月上海古籍出版社。

〔註15〕即其所謂《黃帝四經》。關於「黃老帛書」的名稱，學術界有不同的說法，說詳本文第二章。本文引他人著作或文句時，保留其所稱的名稱，而在討論之中，仍稱爲「黃老帛書」，以下不另注。

稷下學宮雖然是開放給天下學者議論政治的一個場所，任何人都可以到這裡來發表自己的思想，但是，和其他大部分的場所一樣，它也存在著一種主流的思想。這種思想依本文所見，乃是以「黃老思想」爲基調的思維傾向：據史書所載，稷下學宮中較有名的人物有淳于治、慎到、田駢、環淵、接子、宋鈃、尹文、鄒衍、荀卿等人。其中，慎到、環淵、接子、宋鈃、尹文等人的思想有一個共同的特徵，就是他們的思想都與「黃老思想」有關，至於其他學者，則無共同的思想特徵。這種情形顯示出，「黃老思想」在稷下學術中應該占有主流地位。換言之，代表「黃老思想」的「黃老帛書」的出土，對於我們研究稷下學術，有提供研究材料之作用。

二、在史學、考據學的研究上

（一）瞭解漢初的政治風格

「黃老帛書」的出土，在史學、考據學研究上的第一個重大意義，乃是可幫助我們了解漢初的政治風格。從史書上的記載可知，漢初政壇上曾盛行過一種以《黃帝》和《老子》爲主要經典的政治思想。《史記·外戚世家》載：

> 竇太后好黃帝、老子言，帝及太子諸竇，不得不讀《黃帝》、《老子》，尊其術。〔註16〕

這種盛行的思想對於漢初的思想、學術、政治，乃至於文化都有相當影響，故而，研究漢代史，若不能深入了解其內涵，則對歷史掌握的失眞亦是意料中的事。然而，中國古籍經數千年來天災人禍的摧殘，其流失的數量遠大於我們今天可以看到數量，而在歷史上佔一席之地的託名「黃帝」之書，也在歷史的摧殘中被呑沒了。因此，可視爲其中的一部分的「黃老帛書」的出土，對我們理解漢初的政治風格，無疑存在著相當重大的意義。

（二）作為判斷黃老學材料的標準

「黃老帛書」的出土，在史學、考據學研究上的第二個重大意義，乃是可作爲判斷黃老學材料的標準。先秦典籍的結集與編纂，大抵出於漢人之手，故今所見的傳世典籍，其形式亦大抵奠定於劉向、歆父子。當時的人，對於典籍的編纂，從單篇文章到結集成書，其依據的標準往往是：將同一作者的

〔註16〕《史記》：漢司馬遷著，北京中華書局1989年北京初版十一刷，頁1975。〈漢志〉中雖然沒有《黃帝》一書的記載，但是依司馬遷所述，則漢初確有此書。此或因同書異名所致，說詳本文第二章。

著作集結成書。但是，由於戰國時期的許多著作，雖然常號稱是某人某派所作，但實際上可能是他人的依托之作，而漢人在編纂典籍之時，又沒有對它們詳加考辨，故不同作者，乃至於不同學派的著作，被結集在同一部書中的情形層出不窮。例如《管子》和《莊子》外雜篇，依書名，雖然號爲莊周和管仲所著，但其中內容駁雜，某些篇章之間，甚至出現論點矛盾，說法齟齬的情形。因此，對這些典籍內容的分門別類，並判斷其所屬學派、思想性質，乃是研究先秦思想的一個重要課題。然而，要在這些內容駁雜的典籍中，撿閱出專屬某學派、思想的篇章，首要的條件就是先取得一部足以作爲此學派、思想標準的著作。因爲若以它爲標準，來對照這些內容駁雜的典籍，則可正確無誤的將屬於這一學派的著作，從這些典籍中抽繹出來。在這種意義上，目前可以作爲「黃老之學」思想標準的「黃老帛書」，對於判斷《管子》、《莊子》外雜篇等典籍中，哪些篇章屬於「黃老思想」，應當有所幫助。

（三）對某些有爭議的傳世典籍提供新的考證材料

「黃老帛書」的出土，在史學、考據學研究上的第三個重大意義，乃是對某些有爭議的傳世典籍，提供新的考證材料。自從民初「古史辨」運動興起之後，學者們紛紛在古籍辨僞的工作上投入大量精力。許多古籍，也在這些學者的努力之下，得到其應有的地位。這項運動，對於中國思想的研究，無疑具相當程度的意義，因爲對於古籍的性質，若無一正確無誤的了解，而一味的以錯誤的角度來從事研究，則所得的結果，不但必然與歷史眞象不符，而且還可能因爲一部典籍的錯誤理解之故，而造成整個思想系統的偏頗。

舉例而言，傳世本《關尹子》並非〈漢志〉上所載的眞品，而是後人的僞作，然而，若將傳世本《關尹子》視爲春秋時代的作品，則中國思想的流變，將形成一個畸型的發展，因爲它裡面的一些觀念，在所有稍後於它典籍中，都完全找不到任何蹤跡，反而，出現在某些距離它一大段時間以後的典籍中。例如「變識爲智」的說法，不但不聞於先秦典籍，而且在佛教傳入中國之前，尚無「識」、「智」對立而言的現象，但是，這種說法卻出現在傳世本《關尹子》中。這種情形，在思想史的發展上，絕對不是一個正常的現象。

對於傳世本《關尹子》的眞僞問題，學界現在已經肯定了它的僞書地位，故以上所述思想史中的異常現象乃得合理解釋。但是，辨別古籍正如法官查案，對於案情的推測，依靠的只是有限的線索，而中國古籍歷經各朝各代，幾經編纂之後，其眞僞問題更是錯縱複雜。故而，對某些典籍的眞僞判斷，並非如《關尹子》一樣，可以取得學術界內的一致共識。換言之，對於某些古籍，例如《老子》、《列子》、《鶡冠子》等，其眞僞或產生時間問題，學界至今仍爭辨不已。而這些問題，也就成了中國文獻學及思想史上的重要公案。

這些公案之所以難破，其原因固然很多，然尋根究柢，其關鍵乃在於可靠史料的不足。可靠史料的不足，對於研究而言乃是一大困難，在此，我們可以引用錢穆在《先秦諸子繫年・序》裡的一段話來說明這種情形，他說：

> 如常山之蛇，擊其首則尾應，擊其尾則首應，擊其中則首尾皆應。以諸子之年證成一子，一子有錯，諸子皆搖。〔註 17〕

這裡所談的雖然是先秦諸子的研究，但拿它來判斷先秦典籍的眞僞，也可以說是「一書有僞，諸書皆疑」。由此可知，可靠材料的取得，在思想史的研究上，不但可爲其所屬學派的研究提供直接的材料，對於其他典籍的考證，也必然會或多或少的有所幫助。因此，本文認爲「黃老帛書」的出土，至少對以下典籍的考證有所貢獻：

1.《老子》

《老子》與「黃老帛書」一樣，都是「黃老學派」重視的典籍，故二者之間，在黃老學者的認定中，必然存在著某種思想上的關連。從這個角度來看「黃老帛書」，學界一致認爲：「黃老帛書」的思想，乃是黃老學者對《老子》思想的繼承與改造。因此，「黃老帛書」產生時間的研究結果，至少可以用來推論《老子》產生時間的下限。

此外，昔人或有以「黃老學派」的傳承，來討論老子其人或《老子》一書〔註 18〕。究其故，乃是因爲漢初「黃老之學」的興盛，而造成時人言《老子》必及「黃帝」的情形，故史籍上每每以「黃老」一詞替代《老子》，而引起誤會。現在，「黃老帛書」的出土，不但讓我們明瞭「黃老」與《老子》，

〔註 17〕〈先秦諸子繫年自序〉，載《先秦諸子繫年》：錢穆著，東大出版社 1990 年 9 月初版二刷，頁 1。

〔註 18〕如錢穆說：「且史公傳老子雖多妄，其言漢初黃老傳統則頗有可信者。……人之曰「丈人」猶書之曰「老子」也。若丈人老壽，得躋百歲，或者其卒世，猶可出荀卿後。……要之推黃老眞源者，當尋索於此，以視猶龍一傳，迷離惝怳，固遠爲近於實情。」見〈老子雜辨〉，載《先秦諸子繫年》頁 224～226。又周紹賢說：「道家與黃老之稱，皆起於西漢。老子之書與黃帝之書同義；道家由老子而溯及黃帝，因而專治老子之學者，亦稱爲黃老。黃老實道家之別稱也。」見〈黃老思想在西漢〉：周紹賢著，載《國立政治大學學報》二十六期，1972 年 12 月。

其思想的差別之處，而且，也讓我們體認到，對於這兩者思想的傳承問題，並不能混而為一，必須分開來處理〔註19〕。

2.《鶡冠子》

「黃老帛書」尚未出土之前，學者對於《鶡冠子》一書眞僞問題的認定，多認為它並不是先秦的典籍。但是，由於《鶡冠子》和「黃老帛書」這兩部典籍中，存在著許多相同或相似的文句，使得學者們對於前者的眞僞問題，再度產生興趣。某些學者認為，這種文句雷同的現象可以證明，以往視《鶡冠子》為僞書的說法並不妥當，換言之，傳世本《鶡冠子》應該是先秦的典籍。對於這些學者的說法成立是否，學術界至今尚有爭議，例如本文認為：《鶡冠子》的成書年代當在入漢之後，前人辨之鑿鑿，若《鶡冠子》乃漢人僞作之書，它還是可以抄引「黃老帛書」中的文句，故兩者之間文句雷同的現象，並不能證明《鶡冠子》就是先秦的典籍。雖然如此，「黃老帛書」的出土，對於這一問題的討論，必然可以提供相當程度的幫助，則是一個不爭的事實。

3.《文子》

長久以來，由於傳世本《文子》的內容，大量的與《淮南子》相同，故對於這兩本典籍之間，究竟何者抄襲何者，即成為解決傳世本《文子》成書問題的一大關鍵。這個問題，在1973年定縣竹簡《文子》的出土後，獲得了重大的發展，部分學者在比對傳世本《文子》、竹簡《文子》和《淮南子》後，發現傳世本《文子》與《淮南子》相同的部分，均不見於竹簡《文子》，而竹簡《文子》的內容，卻都可以在傳世本《文子》中，剛好不與《淮南子》相同的部分中找到。這個現象的發現，證明傳世本《文子》中，其內容雖然有部分屬竹簡《文子》的系統，但是，同時也證明，其與《淮南子》相同的部分乃抄襲而來。〔註20〕這種說法，也可以從「黃老帛書」與傳世本《文子》、《淮南子》的比對中得到證明。比對這三種典籍的內容，可以發現傳世本《文

〔註19〕「黃老帛書」的出土，讓我們認知《老子》與「黃老學」間內容的差異——《老子》實不足以代表整個「黃老學」的全部內涵。若再加上其它的證據，例如郭店楚墓竹簡《老子》的出土，《韓非子》〈解老〉〈喻老〉中對《老子》文句的引用，則我們可以初步認為，史籍上所載的黃老學派的傳承，其所傳授的典籍中，較具特殊性者乃是「黃帝書」，而非《老子》。故而，考究《老子》的成書時間，若將黃老學派的傳承作為主要線索，則所得結果仍不足以取信於人。

〔註20〕〈傳世本《文子》成書考〉，載《《文子》研究》：鄭國瑞著，中山中文系碩士班1997年碩士論文，頁7～44。

子》，其文句與「黃老帛書」相同的部分，正是《淮南子》與「黃老帛書」相同的部分。這種現象顯示，《文子》、《淮南子》二者之類似文句不可能同時自「黃老帛書」中抄錄，傳世本《文子》和《淮南子》間，必然存在著抄襲的關係，而且，抄襲的一方並未看過「黃老帛書」，否則，天下焉有如此巧合之事。故而，只要能證明哪部典籍的作者，必然看過或沒看過「黃老帛書」，即可知其是否爲抄襲者。兩者之中，《淮南子》的寫作時地與「黃老帛書」出土的時地相近，而且，其產生於「黃老之學」正流行的時期，故作者看過「黃老帛書」的機會相當大。因此可以確定，《淮南子》和「黃老帛書」間，文句相同的部分，乃前者抄襲後者而來；而其與傳世本《文子》相同的部分，乃傳世本《文子》抄自《淮南子》而來。

第三節　各章研究目的及其方法

本文擬處理的課題，正如第二章到第四章的章名，分別是「『黃老帛書』的外在形式、名稱、作者及產生地點」、「『黃老帛書』的產生時間」和「『黃老帛書』的思想」。課題與課題間，因爲研究目標的不同，應該有不同的研究方法。在論文形式上，也應該將本節分成三個部分——依各章的研究目標，分論其研究方法。然而，本節並沒有採用這樣的分論形式。因爲「『黃老帛書』的產生時間」這一課題，較之於其他課題來得複雜，學者曾提出各種不同的研究方法。並不像其他議題，不是研究方法有限，就是研究方法大同小異，再不就是沒有一套固定的研究方法，全憑研究者在史料間尋出蛛絲馬跡。況且，筆者在綜合學者們的研究方法後，另外提出一套系統性的研究方法。故而，對此一課題的研究方法之討論，在篇幅上遠超過其他問題的研究方法，亦可想而知。考慮到篇幅大小和論文形式的整齊性等因素，本節將研究目的和研究方法的討論分爲兩部分，一部分討論第二、四章，另一部分則專門討論第三章。

一、第二、四章研究目的及研究方法

（一）第二章〈「黃老帛書」的外在形式、名稱、作者及產生地點〉

在第二章裡，本文擬討論的課題有：第一、「黃老帛書」的外在形式及這些形式所代表的意義。第二、「黃老帛書」的名稱。第三、「黃老帛書」的作者國籍。第四、「黃老帛書」的產生地點。以下分述其研究方法：

第一、「黃老帛書」的「外在形式」及這些形式所代表的意義：所謂的「外在形式」，指的是文獻作者在呈現內容時，因抄寫方式的不同而形成的現象（詳第二章）。這些問題乃屬前述「沒有一套固定的研究方法，而須全憑研究者在閱讀史料間尋出蛛絲馬跡」一類的問題，故談及本文對此問題的研究方法，則可一言以蔽之，即：在探討「黃老帛書」外在形式的過程中，儘量找出四種佚書間，相同或不同的部分，例如：符號、題名、字數、著作形式等，並對這些現象做出合理的推測。

第二、「黃老帛書」的名稱：對於這個問題的討論，學者們普遍使用的方法是：將「黃老帛書」的內容與形式與〈漢志〉對照，再參考其他史料，以推測其爲〈漢志〉所載某書。這個方法，筆者認爲大致可行，因爲「黃老帛書」乃是「黃老思想」的產物，而「黃老思想」從漢惠、文帝到武帝初期間，都一直受到重視。職是之故，向、歆校書中秘的時候，應該還看得到它。因此，筆者的研究結果，雖然與眾家皆異，但大抵上還是使用這種研究方法。

第三、「黃老帛書」作者的國籍：關於「黃老帛書」作者國籍的討論，學者們雖然也提出了一些方法，而部分方法也多少有其道理，但是筆者認爲，這些方法中，龍晦所提，從聲韻學的角度判別「黃老帛書」使用方言的成分，是較直接且科學的方法。因此，對於這個問題的討論，本文著重在對龍晦說法的商榷上。

第四、「黃老帛書」的產生地點：本文認爲，戰國時期諸子遊走各國的現象相當普遍，故「黃老帛書」的作者與其產地問題，有分開來討論的必要。而對於「黃老帛書」的產地問題，本文擬將它放在「文化地理學」的角度上來看，而偏重在尋找「黃老帛書」內容中的文化特徵，例如：「黃老學派」的學術源流，「黃老帛書」思想的分析及其依托黃帝君臣立言等現象上，並將之與當時各國的文化做比較，以推測出其產生地點。

（二）第四章〈「黃老帛書」的思想〉

在第四章中，本文將論述「黃老帛書」的思想。論述的方式爲：先設立幾個主題，例如「政治思想」、「戰爭思想」、「形上思想」等等，並根據「黃老帛書」中，與這些主題相關的內容，組織出在這些主題上所呈現出的「思想體系」。

一旦論及「黃老帛書」的「思想體系」，則必須考慮到下列問題，即：「黃老帛書」的思想，是否有所謂的「體系」可言。所謂有「體系」的思想，指的是：第一、某思想中，包涵著許多「理論陳述」。所謂「理論陳述」，乃是能夠指出「概念」與「概念」間，其中關係的一個命題。其次，「理論陳述」與「理論陳述」之間，必須有某種邏輯上的關係，而且無明顯之矛盾。一種思想，若能同時符合這兩項條件，則我們就可以認為，它是一種成「體系」的思想。

在肯定「黃老帛書」所呈現出來的，是一種成「體系」的思想後，即可進一步的組織其思想「體系」。由於在同一思想「體系」內，「理論陳述」與「理論陳述」間皆存在著邏輯上的關係，故在此，又可衍申出一個問題，即在邏輯的層次上，是否有某些「理論陳述」普遍為其他「陳論陳述」的前提（換言之，幾個「理論陳述」的成立，都建立在同一個「理論陳述」上）。若答案是肯定的，則我們又可將這些「理論陳述」分為「體」、「系」兩部分：前者指的是，在邏輯層級上位於較高階的「理論陳述」——可以稱之為「公設」；後者指的是，由「公設」所推演出的，在邏輯層級上較低階的「理論陳述」。

綜上所論，可知對於「黃老帛書」思想「體系」的研究，必須分成兩個階段來進行，第一個階段乃證明其思想「體系」的存在，第二階段則是將其思想「體系」組織起來。關於第一階段的研究，雖然一般而言，一個在歷史上曾具影響力且曾流傳過一段時間的思想，通常都會形成所謂的「體系」，但是，同樣是思想「體系」，不同的思想間也有完備程度的差別，故本文認為，對於「黃老帛書」思想「體系」的考察工作，還是有進行的必要。這個工作，我們將它分為三個步驟來做：第一、儘量將其所有的「理論陳述」列出，以明白「黃老帛書」中，概念與概念間的關係。第二、尋出這些「理論陳述」間的關係，並判斷它們之間，是否確實存在著邏輯上的關係。第三、在這些「理論陳述」中，分別其邏輯層級，並找出其「公設」。

完成以上的考察工作後，如果可以發現，「黃老帛書」的思想，確實存在著一種「體系」，則可進行第二階段的研究。在這一階段中，我們將組織出「公設」與其他「理論陳述」間的關係，並儘量使整個思想成為一個有機體。在此必須說明的是，在組織的過程中，可能會出現某些「理論陳述」與「理論陳述」之間，其邏輯關係並非由「黃老帛書」直接載明，而是由研究者在經合理的判斷後，為它們組織起來的情形。

二、第三章研究目的及研究方法

第三章討論的主題是「黃老帛書」的產生時間。在介紹本章的研究方法之前，我們有必要先看看本文對這個問題的幾個基本觀點：

第一、本文認爲，「黃老帛書」的四個部分（《經法》、《十六經》、《稱》、〈道原〉），乃抄錄自於不同的著作，故四個部分間雖然有思想的關係，但原來並非同一整體（詳第二章）。而且，四種佚書的各個段落間，其產生時間也可能不同。

第二、四種佚書之中，《稱》與其他三種佚書在分段上有明顯的不同，而各個以「·」符號爲首的諸文句，產生的時間也可能不同。因爲本文認爲，《稱》與《老子》在形式上非常雷同，都是格言體，對於《老子》成書狀況的了解，有助於我們了解《稱》的成書狀況；而幾年前，荊門郭店《老子》的發現，證明馬王堆帛書《老子》產生之前，可能流傳著各種內容不盡相同的《老子》抄本，而馬王堆帛書《老子》可能就是輯錄這些篇幅較小的《老子》而形成的〔註21〕。以此觀之，《稱》篇也有可能是輯錄各種產生時間不同的著作而成。此外，這種格言體著作產生的方式，常常是編者在不同時間裡，摘錄各種來源不一的文句而成。職是之故，我們對於《稱》的考據，將把重點放在其成書時間。〔註22〕

第三、在大部分的情形下，某些證據只能推論某段文字的上、下限，而不能推論其產生時間。

第四、不同的論證方式，能夠論證的範圍也不一樣，必須加以分別。如前所論，「黃老帛書」並非一人一時之作，故倘若只是以「黃老帛書」中的某項記載爲證據，來推論整部書的產生時間，即犯了「以偏概全」的邏輯謬誤；反之，若拿來證明其產生時間的證據，並非以「黃老帛書」的內容爲據，而有其他外部證據，則其推論便可適用在整部書上。故而，本文在討論這一問題前，即先依證據的性質，而將論證分爲二類：其一是以「黃老帛書」的內容，作爲推論依據的論證；其二則是不以「黃老帛書」的內容，而是以其他證據作爲其推論依據的論證，並將前者稱爲「包含內部證據的論證」，後者稱爲「不含內部證據的論證」。在以下的論述中，本文將依這種分類討論

〔註21〕〈竹簡《老子》與其他《老子》之間的關係〉，載《荊門郭店楚簡《老子》研究》：崔仁義著，科學出版社1998年10月初版一刷。

〔註22〕「成書時間」不同於「產生時間」，前者指的是書中文字被編爲同一整體的時間。後者指的是這些內容被創作的時間（無論是以口述或書寫的方式）。

研究「黃老帛書」產生時間的方法，並在討論之後，提出各種方法所適用的論證範圍。

以上，乃是本文在處理「黃老帛書」的產生時間這一問題時所持的觀點，接著，我們將透過討論學者對這個問題的研究，來詳述本文的研究方法。

（一）不含內部證據的論證

所謂「不含內部證據的論證」，指的是利用「黃老帛書」以外的資料，來判斷其產生時間的一種論證，例如：從「其他史料的記載」、「黃老學派的傳承」和「帛書抄寫的時間」等線索，來判斷「黃老帛書」的產生時間。現在，我們來看看這些論證的推論過程，以及在應用它們時，所須注意的地方：

1. 從其他史料的記載做判斷

這種方法是找出史籍上有關「黃老帛書」的記載，以判斷其產生時間，例如：余明光、唐蘭、趙吉惠、金春峰等曾以《論語》、《墨子》、《孟子》〔註23〕、《韓非子》〔註24〕、《尉繚子》〔註25〕及《史記》〔註26〕中，存在的某些有關「黃老帛書」的記載，來判斷後者的產生時間。

的確，如果可以找到某些有關「黃老帛書」的記載，而此種記載又有其

〔註23〕其論點爲：在《論語》、《墨子》、《孟子》諸書中，都沒有黃帝之言的記載，可見當時並無黃帝之言。見〈《四經》成書的年代〉，載《黃帝四經與黃老思想》：余明光著，黑龍江人民出版社1989年初版，頁17～20。此外，以《孟子》之記載判斷「黃老帛書」產生時代的論證還有：《孟子》已提到神農之言的流行，可知當時黃帝之言也已經流行了。見〈馬王堆出土《老子》乙本卷前古佚書的研究——兼論其與漢初儒法鬥爭的關係〉：唐蘭著，《考古學報》1975年1期。

〔註24〕其論點爲：韓非所見《老子》爲〈德經〉在前〈道經〉在後，與帛書所載順序一樣，可見當時韓非見過黃老合卷本帛書。見〈論《黃帝四經》的思想文獻價值〉：趙吉惠著，《中國歷史文獻研究（一）》1986年8月。又〈關於「黃老之學」、《黃帝四經》產生時代考證〉：趙吉惠著，《哲學與文化》十二期1990年12月。

〔註25〕其論點爲：約當孟子之時的《尉繚子》，即載符合帛書思想的「黃帝刑德」文句，故其書之產生當早於孟子。見〈黃老帛書的思想與時代〉，載《漢代思想史》：金春峰著，中國社會科學出版社1997年12月北京修訂第二版一刷，頁18～48。

〔註26〕其論點爲：《史記．老莊申韓列傳》載：「申子之學，本於黃老而主刑名。」而申不害做過韓昭侯的相，因此「黃老帛書」很可能是韓國法家的作品，其時代可能在公元前四世紀左右。見〈《黃帝四經》初探〉。又〈馬王堆出土《老子》乙本卷前古佚書的研究——兼論其與漢初儒法鬥爭的關係〉。又〈黃老帛書的思想與時代〉，載《漢代思想史》頁18～48。

可信度，則可用這些資料爲證，來判斷其產生時間。換言之，這種方法乃是藉由其他史料對「黃老帛書」的描述，來判斷其產生時代。故而，在使用這種論證之前，必須先確定的是，其他史料所描述的對象，是否就是「黃老帛書」。在此，就牽涉到「黃老帛書」的書名或性質的問題了。在上述所舉的例子中，除了趙吉惠以韓非所見《老子》次序爲證，來推論韓非見過「黃老合卷」的論證外，其他的論證都沒有考慮到這個問題。在他們所舉的史料中，所謂的關於「黃老帛書」的記載云云，其實乃是一些有關「黃帝之言」的記載，而「黃老帛書」和「黃帝之言」二者間，其內涵的大小卻有所差異（「黃老帛書」只是「黃帝之言」的一小部分）。〔註27〕然而，趙氏以韓非所見《老子》次序，推論其見過「黃老合卷」的論證，也有可議之處，因爲第一、「黃老合卷」的現象是否存在，至今仍是一個尚待討論的問題。第二、即便「黃老合卷」的現象眞的存在，其發生時間也應該在入漢之後，故韓非未必可見到此種現象。第三、這個論證還建立在一前提上，即《老子》〈德經〉在前〈道經〉在後的順序，只出現在其與「黃老帛書」合抄時才出現，而對於這一前提的確立，趙氏卻沒有提出任何說明。

與上舉諸例相反，余明光認爲：在《論語》、《墨子》、《孟子》諸書中，沒有出現關於「黃帝之言」的記載，可見當時並無「黃帝之言」。〔註28〕本文認爲，《論語》、《墨子》、《孟子》諸書並非學術史專著，而在它們的內容中，也沒有對當時的所有學術提出討論。換言之，它們對天下學派的描述應該是「部分的」，而不是「全部的」。因此，並不能以這些書沒有提到「黃帝之言」爲證，來論證「黃帝之言」當時尚不存在。

2. 從黃老學派的傳承做判斷

這種方法是找出「黃老學派」存在的時間，並進而斷定「黃老帛書」的產生時間，例如：唐蘭認爲，「黃帝之言」是發展《老子》而來的，而傳下《老子》的正是楊朱，故可知其上限當不能超過西元前五世紀。〔註29〕又，唐蘭

〔註27〕若退一步而言，即使「黃老帛書」爲「黃老之言」之最早史料，然亦無任何史料上的證據證明「神農、黃帝」的流傳當出於同時，故《孟子》提到神農並不能證明黃帝傳說已經出現；反之，《孟子》沒提到黃帝，卻可以爲黃帝傳說尚不流行於當時添一旁證。

〔註28〕〈《四經》成書的年代〉，載《黃帝四經與黃老思想》頁17～20。

〔註29〕參〈馬王堆出土《老子》乙本卷前古佚書的研究——兼論其與漢初儒法鬥爭的關係〉。

等嘗根據《史記》中關於曹參師承的記載，來判斷「黃老帛書」的成書年代。〔註30〕

對於學派及其所傳典籍，二者時間先後的問題，金春峰曾經提出著作的完成年代可能早於傳授年代之說。〔註31〕但是，從先秦典籍產生的功用角度來看，這種說法値得商榷，因爲在當時，著作權的觀念並不成熟，而典籍的產生，乃緣於學派傳承其思想所需。「在政治界或學術界重要之人，其口說及行事，往往由其門人或後人記之，孔子所謂『述而不作』是也。」〔註32〕系統思想的創造者自行著書的情形，乃是戰國末期才形成的風氣。換言之，當時著述的目的在於「應用」。故而，「黃老帛書」的產生，必在「黃老學派」成立之後。此外，「黃老帛書」產生時間的下限，也可以定在「黃老學派」消失之前，因爲：「古人之言，所以爲公也，未嘗矜於文辭而私據爲己有」〔註33〕，「苟足顯其術而立其宗，而援述於前，與附衍於後者，未嘗分居立言之功」〔註34〕，故「古書傳世非成於一手」的情形，乃先秦古籍成書之常態，張心澂所云「漢初司馬談、司馬遷父子相繼爲太史，西漢末劉向、劉歆相繼典秘書，猶古之遺風也。」〔註35〕是也。職是之故，若「黃老學派」已經不存在，則專門爲記載「黃老思想」的「黃老帛書」，恐怕也沒有問世的必要了。因此，「黃老帛書」的產生時間，當在「黃老學派」興起之後、消失之前。

從上面的討論可知，了解「黃老學派」的興起時間，乃是考究「黃老帛書」產生時間的方法之一。至此，又衍生出一個新的問題，即對於「黃老帛書」所屬學派的認定。關於這個問題，雖然學者們大多肯定，「黃老帛書」乃是流行於漢初的「黃老學派」之產物，屬於「道家」。但是，「家」的觀念乃

〔註30〕其論點爲：樂臣公在越國將滅之前逃至齊國，可知當時齊國未滅（B.C.221），而根據《史記》對黃老學派的記載，樂臣公之「本師」號曰河上丈人，與其間隔五代，依常理而言當爲一百年左右，故知黃帝之言的流行當在西元前四世紀。見〈馬王堆出土《老子》乙本卷前古佚書的研究——兼論其與漢初儒法鬥爭的關係〉。又〈論《黃帝四經》的思想文獻價値〉。根據同一證據，卻有學者與此相反，認爲《高士傳》所載黃老學派的「本師」河上丈人爲戰國末期的人，故「黃老帛書」當是戰國末期的作品。見〈黃老帛書的哲學思想〉。

〔註31〕〈黃老帛書的思想與時代〉，載《漢代思想史》頁18～48。

〔註32〕〈僞書通考總論〉，載《僞書通考》：張心澂編，台灣商務印書館1970年台北初版。

〔註33〕《文史通義．言公上》，載《文史通義》：清章學誠著，里仁書局1984年台北初版，頁169。

〔註34〕《文史通義．言公上》，載《文史通義》頁170。

〔註35〕〈僞書通考總論〉，載《僞書通考》頁653～670。

屬後起，〈漢志〉中所載同屬某一「家」的典籍，在先秦時可能有完全不同的傳承。韓非曾經說當時「儒分爲八，墨離爲三」。故而，我們考究「黃老帛書」所屬學派時，不僅要知道它是「道家」，而且還要進一步的考察它是「道家」中的那一個流派。因此我們認爲，要考究「黃老學派」的傳承，如某些學者所提，以《史記》〈老莊申韓列傳〉、〈樂毅列傳〉及《老子》爲主，來研究黃老學派的發展以前〔註 36〕，必須先分辨清楚這幾個派系是否爲同一個，以及其間關係爲何等問題。

3. 從帛書抄寫的時間做判斷

這種方法是找出「黃老帛書」的抄寫時間，並進而判斷其產生時間的下限。「黃老帛書」的抄寫時間，必然晚於其產生時間，故若可知「黃老帛書」的抄寫年代，則可知其產生時間之下限。關於「黃老帛書」抄寫年代的研究，有許多曾經學者做過，只是所得的結論不同而已。〔註 37〕

除了判斷「黃老帛書」的抄寫年代外，朱曉海曾依今所見「黃老帛書」的抄寫現象，而進一步的判斷其母本的抄寫年代，認爲：《經法》篇「必虛其國」本爲「必虛其邦」，「邦」字乃避劉邦諱而改爲「國」，可知其產生年代在劉邦稱帝之前。又，《十六經》〈順道〉中「端正勇」當作「正勇」，「端」字，乃因避秦始皇諱而改成「正」，但後人不察，以致抄入而衍，形成今所見「端正勇」三字並存的現象。因此，「黃老帛書」的傳抄，必然曾經在秦王朝的統治之下進行過。〔註 38〕和現在所見到的抄本一樣，「黃老帛書」母本的抄寫年代問題，通常也可從其書寫現象中找到一些蛛絲馬跡。其中，最常見的判斷標準，與判斷佚書抄寫年代一樣，乃是以避諱現象爲依據。因此，這種以「黃老帛書」母本抄寫爲證，而判斷其產生時間的方法，與直接透過「黃老帛書」的抄寫年代一樣，都可以有效判斷其產生時間的下限。

〔註 36〕〈《黃帝四經》初探〉。又〈馬王堆出土《老子》乙本卷前古佚書的研究——兼論其與漢初儒法鬥爭的關係〉。又〈黃老帛書的思想與時代〉，載《漢代思想史》頁 18～48。又〈論《黃帝四經》的思想文獻價值〉。

〔註 37〕如曉函等人以帛書中避高祖諱而不避文帝諱，論其抄寫年代當在惠帝或呂后時期。見〈馬王堆漢墓帛書概述〉：曉函著，《文物》1974 年 9 期。同樣的避諱現象，朱曉海卻認爲其抄寫年代在劉邦卒前，而李裕民則將它定在 B.C.206～195 劉邦在位時。李氏又因其爲私人抄本，避諱或有不嚴格之處，而將其上限定在劉邦稱帝之時（B.C.202）。見〈馬王堆漢墓帛書抄寫年代考〉：李裕民著，《考古與文物》1981 年 4 期。又《黃帝四經考辨》頁 96～97。

〔註 38〕《黃帝四經考辨》頁 96～101。

（二）包含內部證據的論證

所謂「包含內部證據的論證」，指的是以「黃老帛書」的內容作爲主要證據，來推論其產生時間的論證，其使用的方法是：找出「黃老帛書」內，某種足以反映寫作時間的特徵，並進而判斷其產生時間。爲了討論的方便，本文將這些足以反映「黃老帛書」寫作時代的特徵稱作「時代特徵」，而利用「時代特徵」考究「黃老帛書」產生時間的方法，則稱爲「時代特徵判斷法」。要使用「時代特徵判斷法」以前，必須了解「時代特徵」在不同時期中之面貌爲何。雖然，在「黃老帛書」中，可以拿來當作「時代特徵」的現象不少，而且，這些特徵在各個時期中之面貌爲何，在學界也或多或少有所爭議。但是，學者們對大部分的「時代特徵」出現的時間，在認定上都有某種程度的一致性。因此，這種論證方法應該可行。在下文中，本文也將一起討論這些以「時代特徵」爲主，來進行判斷的論證。

不過，在此必須先說明的是，以「時代特徵」爲據的論證中，有一種較爲特別，即以「思想」作爲「黃老帛書」的「時代特徵」之論證。此乃因學者們對思想史發展的看法，牽涉到其對古籍眞僞問題的主張，以及思想史發展的個人解釋之上。因此，思想的發展不像其它特徵，在學界上有較一致的認定。由於這種特殊性，再加上學者所提的論證當中，以「思想」的發展來推論「黃老帛書」的論證，遠較其他「時代特徵」來得多。因此，本文特別將這種方法獨立於「時代特徵判斷法」外，並稱之爲「思想流變判斷法」。

除了「時代特徵判斷法」和「思想流變判斷法」外，找出和「黃老帛書」相關的其他著作，再加以比較其時間先後，以推測前者的產生時間，也是學者們常用的方法。與「時代特徵判斷法」和「思想流變判斷法」不同的是，由於這種方法並無太多的參考材料，故通常只是純粹的以其他的著作與「黃老帛書」作比較，並判斷其先後關係，而不像「時代特徵判斷法」和「思想流變判斷法」，乃是先在諸多文獻中整理出「時代特徵」的演變，並以之爲標準來檢驗「黃老帛書」。這種比較兩種著作的方法，不外是將它們所承現出來的思想或相似的文句作一比較，並加以判斷兩者的先後關係。因此，本文將這種方法稱爲「思想、文句比較判斷法」。

以上，乃是本文將「包含內部證據的論證」分成幾種類型的理由。在下文中，將逐一討論這些方法的前提、推論過程，以及在使用這些方法時，必須特別注意的地方。

1. 時代特徵判斷法

由於「黃老帛書」的寫作，應該會受到其所處時代環境的影響，因而在內容中，應該存有某些可以反映其創作時代的特徵。職是之故，若能發現這些特徵，並找出其可能出現的時間，即可判斷「黃老帛書」的產生時間了。析而言之，以這種方法研究「黃老帛書」的產生時間，其步驟爲：第一、在「黃老帛書」中發現「時代特徵」。第二、掌握這些「時代特徵」在歷史上的發展與演變。第三、將兩者作一比對，以判斷「黃老帛書」的產生時間。

在此，我們又可依「時代特徵」的性質，將「時代特徵判斷法」分成兩大類。其一是在「黃老帛書」的「內容」中尋找「時代特徵」，包括：「黃老帛書」中，足以反映出時代背景的事物，其所依托的人物、討論的議題和所載的思想等；其二是從「黃老帛書」的「表現方式」上尋找「時代特徵」，包括：「黃老帛書」使用的詞語，其寫作風格等。以下分而論之：

（1）在「內容」中尋找「時代特徵」

欲在「黃老帛書」中發現「時代特徵」，最直接的方法就是從它的內容上尋找。如上所述，較常見的「時代特徵」有：「黃老帛書」中，足以反映出時代背景的事物，其所依托的人物、討論的議題和所載的思想等等。但是如前所論，本文認爲後兩項判斷，因爲牽涉到思想史的解釋問題，故將它們放在討論「思想流變判斷法」的部分討論。因而在下文中，我們僅將討論「足以反映出時代背景的事物判斷」和「從依托人物判斷」兩種方法。

a. 從足以反映出時代背景的事物判斷：使用這種方法的步驟是，考察「黃老帛書」中某些可以反映其產生時代的事物，並進而判斷其產生時間。舉例而言，康立等曾以「今天下大爭，時至矣」〔註 39〕、「唯余一人，兼有天下」

〔註 39〕其論點爲：《十六經》中有「今天下大爭，時至矣」的記載，故其產生時間當在戰國。見〈十大經初探〉：高亨、董治安著，《歷史研究》1975 年 1 期。又〈經法等佚書是田駢遺書〉：董英哲著，《人文雜誌》1982 年 10 期。又〈論《黃帝四經》的思想文獻價值〉。又〈關於帛書《黃帝四經》成書年代等問題的研究〉，載《黃帝四經今註今譯》頁 33～35。而鍾肇鵬等則認爲這句話與《韓非子》所載「當今爭於氣力」和「當大爭之世」兩句話，在內容上同樣反映出戰國末年的情況，且帛書中主張用正義的戰爭來統一天下，亦反映出戰國末期之人的思想。見〈黃老帛書的哲學思想〉。又〈略論黃老學派的產生和演變〉：許抗生著，《文史哲》1979 年三期。然而，余明光、金春峰等卻認爲這句話反映出戰國中期、末期的情勢。見〈《四經》成書的年代〉，載《黃帝四經與黃老思想》頁 17～20。又〈論《黃帝四經》的思想文獻價值〉。又〈黃老帛書的思想與時代〉，載《漢代思想史》頁 18～48。

〔註 40〕等文句所反映出來的歷史背景，來推論「黃老帛書」的產生時間。又，康立、董英哲、余明光、朱曉海、王博、金春峰等又曾以某些「黃老帛書」中提到的現象，如蹹球〔註 41〕、「腐其骨肉」及「苦醢」之刑罰〔註 42〕、立王〔註 43〕、不敬蚩尤〔註 44〕及大小國並存〔註 45〕等現象，來判斷其產生時間。

b. 從依托人物判斷：這種方法是考察「黃老帛書」所依托的人物，其可能出現的時間，進而判斷「黃老帛書」的產生時間〔註 46〕。本文認爲，「黃老帛書」乃依托「黃帝」的書，而依托的動機在於使人重視此書，故其成書時間當在「黃帝」傳說普及之後。因此，了解「依托黃帝立言」的風氣起於何時，乃判斷其產生時間的可用方法之一。

（2）從「表現方式」中尋找「時代特徵」

除了內容之外，從「黃老帛書」表現其思想的方式，例如：其所使用的詞語和寫作風格等，也可以找出某些「時代特徵」。

a. 從使用的詞語判斷：這種方法是找出「黃老帛書」中，某些特定時間才會使用的詞語，以判斷其產生時間。因爲「黃老帛書」內所使用的詞語，

〔註 40〕其論點爲：戰國時期還沒有「唯余一人，兼有天下」的事實存在，可知作者必經歷過天下統一的局面。見〈十大經的思想和時代〉：康立著，《歷史研究》1975 年 1 期。又《黃帝四經考辨》頁 97～100。

〔註 41〕其論點爲：《十六經》中提到了蹹球這種戰國時期興起的活動，故其產生時間當在漢初。見〈十大經的思想和時代〉。又〈經法等佚書是田駢遺書〉。又〈《四經》成書的年代〉，載《黃帝四經與黃老思想》，頁 17～20。

〔註 42〕其論點爲：《十六經》中提到黃帝擒到蚩尤後便「腐其骨肉」、「苦醢」，並警告說，誰敢「擅興兵」，就要誰落到同樣的下場，而這和西漢初年階級鬥爭的的特點符合。見〈十大經的思想和時代〉。

〔註 43〕其論點爲：「立王」的觀念是西漢特有的歷史現象，所以其書著成年代當在漢初。見〈十大經的思想和時代〉。

〔註 44〕其論點爲：《十六經》〈五正〉、〈正亂〉不敬蚩尤，而劉邦敬之，可見其著成年代當在漢前，見《黃帝四經考辨》頁 97～100。

〔註 45〕帛書中每每大國、中國、小國並言；且常有盟國約信之言，可知其產生年代不在入漢以後。載《黃帝四經考辨》頁 97～100。王博等更進一步認爲這反映出佚書爲戰國中期的著作。見〈《黃帝四經》和《管子》四篇〉：王博著，《道家文化研究》一輯：陳鼓應編，上海古籍出版社 1992 年 6 月初版。又〈黃老帛書的思想與時代〉：載《漢代思想史》頁 18～48，特其以之論帛書成書年代當在戰國早、中期。

〔註 46〕如吳光就認爲黃帝傳說產生於戰國中期之後，而依托黃帝的《黃帝書》只能在黃帝傳說大量流傳之後，因此帛書當著於秦漢之際。見〈秦漢之際黃老之學代表作〉，載《黃老之學通論》：吳光著，浙江人民出版社 1985 年 6 月初版一刷，頁 129～191。

若只出現於某段時間內，則其產生時間必在這段時間之內。因此，找出「黃老帛書」中某些只會出現在某段時間內的詞語，即可判斷其產生時間了。舉例而言，高亨、董治安、董英哲、趙吉惠、康立、吳光、朱曉海、史明、王博、陳鼓應、鍾肇鵬等曾以「黔首」〔註47〕、「余一人」〔註48〕等詞語，或某些「雙音詞」的出現與否，來判斷「黃老帛書」的產生時間。〔註49〕

b. 從寫作風格判斷：這種方法是找出「黃老帛書」的文體特徵，並考察它們出現的時間，以判斷「黃老帛書」的產生時間。換言之，即利用「黃老帛書」的時代風格來判斷其產生時間——「黃老帛書」的文體若反映出某種時代風格，則其寫作時間即在此時。舉例而言，康立、吳光、朱曉海等曾拿「黃老帛書」的文體與某時代所特有的文體比較〔註50〕，或依其內容〔註51〕、敘述法〔註52〕、篇名的有無〔註53〕來判斷其產生時間。

以上，乃是常見的幾種「時代特徵判斷法」，接下來，本文將討論使用這

〔註47〕其論點爲：《十六經》中出現「黔首」一詞，而「黔首」乃戰國時即使用的「語詞」，故知其爲戰國或戰國中期著作。見〈十大經初探〉。又〈經法等佚書是田駢遺書〉。又〈論《黃帝四經》的思想文獻價值〉。同樣的一個詞語，有人即做出不同的判斷，如康立等認爲「黔首」一詞乃戰國末年才開始在秦國普遍使用的詞語，故《十六經》的產生時間當爲漢初或秦漢之際。又〈十大經的思想和時代〉。又〈秦漢之際黃老之學代表作〉，載《黃老之學通論》頁129～191。依同一個理由，朱曉海認爲《十六經．爭姓》乃秦時著作。載《黃帝四經考辨》頁100～101。

〔註48〕其論點爲：在《十六經》中，黃帝以「余一人」來自稱，而自秦始皇統一六國之後，帝王就以「朕」一詞來自稱，故《十六經》的產生時間不可能晚於秦。見〈十大經的年代與四人幫的野心〉：史明著，《考古》1977年2期。

〔註49〕其論點爲：「黃老帛書」中無「道德」這一個複合詞，而〈內業〉中卻有「反於道德」的記載出現，足見前者的產生時間較早。見〈《黃帝四經》和《管子》四篇〉。又〈關於帛書《黃帝四經》成書年代等問題的研究〉，載《黃帝四經今註今譯》頁33～35。又鍾肇鵬認爲帛書之篇名「名理」、「道法」等名詞的出現始於戰國末年，故其產生時間當在秦漢之際。見〈論黃老之學〉：鍾肇鵬著，《世界宗教研究》1981年2期。

〔註50〕其論點爲：《十六經》中黃帝的言論，和漢高祖的詔令，在內容和風格上具有明顯的相似之處。見〈十大經的思想和時代〉。

〔註51〕其論點爲：帛書中無批評秦政之內容，而漢初各家不諱批評秦政，可知其非成於漢朝。見〈秦漢之際黃老之學代表作〉，《黃老之學通論》頁129～191。

〔註52〕其論點爲：「數詞敘述法」興起於戰國中期，流行於戰國晚期，而《經法》〈國次〉、〈大分〉等章皆泛用之，可知其著成年代當在戰國末年。見《黃帝四經考辨》頁42～47。

〔註53〕其論點爲：帛書各篇篇末皆有篇名，可知其書不早於戰國晚期。見〈秦漢之際黃老之學代表作〉，載《黃老之學通論》頁129～191。

些方法時，必須注意的地方：

第一、研究者所找出的特徵是否爲「時代特徵」：如前所論，利用「時代特徵判斷法」推論「黃老帛書」的產生時間，首先即必須在「黃老帛書」中尋找「時代特徵」。故而，判斷所找出的特徵，是否能反映其產生時代，即成了一項重要的工作。因爲如果我們拿一些與作者時代無關的特徵，來推論「黃老帛書」的時間，則不能作出有效的判斷。舉例而言，以「黃老帛書」各篇篇末皆有篇名的現象，和篇名的有無來判斷其產生時間，乃是不察篇名不可作爲「時代特徵」的道理。因爲篇名可以是作者自題，也可以是後人所題，其本身並不能反映出作者的時代，所以不能算是一種「時代特徵」。

第二、所尋得的特徵，是否只會出現在某個時期，而不會出現在別的時期：在確認尋找的特徵確屬「時代特徵」後，接下來的工作即是確定它們可能出現的時間。確實，「黃老帛書」中的某些特徵，的確只出現在某段時期內，而可以當作我們判斷其產生時間的依據。但是，學者們所找出的特徵中，有些出現的時間可能相當長，或不只一段時期。如此一來，就不能拿它們來作爲判斷「黃老帛書」產生時間的標準了。舉例而言，高亨、董治安、董英哲、趙吉惠、陳鼓應、鍾肇鵬、許抗生、余明光等曾以「今天下大爭，時至矣」、「唯余一人，兼有天下」等文句，推論「黃老帛書」的產生時間。〔註 54〕但是，使用相同方法的結果，所得的結論卻不一致。究其故，乃是因爲這些文句可能出現的時間無法限定。詳而述之，周天子原本就是天下公認的共主，故認爲「唯余一人，兼有天下」的文句必在秦統一天下後方可能出現的說法，即值得商榷。另外，戰國諸侯爭雄，其目的雖在兼并天下，但是，兼并天下的情形並非只出現在戰國時期，秦漢之際的諸雄爭霸，也是以兼并天下爲其目的，故此文句亦不必然只能在戰國時期出現。另外，康立以「腐其骨肉」、「苦醃」的刑罰來判斷「黃老帛書」的產生時間，也是沒有考慮到：這些肉刑乃商、西周流傳下來的刑罰，後世諸仍可能使用它們。〔註 55〕由此觀之，如果用以判斷「黃老帛書」產生時間的特徵，並非只出現於某一段時間內，

〔註 54〕〈十大經初探〉。又〈經法等佚書是田駢遺書〉。又〈論《黃帝四經》的思想文獻價值〉。又〈關於帛書《黃帝四經》成書年代等問題的研究〉，載《黃帝四經今註今譯》頁 33～35。又〈黃老帛書的哲學思想〉。又〈略論黃老學派的產生和演變〉。又〈《四經》成書的年代〉，載《黃帝四經與黃老思想》頁 17～20。又〈論《黃帝四經》的思想文獻價值〉。

〔註 55〕參〈十大經的年代與四人幫的野心〉。

則推論之後，所得到的結論可能不止一個。

第三、利用「時代特徵」來推論「黃老帛書」的產生時間時，其推論是否合理：肯定了上述兩點之後，接下來即可以「時代特徵」推論「黃老帛書」的產生時間。與其他考據的工作一樣，最後必須注意者，乃是推論本身的合理性問題。舉例而言，以《十六經》中黃帝的言論，和漢高祖的詔令在內容和風格上，具有明顯的相似之處，而認爲前者受後者影響，並認爲「黃老帛書」是漢初作品的論證，就有可議之處。因爲持此論者並沒有說明，何以不是漢高祖的書寫風格受「黃老帛書」影響，而是「黃老帛書」受漢高祖影響。又，吳光認爲：黃帝傳說產生於戰國中期之後，而依托黃帝的「黃帝書」只能產生於黃帝傳說大量流傳之後，故「黃老帛書」當著於秦漢之際〔註 56〕。在這個推論中，吳氏就忽略了，「黃老帛書」出現於戰國中、晚期的可能性。

除了以上所舉諸例之外，尚有一種邏輯上的盲點，在此必須特別指出，即：並不能直接以「時代特徵」出現的時間來當作「黃老帛書」的產生時間。因爲，雖然我們可以肯定某些「時間特徵」出現的時間，但是，這些「時代特徵」既然已經出現在歷史上了，則後人在寫作時，就可能受其影響。換言之，「時代特徵」可能出現在那些特徵產生以後的任何時間。舉例而言，以「黔首」、「義戰」、「并兼」等文句和蹋球這種戰國時期興起的活動，以及帛書中每每大國、中國、小國並言和盟國約信之言等事實爲「時代特徵」，來判斷「黃老帛書」的產生時間，只能得到其上限當在戰國的結論，而不能直接就認爲「黃老帛書」產生於戰國。除此之外，寫作手法與詞語的發展亦是如此，故以「數詞敘述法」的興起與流行，來判斷「黃老帛書」的產生時間，只能證明其產生時代之上限，而不能直接證明其產生時間。最後，「傳說」人物的開始流行，和以之爲依托對象著書之間，可能會有時間上的差距，故黃帝「傳說」的產生時間，也只能拿來當作「黃老帛書」產生時間的上限而已。

2. 思想流變判斷法

思想流變判斷法，指的是以「黃老帛書」的「思想」風貌作爲「時代特徵」，以判斷其產生時間的方法。因爲這種方法與上文所提的「時代特徵判斷法」，其推論模式大致相同，故上文對「時代特徵判斷法」所做的討論，在下文中即不再贅述，而將其討論重點放在使用「思想流變判斷法」時，必須額外注意的地方。常見的「思想流變判斷法」有四種，分別是以「黃老帛書」

〔註 56〕〈秦漢之際黃老之學代表作〉，載《黃老之學通論》頁 129～191。

的「討論議題」、「主張和理論」、「術語」和「思想合流的現象」來作爲「時代特徵」的判斷方法。以下分而論之：

（1）以討論議題判斷

這種方法是找出「黃老帛書」所討論的議題，並尋找此議題可能出現的時期，以判斷其產生時間。舉例而言，唐蘭曾以「黃老帛書」中沒談論到「堅白同異」、「五行」、「太一」等議題，來判斷其產生時間。〔註 57〕

如果能證明某些議題只出現在某段時期內，而「黃老帛書」又恰好論及此議題，則其產生時間乃在該時間內。又或者是，「黃老帛書」中的某些議題，其出現時間雖然並不限於某段時期，但是若能掌握其出現的時間，則至少能推測出「黃老帛書」產生時間的上限。可想而知，使用這種方法，首先必須注意到的是，議題本身在特定時期內是否具「普遍性」。換言之，即產生於該時期的所有著作，是否必然討論該議題的問題。舉例而言，上述學者所提，「堅白同異」、「五行」及「太一」是否可作爲戰國末年各學派必然會論及的共同議題，即須加以探討。本文認爲，所謂「普遍性」議題的存在，由於囿於材料所限，故在證明上有其困難之處。況且，即使是同一時期內的同一家思想，也不見得會有共同的議題，例如同爲儒家的荀子，便不討論思孟學派所主張的「五行」。

其次，以某些議題只流行於某時期爲標準，來推論討論到這些議題的「黃老帛書」的產生時間則可。但是，若只是因爲「黃老帛書」「不討論」此議題，就斷定其產生時間在此時期之前或之後，則於理不通。因爲以「黃老帛書」沒有論及某些議題，而推論其產生於何時的論證中，其所用的「時代特徵」爲「沒有討論某某議題」。但是，「沒有討論某某議題」本身，若可成爲一「時代特徵」，則首先要證明的，與上述一樣，即這個時期的所有著作，都必須討論該議題。況且，即使某些議題確實爲某時期的流行議題，而「黃老帛書」也恰好沒有討論到它，也不能因此而斷定其產生時間，必然在該時期以前或以後，因爲在這個時期之前或之後的時期，都可能出現「不討論」這些議題的情形。因此本文認爲，下列論證尚有可議之處：吳光曾以漢初各家不諱批評秦政爲證據，來推測「黃老帛書」並非成於漢朝。其說即沒有考慮到漢初各家雖不諱批評秦政，但也沒有一定要在著作中批評秦政之理；又，唐蘭曾

〔註 57〕其論點爲：戰國後期盛行的「堅白同異」、「五行」及「太一」等議題，佚書均無論及，可見其產生時間早於戰國末期。見〈馬王堆出土《老子》乙本卷前古佚書的研究——兼論其與漢初儒法鬥爭的關係〉。

以「堅白同異」、「五行」及「太一」等議題，「黃老帛書」均未論及的現象，推測「黃老帛書」產生時間，也是同犯上病。

（2）以主張和理論判斷

這種方法是藉由分析「黃老帛書」中的主張及理論，並拿它來和同類型思想作比較，以判斷其產生時間的方法。舉例而言，朱曉海、許抗生、趙吉惠等曾以「黃老帛書」中「尚同」、「兼愛」、〔註 58〕「五帝」〔註 59〕、「道」、「虛靜」、「形名」〔註 60〕等觀念，來判斷其產生時間。

這種方法之所以可行，乃因思想的發展，常隨時代背景而調整或發展，故若能找出其演變的規律，則能以此爲標準來對照「黃老帛書」的思想，以判斷其產生時間。本文認爲，學派的產生必然有某種「核心的」主張或理論爲基礎，並依此而發展出一套系統的思想，因而思想的流傳，雖然常因環境的不同而調整，但調整的過程中，卻不會改變此根本的部分，只會因時地的不同，而呈現出不同的面貌。在此，即衍生出一個問題，即「黃老學派」的核心主張或理論，如何認定的問題。關於這個問題，本文認爲，漢人的理解應該較接近先秦思想的眞貌，故對於這些問題的理解，應該以漢人的說法爲主，因爲第一、漢人所見的先秦文獻，在數量上遠多於後世；第二、漢初正是「黃老思想」盛行的時期；第三、某些研究「黃老之學」的漢人，其師承還可直溯到戰國。反之，如果憑後人的理解，來推論這些問題，則恐怕會有不實之處。爲了討論的方便，本文將這些核心的主張和理論稱爲該學派的「核心觀念」。因此，我們應該注意到，「黃老帛書」的思想中，被拿來作爲判斷

〔註 58〕其論點爲：法家習用「尚同」之說乃在戰國晚期，而不排斥「兼愛」亦在戰國晚期，故可知《經法．四度》與《十六經．成法》著成於戰國中期；《經法．君正》著成於戰國晚期。見《黃帝四經考辨》頁 35～41。

〔註 59〕其論點爲：《十六經．成法》言及「五帝」，其義乃「五古人王稱帝」，而「五古人王稱帝」之觀念，乃騶衍後學不明「五行」相勝之說本合「新聖」而言，改以「五古人王」而論，故知《十六經．成法》之著作年代當在騶衍之後，即戰國末葉初期。

〔註 60〕其以「黃老帛書」中四篇文章對「道」的解釋與《老子》、《管子》四篇及《韓非子》比較，而認爲除《十六經》在《管子》之後、韓非之前外，其餘諸篇皆在《管子》之前外，他也另外提出了下面論證：《經法》等篇只是提出「虛靜」的認識論觀點，而《管子》四篇則進一步的提出「靜因之道」，並以之將「形名」學說結合起來。見〈略論黃老學派的產生和演變〉。又趙吉惠認爲從「黃老帛書」的內容而言，反映出由道到法的痕跡，且佚書中系統的言及韓非、商鞅所喜的「形名學」，而現可見較集中論及形名學的先秦古籍中唯此書，可見商鞅、韓非所見即爲此書。見〈論《黃帝四經》的思想文獻價值〉。

標準的部分，是否爲其「核心觀念」，若不然，則這個部分即不足以拿來判斷「黃老帛書」的產生時間，因爲它們可能只是「黃老帛書」從其他學派中借用而來的。舉例而言，以商鞅、韓非所喜歡的「形名學」出現在「黃老帛書」之中，來判斷其產生時間，即沒有注意到，商、韓所重視的「形名術」，並非「黃老學派」的「主流思想」。〔註 61〕另外，朱曉海曾將「黃老帛書」的思想，放在法家的流變史上來看，並判斷其產生時間。其說就是以「黃老帛書」中的法家思想，考察其產生時間。因此，對於這些論證，本文採保留態度。

（3）以術語判斷

在「思想流變判斷法」中，考察作爲概念工具的「術語」〔註 62〕，其語義的發展歷史，也是一種常用的方法。錢穆在論及《莊子》、《老子》先後問題時，就曾大量使用這種方法〔註 63〕。至於將此方法用在「黃老帛書」上，則有許多學者以「雌節」、「雄節」〔註 64〕、「陰陽」、「大」、「虛」、「古」〔註 65〕、「執規矩」〔註 66〕、「神明」〔註 67〕、「天極」、「天當」、「天刑」、

〔註 61〕雖然系統的論著形名學的古籍，今天所能看到的只剩下「黃老帛書」，但這並不表示這本書是唯一的形名學著作。此外，古人學問的習得並非只是來自於書本，除了書本之外，有大部分的學問是從老師那裡聽來的。因此，韓非、商鞅學習形名學是否必然依賴書本尚爲一可議的問題。

〔註 62〕討論複雜的知識性問題時，常因討論之方便考量而將某些複雜之理論或概念以一簡短詞語表示之，此即「術語」。從語言爲一符號的觀點而言，「術語」與一般語詞一樣，可分爲「符徵」與「符旨」。某一「符徵」之「符旨」若被加入或改造而賦予特殊意義，使其與一般情況的用法不同時，則此詞語即成爲此一學說之「術語」。一詞語成爲一「術語」時，其「符徵」所包含的並非只是日常生活所使用的概念。

〔註 63〕〈關於《老子》成書年代之一種考察〉、〈再論《老子》成書年代〉、〈三論《老子》成書年代〉，載《莊老通辨》：錢穆著，東大出版社 1991 年 12 月台北初版，頁 21～112。

〔註 64〕其論點爲：《十六經》〈雌雄節〉〈前道〉及〈順道〉所言「雌節」、「雄節」觀念乃襲《老子》而來，而《老子》之成書年代當不早於戰國末葉初期。見《黃帝四經考辨》頁 35～41。然金春峰認爲「雌節」、「雄節」等詞語在戰國晚期已不使用，故帛書當成於戰國早、中期。見〈黃老帛書的思想與時代〉，《漢代思想史》頁 18～48。

〔註 65〕其論點爲：《稱》中言「陰陽」富哲學意義，且較《易．文言》爲甚，故知其產生時間當在〈文言〉之後，即戰國末葉；又《稱》所言「大」、「虛」、「古」等詞皆含哲學意味，而這些詞涵哲學意味的情形，出現在《老子》、《莊子》篇之後，而此二書之產生年代在戰國中葉末期，故知《稱》之著成年代當在戰國末年。見《黃帝四經考辨》頁 35～41。

〔註 66〕其論點爲：《十六經．五正》言「執規矩」，此種思想的出現當在陰陽家法天地

「天德」、「陽節」、「陰節」、「逆節」及「柔節」〔註68〕「夜氣」、「兩行」、「冥冥」、「氣」〔註69〕等術語，來判斷其產生時代。

一般而言，在思想的發展到達一定的複雜程度時，常常會因爲考量到論述的方便，而用某些詞語來代表一些複雜的概念。故而，這些詞語出現在該思想中，其所蘊涵的意義遠較一般的用法來得豐富。在這種意義下，可以將這些詞語，視爲該思想的「術語」。然則「術語」的產生，乃是因爲論述複雜觀念時，考量到其方便性所致。反之，在思想的發展尚未到達某種複雜的程度前，則不須依賴「術語」來表現其思想。因此，分析某些詞語，並觀察其在不同的著作中，是否爲「術語」，即成爲判斷這些著作產生時間先後的方法了。

職是之故，判斷一個詞語在著作中是否爲術語，即成爲使用這種方法的首要工作。必須注意的是，當某個詞語若並非出現在以它爲「術語」的著作中，則不應該視之爲「術語」。這是考慮到，相同詞語在不同的思想中，其是否爲「術語」的情形可能並不一致，故以詞語是否爲「術語」來判斷不同著作，其產生時間的先後，則必須在這些著作都是同一學派的情況進行下。否則，某詞語可能在甲學派中早已成爲「術語」，但在乙學派中，卻始終只維持一般詞語的用法時，則用以比較兩者間詞語的「術語」與否，亦不能推論出其先後。舉例而言，陳鼓應等以《孟子》、《國語．越語》等非「黃老學派」的著作，來和「黃老帛書」做詞語的比較，並推論後者的產生時間，〔註70〕即沒有考慮到這點。因此本文認爲，在這種比較對象不當的情況下，其所舉的術語：「天極」、「天當」、「天刑」、「天德」、「陽節」、「陰節」、「逆節」、「雌節」、「雄節」及「柔節」〔註71〕，

的說法之後，故知其產生時間當在戰國末葉。見《黃帝四經考辨》頁68～80。

〔註67〕其論點爲：「神明」本指外在的神靈，到了戰國中晚期後變成一富哲學意義的詞，而《經法．名理》篇首度對「神明」下定義，至此之後，神明方爲一哲學名詞。見〈《黃帝四經》和《管子》四篇〉。

〔註68〕其論點爲：帛書中「天極」、「天當」、「天刑」、「天德」、「陽節」、「陰節」、「逆節」、「雌節」、「雄節」及「柔節」等詞語與《國語．越語》相同，在戰國晚期已不使用，故帛書當成於戰國早、中期。見〈黃老帛書的思想與時代〉，載《漢代思想史》頁18～48。

〔註69〕其論點爲：這些在《孟子》、《莊子》中與佚書相同的詞語，在使用時均比佚書更加具哲學意義，故佚書的產生時間當在《孟子》、《莊子》前。見〈關於帛書《黃帝四經》成書年代等問題的研究〉，載《黃帝四經今註今譯》頁33～35。

〔註70〕〈關於帛書《黃帝四經》成書年代等問題的研究〉，載《黃帝四經今註今譯》頁33～35。又《黃帝四經考辨》頁35～41；48～52。

〔註71〕〈黃老帛書的思想與時代〉，載《漢代思想史》頁18～48。

皆不足作爲判斷「黃老帛書」產生時間的標準。

（4）以思想合流的現象判斷

「黃老帛書」的思想有一特別之處，即呈現出融合數家思想爲一爐的風貌。故而，部分學者以這種現象來判斷其產生時間，例如趙吉惠等即認爲，這種現象可以反映出「黃老帛書」的產生時間。〔註72〕

應該注意的是，在以思想的合流現象判斷「黃老帛書」的產生時間以前，必須先了解，哪些思想是「黃老學派」原創，哪些是受他家影響而成。因爲對於這個問題的釐清，有助於理解「黃老帛書」所受的影響，以及其影響其他思想的部分。也只有在這種理解下，才可以客觀的定位出「黃老帛書」思想合流現象形成的背景，並進而推論「黃老帛書」的產生時間。否則，若單就「黃老帛書」中的思想合流現象來理解，就可以有幾種解釋：第一、「黃老帛書」爲其他思想源頭。第二、「黃老帛書」反映出，由某些思想發展到某些思想的軌跡。第三、「黃老帛書」乃是集合若干家思想而成。因此，如果不能釐清「黃老帛書」中所含思想的原創性問題，則以上三種情形之間，究竟當取何者，即成了難以解決的問題了。

3. 文句、思想比較判斷法

（1）從文句比較來判斷

學者們之所以想利用比較的方式，來判斷「黃老帛書」的產生時間，最大的原因可能是，發現其中的某些文句，和其他著作有雷同之處。因爲照常理而言，若不同的著作中存在著文句雷同的現象，則兩者間必然存在著某種抄引上的關係。故而，將研究的焦點放在「黃老帛書」與其他著作在文句上的雷同現象上，並判斷其先後關係，則成爲考察「黃老帛書」產生時間的研究方法了。舉例而言，唐蘭等人就曾以「黃老帛書」與《管子》〔註73〕、《愼子》〔註74〕、《國語・越語》〔註75〕、《史記》〔註76〕、《鶡冠子》、《文子》

〔註72〕其論點爲：從戰國中期學術思想綜合發展之趨勢證明，《黃帝四經》當出現在戰國中期以前。見〈論《黃帝四經》的思想文獻價值〉。對此現象吳光與之持不同看法，認爲帛書之思想揉合了先秦各家思想，這是戰國末期才有的現象。見〈秦漢之際黃老之學代表作〉，載《黃老之學通論》頁129～191。

〔註73〕其論點爲：《管子》、《愼子》、《國語》等書都有引用佚書的文句。見〈《黃帝四經》初探〉。又〈十大經的思想和時代〉。

〔註74〕其論點爲：《稱》數段文字多與《愼子》相同，而前者於思想上多所滯礙，且於文字上注重修飾，可知其襲自後者，而後者之著成年代最早不過戰國中期末葉，故知《稱》之著成年代當在戰國末年。見《黃帝四經考辨》頁81～87。

〔註77〕等著作在文句上的雷同現象，判斷其產生時間。

必須注意的是，利用這種方法判斷「黃老帛書」的產生時間，其前提乃建立在「黃老帛書」與其他著作間，存在著某種抄引上的關係（或可稱之爲「抄引關係」），而研究者對這種「抄引關係」的確定，又建立在其對兩種著作間文句雷同現象的判斷。故而，到底文句雷同的情況要到何種程度，才能確定雙方間具有「抄引關係」，則成爲一個必須加以討論的問題。本文認爲，首先，對於沒有標示出處的「黃老帛書」而言，稱其與他種著作間，存在著某種「抄引關係」時，雙方文句的雷同，必須有相當的數量。換言之，若雙方的文句中，只有隻言片語的雷同，則不可冒然認爲其存在「抄引關係」。因爲古人引書常不標出處，其來源難以明瞭，故而，不可排斥這些雷同的文句，乃是當時的俗諺、流行語、學派慣用語或成語的可能性。因此，唐蘭等以《史記．范睢列傳》、《申子》、《莊子》、《鬼谷子》等書中的一兩句話，也出現在「黃老帛書」中的情形，來判斷後者的產生時間，〔註78〕其結論值得商榷。

而唐蘭認爲《管子》、《愼子》、《國語》等書都有引用佚書中的話。見〈《黃帝四經》初探〉。

〔註75〕其論點爲：《國語．越語》與《十六經．觀》有文句相同處，而後者乃襲前者，理由有三。第一、兩者皆談及「陰陽」，而前者所言乃本義或較初之引申義；後者所言則或有後起之義。第二、兩者皆言及「三樂」，而前者所言乃「之臬」或「之幾」之誤，後者不明，以至沿用。第三、前者所云「無藝」一詞乃《國語》慣用語，故非襲於後者；後者載爲「無執」，乃抄前者而來。見《黃帝四經考辨》頁48～52。又〈十大經的思想和時代〉。

〔註76〕其論點爲：《史記．范睢傳》載范睢語：「此所謂借賊兵齎盜糧也。」而佚書中亦有「借賊兵，裹盜糧」的話，因此，在秦昭王三十六年（B.C.271）時的范睢以前，已經有此語。見〈《黃帝四經》初探〉。又〈座談馬王堆漢墓帛書〉：唐蘭等著，《文物》1974年9期。又鍾肇鵬認爲《史記．淮陰侯列傳》載與安期生同時代的蒯通曾說過：「蓋聞天與弗取，反受其咎。時至弗行，反受其殃。」與《十六經．兵容》所載「因天時，與之皆斷」、「天固有予有尋……天予而弗受，反隨以殃」等句，在內容上差不多，故「黃老帛書」當作於戰國末期。見〈黃老帛書的哲學思想〉。

〔註77〕其論點爲：《鶡冠子》、《文子》等非僞托的先秦子書及申不害、愼到等留下來的言論都引到「黃老帛書」之言，故其產生時間當在這些書或人之前，即戰國中期。見〈《四經》成書的年代〉，載《黃帝四經與黃老思想》頁17～20。又〈論《黃帝四經》的思想文獻價值〉。不同於余明光，吳光倒是認爲這些古籍中多有與帛書內容相同者，若前者乃抄後者而來，則佚書必被奉爲經典而不至失傳。見〈秦漢之際黃老之學代表作〉，《黃老之學通論》頁129～191。

〔註78〕〈《黃帝四經》初探〉。又〈座談馬王堆漢墓帛書〉：唐蘭等著，《文物》1974年9期。又〈馬王堆出土《老子》乙本卷前古佚書的研究——兼論其與漢初

其次，若兩種著作中，存在著某些文意相同或相近的現象，但其使所用語句卻大不相同，則也不可冒然認爲雙方間具「抄引關係」。因爲語言有其社會性，在兩種不同的著作，都想表達某一個想法時，則其所使用的詞語容易相近。若兩文意相同的文句間，只存在著使用詞語的雷同現象，而在句構上卻大相徑庭，則雙方之間不必然存在著「抄引關係」。換言之，稱兩文句間具「抄引關係」，則至少在詞語和句構上，雙方都必須相似。職是之故，在選擇與「黃老帛書」作比較的著作時，若沒有考慮到這一點，則可能會挑選到不適合的著作。舉例而言，唐蘭曾經將《韓非子》和「黃老帛書」作比較，並判斷其產生時間的先後。〔註 79〕但是，唐氏並沒有考慮到，除去那些文意相近，而句構卻不相同的句子後，《韓非子》中已經沒有多少與「黃老帛書」文句雷同的句子了。

（2）從佚書與他書的思想比較來判斷

除了文句之外，比較「黃老帛書」與其他著作間在思想上的關係，也是常被拿來判斷其產生時間的方法。因爲如果兩種著作，其思想屬同一學派，則兩種著作間，當存在著某種發展上的關係，而透過對這種關係的辨析，亦或可推論出其先後。在這種理解下，余明光、王博、陳鼓應、朱曉海、許抗生、吳光等曾以「黃老帛書」的思想與《管子》〔註 80〕、《尸子》、《逸周書》

儒法鬥爭的關係〉。又〈黃老帛書的哲學思想〉。案：「借賊兵，裹盜糧」亦見於李斯〈諫逐客書〉中（作於秦始皇 10 年，B.C.237），故此言可能爲當時之流行語或諺語。

〔註 79〕〈《黃帝四經》初探〉。又〈座談馬王堆漢墓帛書〉。

〔註 80〕其論點爲：由「黃老帛書」與《管子》四篇的比較看來，前者較簡單而後者較複雜，故知前者產生時間較早，如：《十六經．順道》言「立於不敢，行於不能。戰示不敢，明執不能。守弱節而堅之，胥雄節之窮而因之。」（《馬王堆漢墓帛書（壹）》頁 79）而〈勢〉因襲時卻縮減爲「行於不敢而立於不能，守弱節而堅處之。」忽略了「守弱節」是跟「胥雄節」相對應的現象。見〈《黃帝四經》書名與成書年代考〉：余明光著，《道家文化研究》一輯。關於帛書與《管子》四篇的比較，王博也提出了看法，從「當」、「氣」在《黃帝四經》中皆爲一普通名詞，而至《管子》四篇則爲一哲學名詞這一角度論之，之後陳鼓應補充了一個論證，認爲「黃老帛書」中屢次出現「因」字，然皆無哲學意義，而《管子》四篇則言「因也者，虛而待物者也。」因字已具有哲學意義。又《白心》中記載「故曰：『祥於鬼者義於人，兵不義不可。』」其中的「故曰」就是《十六經．本伐》中的「有爲利者，有爲義者，有行忿者。」（《馬王堆漢墓帛書（壹）》頁 75）以及〈前道〉「聖【人】舉事也，合於天地，順於民，祥於鬼神，使民同利，萬夫賴之，所謂義也。」（《馬王堆漢墓帛書（壹）》頁 76）這二段話。因此，「黃老帛書」早於《管子》四篇。見〈《黃帝

〔註81〕和《莊子》〔註82〕比較，並判斷前者的產生時間。

在此須考慮的是，思想的發展是否存在著繁簡之間變化的規律。如果答案是否定的，則從兩種著作間，其所載思想的繁簡、具體和抽象的差別來比較，並從而判斷「黃老帛書」產生時間的論證，其客觀性不高。因此，只是將「黃老帛書」和其他著作，進行內容繁簡的比較，而來判斷其產生時間的方法，本文暫時存而不論。

以上，是對「文句、思想比較判斷法」的兩種類型分別進行的介紹和討論，下文擬對「文句思想比較判斷法」作一個綜合性的討論。

首先，在使用「文句、思想比較判斷法」時，必須注意到，與「黃老帛書」比較的著作，其產生時間是否確定。因爲若不能確定該著作的產生時間，則即使求出二者間的先後關係，也還是不能有效推論出「黃老帛書」的產生時間。舉例而言，以傳世本《鶡冠子》和《文子》等典籍和「黃老帛書」作比較，則前兩本典籍的產生時間問題，即影響到後者產生時間的判斷。舉例而言，余明光認爲：它們應該是先秦著作，從其引「黃老帛書」文句的現象可以證明，「黃老帛書」的產生時間當在戰國中期。〔註83〕不同於此，吳光則認爲這些古籍中，存在著許多與「黃老帛書」相同的文句，若前者乃抄後者而來，以前者並未失傳的情況來看，後者亦必不致失傳。〔註84〕凡此種種，皆是因爲對《鶡冠子》和《文子》等典籍，其眞僞或產生時間問題難以確定，而引發的爭議。職是之故，對於以《老子》、《易傳》、《管子》、《愼子》、《尸子》、《鶡冠子》、《逸周書》、《莊子》外雜篇及《國語．越語》等，學界對其產生時間尚無定論的著作，來和「黃老帛書」作比較的推論〔註85〕，除本文

四經》和《管子》四篇〉。又〈關於帛書《黃帝四經》成書年代等問題的研究〉，載《黃帝四經今註今譯》頁33～35。

〔註81〕又〈略論黃老學派的產生和演變〉。又〈《黃帝四經》書名與成書年代考〉。又〈《黃帝四經》和《管子》四篇〉。

〔註82〕其論點爲：佚書中關於黃帝「面四方」與「殺蚩尤」的傳說乃抄《尸子》、《逸周書》和《莊子》而來。見〈秦漢之際黃老之學代表作〉，載《黃老之學通論》頁129～191。

〔註83〕〈《四經》成書的年代〉，載《黃帝四經與黃老思想》頁17～20。又〈論《黃帝四經》的思想文獻價值〉。

〔註84〕〈秦漢之際黃老之學代表作〉，載《黃老之學通論》頁129～191。

〔註85〕《黃帝四經考辨》頁68～80。又〈略論黃老學派的產生和演變〉。又〈《黃帝四經》書名與成書年代考〉。又〈《四經》成書的年代〉，載《黃帝四經與黃老思想》頁17～20。又〈論《黃帝四經》的思想文獻價值〉。又〈《黃帝四經》

另有說明或討論者外，一概存而不論。

然而，某些古籍的產生時間雖然難以確定，但是若知道其產生時間的上限或下限，則經比較後，亦可以據此推測「黃老帛書」產生時間。舉例而言，《管子》中的某些篇章，其產生時間的下限爲戰國末年，若可以證明「黃老帛書」的產生時間早於它，則可知其產生時間的下限，反之亦然。〔註 86〕必須注意的是，用以與「黃老帛書」比較的著作，如果其產生時間，可確定的部分乃是上限，則不可以因爲該著作晚於「黃老帛書」，而推測後者的產生時間。因爲如果我們能確定的部分，只是這些著作產生時間的上限，而無法確定其下限的話，則其產生時間，可能遲到馬王堆墓主入墓的時間。如此一來，即使確定「黃老帛書」的產生時間早於它，也於事無補。因此，本文認爲：唐蘭等曾用《管子》四篇、《愼子》等，晚於「黃老帛書」的典籍爲標準，來判斷後者的產生時間〔註 87〕，其推論並不合理。同理，如果用來與「黃老帛書」比較的典籍，其產生時間可確定的部分乃是下限，則不可以因爲該著作早於「黃老帛書」，而推測後者的產生時間。

和《管子》四篇〉。又〈《黃帝四經》初探〉。又〈座談馬王堆漢墓帛書〉。又〈關於帛書《黃帝四經》成書年代等問題的研究〉，載《黃帝四經今註今譯》頁 33～35。又〈十大經的思想和時代〉。

〔註 86〕此乃單從其推論之合理與否論之，至於學者所持「《管子》四篇產生時間下限」之說法，筆者存而不論。

〔註 87〕〈《黃帝四經》初探〉。又〈座談馬王堆漢墓帛書〉。又〈關於帛書《黃帝四經》成書年代等問題的研究〉，載《黃帝四經今註今譯》頁 33～35。〈《黃帝四經》和《管子》四篇〉。又〈十大經的思想和時代〉。

第二章　「黃老帛書」的外在形式、名稱、作者及產生地點

第一節　「黃老帛書」的外在形式

載於簡帛上的典籍，由於書寫材料與今日的書籍不同，故其外在形式上不似後世典籍般整齊清楚。尤其是以較貴的布帛為書寫材料之典籍，因為考慮到節省空間以降低花費，故在書寫時，常因抄寫者的主觀考量而做出種種調整。因此，從事「黃老帛書」在文獻學上研究的第一要務，即是對其「外在形式」進行理解。因為只有在對這些現象的正確理解之基礎上，所從事的研究才站得住腳。職是之故，在下文中，本文將先對「黃老帛書」的外在形式作一介紹，然後再根據這些現象討論幾個問題。必須說明的是，由於「黃老帛書」與抄在它後面的《老子》兩者筆跡如出一轍，乃同一人所抄，故下文討論的對象也包含後者。

一、略述「黃老帛書」的「外在形式」

所謂的「外在形式」，指的是文獻書寫者在呈現文獻內容時形成的種種現象。在「黃老帛書」中，這些現象包括：使用的符號、著作的體裁（主要表現在分段上面）、題名和字數統計等。以下分而述之：

1. 符號

《老子》乙本（含「黃老帛書」）的符號共有「＝」、「∠」、「・」、「■」及「■■」五種。其功用及出現之處如下：

（1）「＝」：此乃重文符號，其功用是在連續抄寫兩個重複的字或詞時，用以替代第二個字，以避免麻煩、節省空間。因此其出現之處，乃在欲重複的字或詞之後。如〈道經〉有「上善如水＝善利萬物而有爭」句，當讀作「上善如水，水善利萬物而有爭」用「水＝」來代替兩重複的「水」字；而《道經》中又有「浴神不死是胃玄＝牝＝之門是胃天地之根」句，當讀作「谷神不死，是謂玄牝。玄牝之門，是謂天地之根」，用「玄＝牝＝」來替代兩重複的「玄牝」一詞。

（2）「∠」：此乃標識句讀的符號，其功用是在幫助閱讀者閱讀，故其出現之處無固定標準。例如〈道經〉「卅輻同一轂，當其無有，車之用也。埏埴而爲器，當其無有，埴器之用也。鑿戶牖，當其無有，室之用也。故有之以爲利，無之以爲用」句後，即有即符號。

（3）「·」：此乃標識段落的符號，其功用是在標明段落，出現在《稱》內的各段落開頭。

（4）「■」：此亦是標識段落的符號，出現在《經法》、《十六經》中各段落的開頭。

（5）「■■」：此亦是標識段落的符號，出現在《十六經》、《稱》、〈道原〉、〈德經〉首行欄線之上。

以上五種符號，後三種符號的功能，都在於標識段落。至於其間差異，將在下文中將詳論。爲討論的方便計，本文將它們統稱爲「段落符號」。

2. 分段

一般而言，「段落」指的是組成一篇文章的最大單位。故而，一段文字是否可以稱之爲「段落」，乃視其在文章中的地位而言。舉例而言，若文章中只有一段文字，則這一段文字，究竟是否可視爲一「段落」，乃大可討論。關於這方面的討論，由於與本文的研究目標無直接關係，故在此不擬詳論。在此，必須說明的是，此處所云「段落」，並非嚴格意義下的用法，而某段文字之所以稱之爲段落，乃是站在將「黃老帛書」的四個部分，分別視爲單一文本的觀點上。（當然，「黃老帛書」之單位究竟當如何視之，仍是一個必須詳加討論的問題，詳後）。因此，此處所謂的分段，乃是指使用符號或標識，而將「黃老帛書」分爲許多部分。四種佚書中，《經法》、《十六經》、《稱》之下，都有符號將它們分爲許多段落。其分段方式是：

（1）《經法》共分九段，除首段外，每段文字之前有「■」符號，在其後空二至三格，並加以題名。

（2）《十六經》共分十五段，每段文字之前有「■」符號；而前十四段文字後面，都和《經法》各段落相同的空格方式、題名。

（3）《稱》分成近五十段，每段文字之前有「·」符號。其分段現象和《經法》、《十六經》大相徑庭，大都一、兩句話即成一段，與《老子》的分章相似。值得注意的是，《老子》乙本並無分章現象，與《稱》不類；而《德經》之上用「■■」符號，《道經》之前用「■」符號，卻與《經法》、《十六經》的使用情形相同。

至於〈道原〉，則只有一段文字組成，故無分段的現象。

3. 題名

「黃老帛書」的題名分成兩種，其一是針對四種佚書的名稱所題，分別是在佚書之後題作「經法」、「十六經」、「稱」、「道原」；其二則是針對四種佚書下的段落所題，但是，前三種有分段的佚書中，只有《經法》和《十六經》的段落有題名，分別是：

（1）《經法》:〈道法〉、〈國次〉、〈君正〉、〈六分〉、〈四度〉、〈論〉、〈亡論〉、〈論約〉、〈名理〉。

（2）《十六經》:〈立命〉、〈觀〉、〈五正〉、〈果童〉、〈正亂〉、〈姓爭〉、〈雌雄節〉、〈兵容〉、〈成法〉、〈三禁〉、〈本伐〉、〈前道〉、〈行守〉、〈順道〉。

其中，《十六經》的最後一段沒有題名，而造成學者對「十六經」三字的解讀不同，同時也使得《十六經》的名稱及末段段落的名稱引起爭議，其說法有：

（1）中共國家文物局古文獻研究室《馬王堆漢墓帛書》編輯小組認爲當題作「十六經」，而讀爲「十六經」，並認爲「十六經」是第二種佚書的總名。〔註1〕

（2）李學勤認爲當題作「十大經」，而讀爲「十大」「經」，並認爲「十大」是第二種佚書末段文字之名稱，「經」是第二種佚書之總名〔註2〕。

〔註1〕《馬王堆漢墓帛書（壹）》：中共國家文物局古文獻研究室編，文物出版社 1980 年 3 月北京初版一刷。（以下，同章中提及同書處皆逕標書名，其他資料不複述，它書亦然）

〔註2〕〈馬王堆帛書〈經法·大分〉及其他〉：李學勤著，《道家文化研究》三輯：陳鼓應編，上海古籍出版社 1993 年 8 月。

（3）裘錫圭認爲當題作「十大經」，而讀爲「十大經」〔註3〕。並認爲「十大經」是第二種佚書的總名。

造成不同說法的爭議點有三：第一、篇末題名當釋作「十六經」還是「十大經」？（即第二個字當釋作「六」或「大」？）第二、這三個字的讀法如何？應該是三個字連讀爲一語詞，還是第一、二字連讀爲一語詞而第三個字獨立爲一語詞？第三、這三個字的地位和功能爲何？它是第二種佚書最後一段文字的名稱，還是第二種佚書的總名，又或者是三個字中可分成兩個語詞，而分別是最後一段文字的名稱和第二種佚書的總名？若能解決這三個問題，則能正確解讀第二種佚書篇末題名。要注意的是，在觀念上，我們雖然可以將這個問題一分爲三來討論，但是實際討論時這三個問題卻又息息相關，互相牽連，因此，討論其中的任何一個問題時，宜參考另外兩個問題的討論。以下分而論之：

關於篇末題名當爲「十六經」或「十大經」的問題，張政烺、朱德熙、裘錫圭、唐蘭及顧鐵符等人，從文字學的角度來看，認爲「六」字「末筆不連接，與『大』字不同，帛書《周易》類古佚書《要》、《繆和》、《昭力》等篇中之『六』字皆如此寫」。認爲當作「十六經」〔註4〕此外，第二種佚書光是有題名的段落就有十四篇，若第一、二字所指乃第二種佚書之段落數目，則已超過十。然則認爲此三字當作「十大經」的說法亦難以成立。

然而，陳鼓應反對用這一現象作爲理由來斷定這三個字的釋文。他認爲：「十」乃虛數，故不可以篇數來排除此三字釋作「十大經」的可能。〔註5〕

本文認爲：今檢《十六經》中如〈五正〉、〈三禁〉等以數字爲名之段落，皆不以虛數命名，知命名者無此習慣，篇後所題數字當非虛數，而佚書中有名稱的段落就已經超過十段，故此三字當不作「十大經」，則陳氏之反證亦不成立。換言之，這三個字題作「十六經」應該是沒有錯的。

關於這三個字的讀法，李學勤認爲：「十大」與「經」字之間空一字，所以「十大」與「經」應該分開來讀，換言之，李氏認爲「十大」乃一語詞；而「經」又爲一語詞，而前者是第二種佚書末段的名稱，後爲是第二種佚書

〔註3〕《古代文史研究新探》：裘錫圭著，江蘇古籍出版社 1992 年 6 月南京初版一刷，頁 571。

〔註4〕《馬王堆漢墓帛書（壹）》頁 80。

〔註5〕《黃帝四經今註今譯》：陳鼓應著，台灣商務印書館 1995 年台北六月初版一刷，頁 404。

的總名。然而本文認爲，細檢佚書原文，「十六」與「經」字間之空格，猶小於正文諸字間之空格。然則李氏所持之論證並不成立，而「十六」與「經」爲兩語詞之說亦難以成立，故此三字當讀爲「十六經」。

以上兩個問題確定之後，第三個問題也就迎刃而解了：這三個字當釋作「十六經」而讀爲「十六經」，因此，「十六經」不是第二種佚書末段名稱，就是第二種佚書的總名。今檢此三字前的空格，知其大於佚書中「題名」〔註6〕與內文間的空格許多，故「十六經」應該是第二種佚書的總名，而「經」字前面二字當爲其段落數目。然今檢佚書段落凡十五段，前十四段各有名稱，末段無段落名稱，這種數目不合的情形，張政烺等認爲「此書僅存十四篇半，不足十六之數，恐係簡編錯亂或亡佚所致」。〔註7〕認爲「黃老帛書」或抄自竹簡，而竹簡本身有錯簡或亡佚的現象，以致篇數不符。根據筆者的統計，《十六經》各篇之字數如下：

〈立命〉：163 字。
〈觀〉：654 字。
〈五正〉：321 字。
〈果童〉：242 字。
〈正亂〉：457 字。
〈姓爭〉：319 字。
〈雌雄節〉：291 字。
〈兵容〉：184 字。
〈成法〉：341 字。
〈三禁〉：149 字。
〈本伐〉：180 字。
〈前道〉：330 字。
〈行守〉：174 字。
〈順道〉：322 字。
末段：66 字。

總計 4184 字，而以〈立命〉等前十四篇首尾完整的篇章爲準，計算每篇之平均字數，得每篇之平均字數約爲 294 字。值得注意的是，《十六經》後提字數

〔註6〕筆者認爲《十六經》內之諸段落的單位當是「篇」，故這些段落的名稱可稱之爲「篇名」，詳後。

〔註7〕《馬王堆漢墓帛書（壹）》頁 80。

爲「凡四千六□□六」，與今所見之《十六經》字數約差四、五百字，而這四、五百字，又恰好是近於平均字數的兩倍，故或如張氏所言《十六經》有所亡佚，且恰是兩篇之數。

4. 字數統計

「黃老帛書」中的四個部分，除了各有題名之外，其後尚有對它們所作字數統計的記錄，分別是：

（1）《經法》：凡五千。

（2）《十六經》：凡四千六□□六。

（3）《稱》：千六百。

（4）〈道原〉：四百六十四。

以上所述，乃是「黃老帛書」的符號、分段、題名和字數統計等「外在形式」。初步觀察其外在形式之後，本文擬討論幾個問題：第一、組成「黃老帛書」的四種佚書——《經法》、《十六經》、《稱》、〈道原〉，其來源是否爲一；第二、「黃老帛書」的單位和數量。以下分而論之：

二、從「外在形式」論「黃老帛書」的來源不一

關於組成「黃老帛書」的四個部分，其來源是否爲一的問題，學界雖然甚少討論，但在面對諸種考證問題時，大部分的學者卻是以「四種佚書爲一整體」作爲討論的前提。然而，下列事實的存在，使得我們有必要重新討論此一前題的可信度：第一、馬王堆出土帛書之中，抄錄有《老子》甲本、《周易》、「與《戰國策》相關的書」和《五十二病方》的帛書皆雜揉多種著作而成，故「黃老帛書」亦可能由不同著作組成。第二、就四種佚書的字數看來，《經法》約 5000 字，《十六經》約 4600 字，《稱》約 1600 字，〈道原〉約 460 字，若四種佚書原來即爲同一種，何以篇幅短小的〈道原〉不與《稱》或《十六經》合爲一種呢？考慮到這兩個現象，我們有必要對「四種佚書的來源是否爲一」的問題作進一步的討論。

（一）從符號論之

如前所述，帛書《老子》乙本之中，關於標識文字段落起迄的符號有「·」、「■」及「■■」三種。第一種符號出現在《稱》之內的各段落開頭，第二種符號出現在《經法》、《十六經》中各段落的開頭，第三種符號出現在《十六經》、《稱》、〈道原〉、〈德經〉首行欄線之上。第一、二種符號究爲抄手自

作，抑或從帛書母本上抄來的問題，由於牽涉到佚書的計算單位及篇數的討論，故留待下文討論，此處先討論第三種符號。羅福頤稱第三種符號爲「墨釘」，並認爲它們乃抄手所標，目的在於方便辨識佚書中不同的著作。他說：

> 在第 77 行、142 行、167 行、174 行天頭上均塗有墨釘，帛尾還餘有空白十行。從 174 行以下寫的是老子《道德經》。由此推知，其天頭上塗有墨釘是另一書起頭的標識。〔註 8〕

認爲第一、四種佚書都是在統計完字數後結束，此時若想加入新的文字，則另起新行而抄；第二、「■■」符號的出現總是在另起新行之時，表示抄手在抄錄一種新的著作時，必在新行欄位外的頂端標上「■■」符號。然則從「■■」符號記於欄外，以及《經法》之前無此符號可知，此符號乃抄手所記，其作用在於辨識不同種類的著作。其說甚是。

除此之外，下列現象亦顯示出，「■■」乃抄手所作：除了《經法》及〈道經〉之上無「■■」符號外，其他佚書首行欄線之上都有這個符號。此乃因《經法》爲帛書首段，其上自然不需符號標明其起迄，至於〈道經〉之上無此符號，則因其與〈德經〉本爲一書，故不必另標。從這個現象看來，抄手習慣以「■■」符號來分別不同的典籍（故同一書內的不同篇章就不使用它了）。因此，「■■」符號是用來分別不同典籍的，而《十六經》、《稱》、〈道原〉之前都有這個符號，可見它們原來並非同一部書。

（二）從段落、標名、字數統計論之

除了符號之外，四種佚書在其他外在形式上也有一些差異。這些差異的產生，究竟是抄手在抄寫時，因爲某種需要而製作，還是佚書母本原來所有，而抄手只是從佚書母本上原封不動的抄錄下來而已〔註 9〕，也是判別四種佚書的來源是否爲一的線索。如果這些差異本屬於佚書母本所有，就可以用它們來分辨四篇佚書之來源是否爲一，因爲同一部典籍中的四個部分，其寫作形式應該不會有如此大的差別；反之，則不足爲據。筆者以爲，這些差異並非出自於抄手，而是原來就存在於佚書的母本之上的。在討論此問題之前，有必要先將四篇佚書在「外在形式」上的差別指出。爲討論方便計，茲將這些外在形式上的差別列表如下：

〔註 8〕〈座談馬王堆漢墓帛書〉：唐蘭等著，《文物》1974 年 9 期，頁 46。

〔註 9〕同出於馬王堆三號墓類的《戰國縱橫家書》也有字數的統計，然而某些段落末有字數統計，而有些段落卻無，可見字數統計乃抄手依其母本抄錄，所以四篇佚書後的字數統計紀錄亦可能從母本抄錄。

	《經法》	《十六經》	《稱》	〈道原〉
段落的有無	有	有	有	無
段落名稱的有無	有	有	無	無段落
字數統計標示	凡多少	凡多少	多少	多少
字數統計精密度	千位數	十位數或個位數	百位數	個位數

從這個表格看來，四種佚書在外在形式方面的差異有：

第一、段落的有無：《經法》與《十六經》及《稱》皆由單位更小的段落組成，且這些段落都自有名稱而無字數統計。

第二、段落名稱的有無：《經法》及《十六經》內的段落皆有段落名稱，《稱》則無。

第三、字數統計標示：《經法》與《十六經》後面的字數統計皆標示爲「凡多少」，其他兩種佚書則直接標示爲「多少」。

第四、字數統計精密度：《經法》統計到千位數；《十六經》統計到十位數或個位數；《稱》統計到百位數；〈道原〉統計到個位數。

這幾項差異之中，分段落的現象本爲母本所有固不待辨，猶待辨者，乃爲段落之後的名稱及佚書之後的字數統計（含「字數統計標示」及「字數統計精密度」），究竟是否爲抄手所加。關於這個問題，可以從「字數統計」的現象觀察：《經法》後的字數統計，寫成「凡五千」；《十六經》寫成「凡四千□□六（□）」；《稱》寫成「千六百」；〈道原〉寫成「四百六十四」。這樣的現象有兩處可說：第一、「凡」有「總共」的意思，故《經法》和《十六經》之所以標示爲「凡多少」，乃是因爲這兩種著作乃由許多個別段落合成的緣故；而《稱》與〈道原〉則因只含單一段落，故無加「凡」字的需要。第二、依常理推之，字數越多的段落，因爲統計不易，故其統計的精密程度也會相對減低，《經法》、《稱》和〈道原〉都符合這個情形。如果字數的統計乃同一人所爲，則四種佚書應該全部都符合這種現象。但是，字數較《稱》多出數倍的《十六經》，卻統計到十位數或個位數，還比前者精密。由此可知，四種佚書的字數統計者至少兩人，且不包含「黃老帛書」的抄手，因爲第一、至少統計《十六經》字數的人與統計其他三種佚書的人不同；第二、觀看馬王堆出土的所有文獻，可以發現有許多典籍都是同一人所抄，而且這些典籍的文字無論是在字體、字型、排列上，都相當工整、美觀。合理的推測是，這位抄手是墓主專門聘請來抄錄這些典籍的人，故抄手在抄錄四種佚書時，必然是在同一時間、狀況下進行。換言之，四種佚書字數的統計當非抄手所作，而是母本原來所有，抄手只是從母本上抄下這些記錄而已。

然則，位於「字數統計」前面，四種佚書及其所含段落的題名，應該也是抄手從佚書母本上原封不動的抄錄而來，而非抄手所題，因爲它們的位置，尚在字數統計的記錄前。

從「■■」符號使用的現象以及四種佚書的段落、標名、字數統計等外在形式看來，可知四種佚書的來源並一致。換言之，「黃老帛書」乃是抄自一種以上的典籍而成的文本。〔註 10〕

三、「黃老帛書」的計算單位和篇數

關於「黃老帛書」的計算單位和篇數問題，本文將把討論焦點放在各種分段符號的功能和作用上。因爲四種佚書之中，《經法》、《十六經》及《稱》都由許多小段落組成，分別這些段落的任務，主要是由「■」和「·」符號來擔任的，故討論這兩個符號的功能和作用，也就間接討論了這些段落的單位。換言之，透過對討論「■」和「·」符號的功能和意義，可以使我們釐清佚書的篇數問題。

雖然《經法》及《十六經》、《稱》中的分段是佚書母本原有的現象，但是，用以分別這些段落的符號（「■」和「·」），到底是抄手所作，或是抄手抄自母本，還是必須加以討論。因爲若是前者，表示這兩個符號的功能及意義不同，若可以確定其中一個，就能以之爲依據，用以判斷另一個符號的功能及意義。換言之，可以透過對這兩個符號的討論，釐清佚書的計算單位及數量問題；若是後者，則這些符號的不同可能只是不同記錄者使用符號的習慣不同所致。如此，則不足以證明，兩個符號的不同，乃因其功能或意義有別之故。

〈漢志〉中計算文本的單位以「篇」爲主，故四種佚書之下的段落究竟應該看作是「篇」或「章」，即是佚書數量多少的關鍵所在。因此，在討論這個問題以前，有必要對漢人計算文本的習慣，以及當時的計算單位作一簡單的說明。

〔註 10〕四種佚書是否爲同一來源的問題，與其是否爲同一書的問題應該有所區別，因爲「書」的觀念乃是漢以後才興起的，而〈漢志〉裡的某些書籍內的篇章，本身來源也並非一致。因此，四種佚書的來源雖然不同，但並不表示它們不會被編爲同一本書。

漢時計算著作的單位可分爲三級，分別是「章」、「篇」與「書」，以下分爲述之：

1.「章」、「首」

文本中最小的計算單位爲「章」或「首」。章學誠《文史通義．篇卷》云：

> 孟子曰：「吾於《武城》，取二三策而已矣。」……左氏引《詩》，舉其篇名，而次第引之，則曰某章云云。〔註 11〕

「策」爲「簡策」之意，指單枚竹簡；「二三策」指的是二三枚竹簡。又云：

> 蒯通《雋永》稱首，則章之別名也。〔註 12〕

以上，都足以說明「章」、「首」〔註 13〕等，乃漢人用以計算著作的最小單位。

2.「篇」

比「章」和「首」更大一級的單位是「篇」。「篇」合數「章」或「首」而成，而其本身亦爲一整體，所謂「積句而成章，積章而成篇」。先秦古籍多抄於竹簡之上，將數個竹簡用繩子編在一起，並視之爲一個整體，即「篇」的概念。因此，「篇」指的是用竹簡編成的書寫單位（可稱之爲「編冊」），初時只是計算文本的單位，別無他義。當時用來書寫的材料，大部分都是竹簡編成的「編冊」，故一「篇」文字，指的就是抄在同一「編冊」上的文字，而「章」指的是同一「編冊」上的許多段落。從這個角度來看，若佚書中的段落最初乃從不同的「編冊」上抄錄而來，則表示這些段落的單位是「篇」；反之，這些段落可能只是「章」。〔註 14〕

3. 書

合數「篇」而爲一更大的單位，就是「書」的觀念。例如：劉向校書中秘，將各種相關的「篇」合成一個整體，即形成〈漢志〉所載的各種典籍。比起上述兩項單位，「書」的形成在時間上較晚。

以上爲漢代之前用以計算文本的單位。然而，佚書中的各個段落應當是

〔註 11〕《文史通義．篇卷》，載《文史通義》：清章學誠著，里仁書局 1984 年台北初版，頁 305。

〔註 12〕《文史通義．篇卷》頁 306。

〔註 13〕爲行文方便計，以下以「章」來通稱這種單位。

〔註 14〕雖然如此，但文本在不斷流傳的過程中，可能因爲編纂的形式不同，而造成「篇」與「篇」間在內容上的差異。如荊門郭店出土竹簡《老子》共有三「篇」，不但每「篇」的內容間有很大的差異，而且與馬王堆帛書《老子》在篇幅上有所不同。關於文本單位的變化問題，詳見本論文第三章第二節。

這三種單位中的那一種呢？關於這個問題，可以從佚書中分段落的符號來看。如前所論，以「■■」符號分開的段落，指的乃是不同的典籍，故尚須討論者只剩「・」符號和「■」兩種：

1.「・」符號

此符號出現於《稱》篇之中。《稱》篇的組成方式與《老子》相似，乃是由許多格言式的句子組成的著作。而且，幾個句子組成一個段落，類似《老子》中的各章。這些段落之間，乃是用「・」符號加以區分。值得注意的是，這些段落的字數，有些不足 20 個字，而當時一個竹簡最少可寫五、六個字，最多可寫數十個字。若這些段落，乃分別記錄於不同編冊，以一個竹簡只寫五、六個字而言，則這些段落大概也只要三、四片竹簡就可抄成。但是，從近年出土的文獻來看，秦以前（包括秦）的古籍中，實在沒有如此短小的「編冊」。〔註 15〕如此說來，這些段落應該不是所謂的「篇」。此外，「・」符號在《稱》中出現的次數，現今看得到的就有 45 個，若再加上（《馬王堆漢墓帛書（壹）》）所補，則總共有 49 個。很難想像抄下《稱》的內容，必須用那麼多短小的「編冊」才能完成，所以這些段落本來應該是抄在同一編冊或布帛之上的。因此，這些以「・」符號分開的段落，其單位應該是「章」。

2.「■」符號

確定「■■」符號和「・」符號的功能，乃在標示不同的「書」和「章」之後，不難推測，「■」符號應該是用以區分不同「篇」的符號。此外，以「■」爲首的諸段落末皆有名稱的現象，也增加了這些段落的單位乃是「篇」的可能性，因爲先秦典籍中，爲「章」命名的現象罕見。

古人著書，本以篇首數字爲名，無另外爲著作命名的觀念，〔註 16〕如《論語》、《孟子》內諸篇皆以篇首二三字爲名，而篇名也只是用來分別不同的著作而已，別無深義。之所以如此，乃因當時的人無自己著書的習慣，流傳下來的著作都是門人弟子所記，故作者乃無法爲它們命名。因此，這些著作的擁有者也就只好以開頭的前幾個字當作它的名稱。在當時的觀念裡，這些名稱純粹只是爲了分別不同編冊，因而同一篇中的段落——「章」，也因無檢閱的必要，而無命名的情形。關於這個說法，可從下列例證中驗證：今出土的編冊當中，某些編冊將篇名書於竹簡背面，此乃因編冊捲起之後背面朝外，

〔註 15〕「黃老帛書」產生時間當在秦（包括秦）以前，詳第三章。
〔註 16〕爲文本另外命名的觀念當起於戰國中、晚期。

故將篇名寫在背面比較方便檢閱，〔註17〕此一證也。《文史通義．篇卷》云：

《左傳》引詩，與其篇名，而次第引之，則曰某章云云。〔註18〕

《左傳》引詩時所舉的名稱皆就篇名而言，若專指某「章」則曰「某篇第幾章」，如〈宣公〉十二年引〈武〉諸章則云「卒章」、「其一」及「其六」〔註19〕，若當時「章」有名稱，《左傳》作者何不直接稱引其名？（或謂《老子》河上公注本有章名，然河上公注本成於入漢之後，章名可能非原來所有，故不得以之爲據以駁此說。〔註20〕），此二證也。

至於爲「篇」中諸「章」命名的現象，到底是在什麼時候形成的呢？這個現象的形成，應該是在人們已經存有爲著作「另外命名」的觀念之後（根據現有文獻看來，爲「章」另立別名的現象最早也要晚到入漢之後才出現）。〔註21〕所謂「另外命名」的觀念，指的是不同於用篇首數字命名，而是用這些字以外的名稱爲爲著作命名。有了「另外命名」的觀念後，著作名稱的作用就不只限於區分不同著作，而在進一步的以名稱總括段落大意。〔註22〕應該注意的是，篇章命名習慣並非一朝一夕可改，兩種命名觀念更替之間，當經過一段介於兩者間的過渡期。而且，因爲介於兩者習慣之間，故其時的命名方式，必然會多少反映出此二者的特徵：以首句幾字爲名以及總括篇章大意〔註23〕。因此，此時的著作，其名稱多以「篇首數句中之關鍵字」爲名。

〔註17〕如銀雀山漢墓出土《孫臏兵法》中，〈禽龐涓〉、〈客主人分〉、〈月戰〉、〈陳忌問壘〉及〈將敗〉諸篇皆將篇名寫在竹簡背面。見《孫臏兵法殘簡釋文》：舊題周孫臏著，郭化若注，收錄於《十一家注孫子》，里仁書局 1982 年 10 月初版。

〔註18〕《文史通義．篇卷》，載《文史通義》頁 305～306。

〔註19〕《春秋左氏傳注》：舊題左丘明著，楊伯峻注，漢京出版社 1987 年 9 月台北初版，頁 745。

〔註20〕馬王堆帛書甲、乙本及郭店楚墓《老子》即無章名。

〔註21〕今所見最先爲章「另外命名」的典籍乃河上公本《老子》。

〔註22〕如前所論，若作者無自著其書的觀念，那同一「編冊」中的文字可能是東拼西湊而來的，如此一來，也就很難用一個名稱來概括這一「篇」文字的大意了。因此，爲文本「另外命名」的觀念，應該形成於作者自著其書的風氣後面。因爲文本乃作者有意識的創作，所以同一篇編冊的文字就比較容易有個主旨，而作者也可以用這個篇旨來替代傳統的命名方式。這個時候，文本命名的目的除了便於分別各「篇」之外，更大的功用在於總括段落大意。於是，若干篇名不但不是以開頭幾句爲名，而且有的名稱根本就沒有出現在「篇」之內，如《莊子》內篇諸篇篇名。

〔註23〕銀雀山出土竹簡《孫臏兵法》諸篇篇名有的即是以首句二三字爲名，如〈略甲〉、〈善者〉、〈將敗〉等篇；有的即是以前二三句關鍵字爲名，如〈擒龐涓〉、〈篡卒〉、

將上述命名方式形成作一整理，可以發現其前後關係爲：

以篇首數字命名→以篇首數句中之關鍵字命名→以篇旨命名

今檢《經法》及《十六經》中的某些段落的命名方式，可以發現大抵以「篇首數句中之關鍵字」命名。這些段落有：

〈道法〉：道生法。〔註24〕

〈國次〉：國失其次，則社稷大匡。〔註25〕（以上《經法》）

〈觀〉：【黃帝】令力黑浸行伏匿，周留（流）四國，以觀无恒善之法，則力黑視（示）象（像），見黑則黑，見白則白。〔註26〕

〈五正〉：黃帝問閹冉曰：吾欲布施五正，焉止焉始？。〔註27〕

〈雌雄節〉：皇后屯曆（歷）吉凶之常，以辯（辨）雌雄之節，乃分禍福之鄉（向）。〔註28〕（以上《十六經》）

這些現象，反映出這些段落的命名方式，正介於兩種完全不同的方式之間。換言之，當時爲「篇」另立他名的情況尚不存在，更遑論爲「篇中之章」另立他名。因此，《經法》和《十六經》中的段落，原來當是各自成「篇」，其後才被抄在一起。

關於以上所論，或許有人會提出這樣的懷疑：今所見先秦古籍之中，某些篇之內分爲數章，且各章皆標有章名，例如《管子》、《韓非子》中的某些篇章。然則，以上推論之前提：先秦文本無爲章題名者，即不成立。本文認爲，現今古籍這種篇中有章，且章有章名的現象，當爲文本不斷的傳抄、編纂所致。請論之如下：

古時書寫材料的長度，並無一定的規定，故同樣內容的文字，可能因爲用以抄寫的編冊數目的不同，而造成篇數上的差距。〔註29〕舉例而言，郭店

〈兵情〉等篇；有的篇名則是取文章大意，如〈月戰〉、〈地葆〉、〈勢備〉等。

〔註24〕《馬王堆漢墓帛書（壹）》頁43。

〔註25〕《馬王堆漢墓帛書（壹）》頁45。

〔註26〕《馬王堆漢墓帛書（壹）》頁62。

〔註27〕《馬王堆漢墓帛書（壹）》頁65。

〔註28〕《馬王堆漢墓帛書（壹）》頁70。

〔註29〕向、歆校書中秘，整理當時典籍之後，文本的內容及形式就有一較爲固定的標準，故哪些文字應該視爲同一「篇」，並不會因爲抄錄材料的多寡而有所不同。詳言之，對於向、歆所訂定出的同一「篇」文字，後人無論用幾個編冊來抄寫，都不足以影響這些文字被視爲一「篇」的事實，故竹簡的長短對文本份量的影響已經不大。然而，先秦「篇」的觀念，指的是同一「編冊」上的文字，而篇幅長短不同的編冊間，能記載的文字份量可能有相當大的差距。

出土的三冊竹簡《老子》文字的總數，加起來還不到帛書《老子》中的一篇，而就先秦人的觀念而言，前者可以計作「三篇」，而後者僅能計作「一篇」。〔註 30〕這種書寫材料長度無固定標準的觀念，使得某些原來獨立成篇的文字，得以和其他文字抄在一起，而成爲一新且篇幅較大的著作。這種現象，可從劉向、歆的校書過程發現：向、歆在校書中秘時，至少曾將某些典籍抄錄於新的簡帛上，而某些簡書的形成，乃是先編製編冊，再將文字抄入其中，若其所編編冊篇幅甚大，而被抄的文字原來被記錄在篇幅較小的編冊上，就會造成合數「篇」文字爲一「篇」的情形。〔註 31〕以下，舉幾個漢人整理典籍的例子說明：

第一、《山海經》：劉歆〈山海經敘錄〉載：

> 秘書太常屬臣望所校《山海經》凡三十二篇，今定爲一十八篇，已定。〔註 32〕

劉歆整理《山海經》，以「太常屬臣望」的校本爲底本重新編輯。「太常屬臣望」的本子既已被校過，其中自然無內容相同的篇章，可知從原本 32 篇到校後 18 篇的現象，並非「去其復重」所致，而是因劉歆合某些篇章爲一所致。

第二、《禮記》：〈隋志〉載《禮記》的成書過程云：

> 漢初，河間獻王又得仲尼弟子及後學者所記一百三十一篇獻之，時亦無傳之者。至劉向考校經籍，檢得一百三十篇，向因第而敘之。……戴德刪其煩重，合而記之，爲八十五篇，謂之《大戴記》。〔註 33〕

這段文字描述戴德編纂《大戴記》的過程中，曾將所得的諸篇《禮記》「刪其煩重，合而記之」。〔註 34〕換言之，就是將幾篇份量較少，而原來內容不完全相同（僅部分相同）的文本，抄在同一編冊上，使它們成爲同一「篇」。

第三、《呂氏春秋》：〈漢志〉諸子略雜家載《呂氏春秋》26 篇，〈四庫提要〉云：「《漢書．藝文志》載《呂氏春秋》二十六篇。今本凡〈十二紀〉、〈八覽〉、〈六論〉，〈紀〉所統子目六十一，〈覽〉所統子目六十三，〈論〉所統子

〔註 30〕《荊門郭店楚簡老子研究》：崔仁義著，科學出版社 1998 年 10 月北京初版一刷，頁 4。

〔註 31〕當然，這種合抄的行爲也可能在向、歆以前就已經有人做過了，而向、歆只是沿襲他們的作法；又或是向、歆之前的人做了一些，而向、歆又做了一些。

〔註 32〕《山海經校注》：劉歆編，袁珂校注，里仁書局 1982 年 8 月台北初版，頁 477。

〔註 33〕《隋書》：唐魏徵等著，北京中華書局 1987 年北京初版五刷，頁 923。

〔註 34〕戴德爲西漢宣帝時人，劉向考校經籍則在成帝之後，前者所刪當爲河間獻王所得諸篇。

目三十六，實一百六十篇，漢志蓋舉其綱。」〔註 35〕《呂氏春秋》裡有 161 段文字，而且每一段文字各有名稱，照理說應該記為 161 篇才對，可是為何〈漢志〉裡的記載卻只有 26 篇呢？〈四庫提要〉的作者認為：這種情形乃因向、歆「舉其綱目」所致。然而，這種說法值得商榷，理由是：〈漢志〉中不乏有內容多至上百篇的典籍，可見向、歆應該不會因為某些典籍的篇幅太多，而在著錄時「舉其綱目」。然則，應該如何解釋這種現象存在的原因呢？本文認為，《呂氏春秋》的編纂與《山海經》、《禮記》一樣，將 160 篇記為 26 篇的情形，恐怕也是後人編纂所致。如此，則〈漢志〉所載的篇數，指的應是漢時用來記錄《呂氏春秋》的編冊數量；而原來的 161 個子目內的文字，每一段本來應該都是抄在各自獨立的編冊上。換言之，向、歆在編纂《呂氏春秋》時用了篇幅較大的編冊來記載文字，而將原來的數個編冊的內容抄錄到新的編冊裡，故形成這些篇數不符的情形。〔註 36〕

以上所舉諸例，皆足以反映出漢以前篇章分合的情形：將數個內容較少的「篇」抄在新的編冊上，並且在原來的篇後標示篇名。這樣一來，舊的「篇」就變成新的「篇」中的一「章」了。這種情形在向、歆校書中秘，整理典籍的例子中尤為明顯。因此，在《管子》、《韓非子》等典籍中的某些「篇」含有數個標有章名之「章」的現象，應該就是在這種抄錄或編纂的過程中形成的。

總上所論，可知「黃老帛書」的計算單位及篇數分別為：一、《經法》乃是由〈道法〉、〈國次〉、〈君正〉、〈六分〉、〈四度〉、〈論〉、〈亡論〉、〈論約〉及〈名理〉等「九篇」文字組成。二、《十六經》乃是由〈立命〉、〈觀〉、〈五正〉、〈果童〉、〈正亂〉、〈姓爭〉、〈雌雄節〉、〈兵容〉、〈成法〉、〈三禁〉、〈本伐〉、〈前道〉、〈行守〉和〈順道〉等「十四篇」以及〈順道〉篇後的一段文字所組成。三、《稱》乃是由「數十章」文字所組成。四、〈道原〉乃是單篇著作。

〔註 35〕《四庫全書總目》：清紀昀等著，藝文印書館印，頁 2345。

〔註 36〕銀雀山出土竹簡《孫臏兵法》中，若干篇章之後有字數統計，其中最少者為〈月戰〉80 字，最多者為〈十陣〉787 字（〈月戰〉末有「八十」二字，〈十陣〉末有「七百八十七」等字，因知其字數。見《孫臏兵法殘簡釋文》頁 23，48。），可見記載〈月戰〉的編冊篇幅相當短小，而記載〈十陣〉的編冊則在篇幅上相對較大，其間差距幾達十倍之多。記載同一段文字，若使用篇幅較大的編冊來記錄，則編冊數量較少；反之，若使用篇幅較小的編冊的記錄這些文字，則需要使用的編冊在數量上就會相對增加。因此，同樣一段文字，可能因為用以記載其內容之編冊篇幅大小的不同，而造成篇數的差異。

第二節　「黃老帛書」的名稱

本節擬討論「黃老帛書」的名稱。關於這個問題，本文打算先列出學者對此問題的諸種說法，並分析其爭議點爲何。其次，再就這些爭議點一一分析，以提出本文對這些問題的看法，並在此基礎上討論「黃老帛書」的書名。以下分而論之：

一、關於「黃老帛書」名稱的諸種說法及其爭議點

「黃老帛書」出土後，最先被學者討論者乃是其名稱問題。對於這個問題，學者多有不同意見。其中，影響力最大者當是唐蘭所提，視之爲《漢志》諸子略道家所載《黃帝四經》一說。唐氏在〈《黃帝四經》初探〉裡說：

> 首先，從內容來看，這四篇是一本書，而且是有關黃帝的書。……其次，從歷史背景來看。抄寫這本書的時候，正是漢文帝初年。……《史記・外戚世家》說：「竇太后好黃帝老子言，帝（指景帝）及太子諸竇不得不讀黃帝老子，尊其術。」可見黃帝老子是連起來讀的兩本書。……第三、從著錄方面來看。《漢書・藝文志》裡的道家者流有三十七家，其中有關黃帝的五家。……但只有《黃帝四經》是四篇，和這個寫本符合，所以即使僅僅從篇數來說，這四篇也正和《黃帝四經》相當。……最後，再從本書的體制和思想體系來分析，這四篇確實是經的體裁。第一，它所表達的都比較簡要而帶有概括性的；第二，它大部分是韵文……第三，《經法》一篇就稱爲「經」。〔註37〕

根據以上理由，唐氏認爲佚書當爲〈漢志〉諸子略道家所載《黃帝四經》。

唐氏的說法被多數學者採用，然亦有其他學者有不同的主張。裘錫圭在〈馬王堆帛書《老子》乙本卷前古佚書並非《黃帝四經》〉裡說：

> 四篇佚書體裁不同，篇幅長短懸殊；第二篇屢次提到黃帝，其他三篇則一次不提；原來不像是一部書。從內容看，其思想有積極進取精神，「撮名法之要」的特點很明顯，同《隋書・經籍志》以之與《老子》並提，並許之爲「最得」「去健羨、處沖虛」之「深旨」的《黃帝四經》顯然不能相合。魏晉以前古書所引黃帝之言都不見於四篇佚書，這也可以證明它們並非《黃帝四經》。〔註38〕

〔註37〕〈《黃帝四經》初探〉：唐蘭著，《文物》1974年10期，頁48～49。

〔註38〕〈馬王堆帛書《老子》乙本卷前古佚書並非《黃帝四經》・內容提要〉：裘錫圭

認為《經法》等四種佚書應該不是《黃帝四經》。同樣從佚書乃依托黃帝君臣而成書的角度出發，董英哲不贊成唐氏之說，而且，提出依托黃帝君臣的內容，並不一定反映在其書名上的觀點，而認為此書當為諸子略道家《田子》二十五篇。董氏在〈《經法》等佚書是田駢的遺著〉裡說：

> 《經法》等佚書究竟是一部什麼書？從內容來看，它是一部黃老之言。……從書的篇數來看，《經法》等佚書應該說是《田子》二十五篇。……從古籍中有關田駢的記載和評述來看，也都與《經法》等佚書的思想相一致。……《經法》等佚書的中心思想是「道生法」，雖然是道家一派；《莊子．天下》把田駢作為道家來評述，《漢書．藝文志》把《田子》二十五篇列為道家著作，這都不是偶然的巧合，而說明《經法》等佚書確系《田子》二十五篇——田駢的遺著。〔註39〕

認為四種佚書當為〈漢志〉諸子略道家所載《田子》二十五篇。

除此之外，亦有學者主張四種佚書並非同一本書。在此觀點下，羅福頤、高亨、董治安及馮友蘭等人都提出了不同的看法。由於這些討論所討論的對象都是《十六經》，故在此暫不引述，而移至下文討論。

以上，除裘錫圭僅證明佚書非《黃帝四經》而不提出其究為何書之外，其他與唐氏意見相左的學者，對「黃老帛書」究為何書，大多另有主張。這些學者用以考證這個問題的方法，大多依「黃老帛書」的內容和篇數，推測其為〈漢志〉中何書。這種方法預設了一個前提，即佚書必然被載於〈漢志〉之中。但是，〈漢志〉所載之書乃中秘所藏，在此之前「書頗散亡」，故成帝「使謁者陳農求遺書於天下」，再令劉向等人校之。可見當時已經有許多書籍亡佚，在中秘之內找不到了。可想而知，陳農亦不可能完全盡得當時可見之書。因此，此前提的確立，實待更進一步的說明。本文認為，「黃老帛書」為黃老思想的產物，而黃老思想從漢惠、文帝時到武帝初之間，都一直受到重視，故向、歆校書中秘的時候，應該還看得到它。

此前提確立後，利用〈漢志〉以求「黃老帛書」書名的方法，乃屬合理。然而，為何學者使用同一種方法來考究其書名，卻得到種種不同的答案呢？此乃因學者對「黃老帛書」中的某些現象，所持的看法不同所致。這些看法

著，《道家文化研究》三輯：陳鼓應編，上海古籍出版社 1993 年 8 月，頁 249。
〔註39〕〈經法等佚書是田駢遺書〉：董英哲著，《人文雜誌》1982 年 10 期，頁 123～128。

包括「四種佚書是否爲一整體」、「此四段文字篇、章數量的計算」、「佚書當歸在〈漢志〉中何類」。以下分而述之：

第一、四種佚書是否爲一整體：如前所論，學者用以考究《經法》等佚書究爲何書的方法，其重要依據包含其篇數。換言之，對「黃老帛書」篇數的認定，乃是解決其名稱的關鍵之一。對於篇數認定的有所爭議，乃因對下列問題看法不一所致：其一是《經法》等佚書是否爲同一本書，其二是《經法》和《十六經》之下的段落，其單位是否爲「篇」。唐蘭和董英哲等認爲這四種佚書當爲同一本書；而羅福頤、高亨、董治安、裘錫圭與馮友蘭等認爲這四種佚書並非同一本書。在討論這個問題以前，有必要對「書」觀念的形成作一介紹。漢以前計算著作的單位多以「篇」、「卷」爲主，今所見〈漢志〉某「書」，乃漢人依著作內容加以編輯而成。而是否將不同的「篇」、「卷」編爲一「書」，決定於其內容是否具有某種相關性。篇章之間，其相關性越高，則被編爲一書的機會越高。篇章間是否相關，其標準固然不一，但是，若向、歆校書前，四種佚書即爲同一典籍，則其被編爲同書的機會甚大。因此，四種佚書在抄錄時是否即爲一整體的問題，乃是這些文字是否會被編爲同一本書的重要依據。

第二、此四段文字篇、章數量的計算：將此四段文字，視爲各自獨立著作者，如羅福頤、高亨、董治安、馮友蘭等，皆將《十六經》底下的段落看作是一「篇」，而認爲它們是「十五篇」、「十篇」。而認爲這四段文字當爲一本書的學者中，唐蘭即認爲《經法》和《十六經》各爲一「篇」，而其下之段落乃是「章」；董英哲則認爲《經法》及《十六經》可分成十幾「篇」。

第三、佚書當歸在〈漢志〉中何類：〈漢志〉分成「六略」，每略之下又細分爲數家，如果能依照佚書內容，判斷其當歸何類，則判斷範圍即可縮小。〈漢志〉中每略每家的區分，其標準乃在典籍的內容，故佚書當歸何類，即涉及到學者對其內容的認定。關於這個問題，大部分的學者都認爲佚書當爲《黃帝四經》、《黃帝君臣》和《田子》等諸子略道家之書，只有羅福頤認爲《十六經》乃兵家略兵陰陽類《力牧》，而馮友蘭則認爲佚書乃方技略醫經類《黃帝外經》。

以上幾點，爲學者爭議的關鍵之處，以下，本文擬基於上節所論，提出對這幾個問題的看法。

二、《經法》等佚書與〈漢志〉所載典籍間之關係

在討論《經法》等佚書，與〈漢志〉所載典籍間的關係之前，必須說明本文的觀點。本文認爲，〈漢志〉所載諸書，乃經劉向整理而成，而《經法》等佚書產生在前，將這些篇章編入某書的動作在後。故而，探討《經法》等佚書，乃〈漢志〉中何書，其思考的角度，不當從抄寫者究依〈漢志〉所載何書抄錄它們；相反的，應當考慮的是，這些文字當被編入〈漢志〉所載何書。以下的討論，皆奠基於此觀點。

（一）篇章被編為同書的條件

如前所論，本文認爲《經法》等四種佚書，其來源不一，故其不具備必然被編爲同書的條件〔註 40〕。但是另一方面，抄錄時來源不一，並不表示它們必不會被編爲同書。職是之故，對於篇章被編爲同書的情形，乃須詳加討論。

先秦以前計算著作的單位以篇、卷爲主。〈漢志〉上所載某「書」的形成，乃出自於後人的編纂。將「篇」集合成一更大單位，即後世「書」的觀念。以今日之言說之，設若篇、卷爲一篇篇的「論文」，則當時的「書」，在形式上較接近今日所云之「論文集」，唯當時並無大量複製文本的技術，故某「論文集」所收之「論文」，常各有不同，因而造成相同名稱的「書」中，所收內容不一的情形。劉向校書中秘的任務之一，即重新整理當時可見的篇章，並加以編纂，故今〈漢志〉中的許多「書」，乃成於劉向之手。據劉向所言，在他校書中秘前，即有人將某些篇章編爲一整體（詳後），面對各個內容不完全相同的「書」，劉向所作的工作即是將這些「書」加以整合，有時並重新命名。〔註 41〕

當時的人，其編纂書籍的標準，乃是依照著作的內容而定，篇章間在內容上若有某種相關性，則其被編爲一書的機會較大。故而，同爲一書的各個篇章間，必然有某種關係。其中，較常見者有：一、同一學派的典籍，如《論語》、《孟子》爲孔、孟學派的著作。二、討論主題相同的篇章，如《戰國策》乃是劉向根據「說服國君」這一主題所編纂的文本。三、因其所依托對象相同而成一書者，如《管子》乃是收錄諸依托管子的篇章而成的典籍。四、爲

〔註 40〕若知四篇佚書抄寫時已爲一整體，則其在〈漢志〉中必爲一整體則無疑矣。劉向整理圖書之任務乃在比較各書版本，並去其重覆，故之前若有某些流行於世的版本，經編纂後則無分裂該書以成二編的理由。

〔註 41〕除了劉向重新編纂過的書籍並給予新名稱的情形之外，今〈漢志〉中有些書籍的版本是劉向沿襲前人而保留下來的。

同一編者所編之著作，如《呂氏春秋》乃以呂不韋之名而編成的典籍。

因此，《經法》等四種佚書若具有上述關係，即可能被編爲一書。職是之故，著作形式的不同，並不能說明其必非同書，因爲只要其爲同一學派，或討論同一主題的著作，則無論其形式（如文類、文體）是否相同，都有被編爲一書的可能。反之，如果篇章之間形式相同，但其所載內容間卻無任何關係，則其被編爲同一書的可能性甚低。關於這個問題，如前所論，「黃老帛書」的內容，大致爲漢初黃老學派的思想〔註42〕，故已具備被編爲同書的條件。

（二）《經法》等佚書當被歸為〈漢志〉諸子略道家

《經法》等佚書當被歸爲〈漢志〉中何書，其標準乃在其內容所反映出的思想。關於這個問題，本文所持，與大部分學者相同，認爲其當歸入諸子略道家中（詳第四章）。除了從內容上來觀察之外，以下現象值得注意。《史記·陳丞相世家》載陳平之言云：

> 我多陰謀，是道家之所禁。〔註43〕

而《十六經·行守》載：

> 驕洫（溢）好爭，陰謀不羊（祥），刑於雄節，危於死亡。〔註44〕

唐蘭〈《老子》乙本卷前古佚書引文表〉〔註45〕說：「司馬遷說陳平『少時本好黃帝、老子之術』。此稱道家與召平說『道家有言曰』正同。」其說是也。可見《十六經》等佚書乃漢初黃老道家的產物，所以這四種佚書當會被歸於〈漢志〉諸子略道家中。

（三）從篇章的分合論佚書數量與〈漢志〉所載未必相同

如前所論，漢以前用以抄錄著作的編冊，其篇幅大小並不一致，故若某些編冊可載字數較多，而某些編冊所載字數較少，則傳抄之間，即可能出現，將幾個小編冊內的文字，抄入一個大編冊內，以及將一個大編冊內的文字，抄入幾個小編冊內的情形。舉例而言，荊門郭店楚墓出土的三種《老子》，其內容大部分可見於帛書《老子》，而前者字數的總合，卻不到後者的一半。關

〔註42〕見本論文第四章。

〔註43〕《史記》：漢司馬遷著，唐司馬貞索隱，唐張守節正義，宋裴駰集解，北京中華書局1989年北京初版十一刷，頁2062。

〔註44〕《馬王堆漢墓帛書（壹）》：中共國家文物局古文獻研究室編，文物出版社1980年3月北京初版一刷，頁78。

〔註45〕〈馬王堆出土《老子》乙本卷前古佚書的研究——兼論其與漢初儒法鬥爭的關係〉：唐蘭著，《考古學報》1975年1期。

於這種情形，有兩種可能性：其一、今所見帛書《老子》的編纂，乃是合當時流傳在各地的數小篇「老子」而成，而這些小篇的「老子」經編纂之後，即成爲一內容更爲龐大的篇章。〔註 46〕其二、郭店《老子》乃分抄自一個與帛書《老子》份量相當之傳本而成。職是之故，即可能發生某些「大篇」，其內容本身即可含蓋許多「小篇」的情形。然則，如果各個「大篇」所錄的「小篇」，在內容上有所出入，而後人又以這些「大篇」爲主校除重覆，則校定後的著作，其內容必然會比原來多出許多。然則若說原來的「大篇」，本身即合數「小篇」而成，且這些小篇又各標有篇名，則校除重覆後，其段落的數量也會比原來多出一些，如下圖所示：

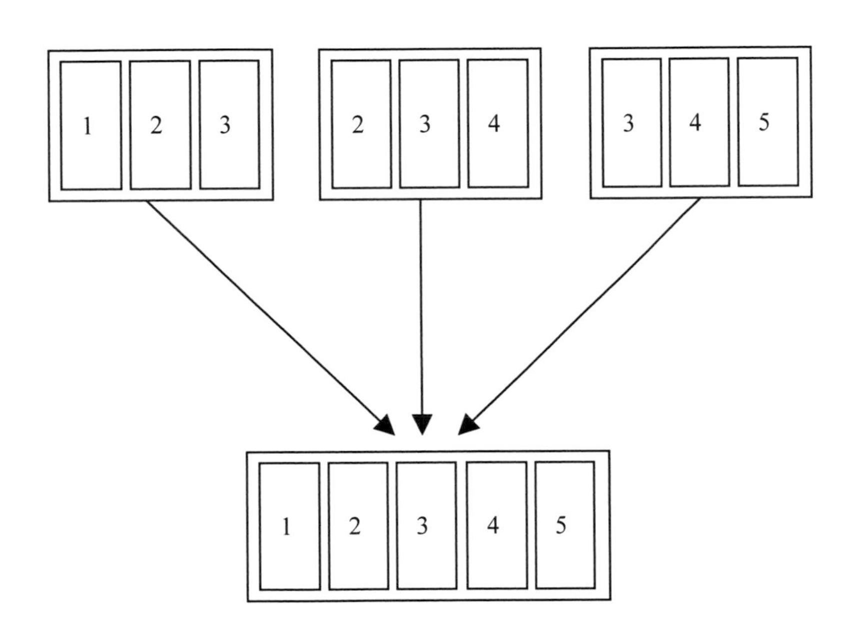

以下，舉數例說明：

一、《戰國策》：〈戰國策書錄〉載：

> 所校中《戰國策》書，中書餘卷，錯亂相糅莒。又有國別者八篇，少不足。臣向因國別者，略以時次之，分別不以序者以相補，除復重，得三十三篇。……中書本號，或曰《國策》，或曰《國事》，或曰《短長》，或曰《事語》，或曰《長書》，或曰《修書》。臣向以爲

〔註 46〕荊門郭店《老子》共分三篇，第一篇七章，約 610 字；第二篇八章，約 410 字；第三篇十八章，約 1170 字，三篇共約 2190 字。載《荊門郭店楚簡老子研究》：崔仁義著，科學出版社 1998 年 10 月初版一刷，頁 4。

戰國時，游士輔所用之國，爲之策謀，宜爲《戰國策》。〔註47〕

在《戰國策》編輯的過程中，因爲各書內容「錯亂相糅莒」，而沒有一定的秩序，故劉向以國別爲標準，依時間的先後順序，將各書中的篇章重新排列。如此一來，不但《戰國策》乃是由許多不同的典籍校除重覆而得的，同時，一「篇」中的諸「章」，亦來自於不同的典籍。

二、《列子》：〈列子書錄〉載：

中書多，外書少。章亂布在諸篇中。〔註48〕

劉向校定《列子》時，發現某些「章」散佈在許多不同的「篇」之中，故必須從許多不同的「篇」中收集相關的「章」，才能到完整的一篇。可見當時篇、章的關係並非是固定的，依擁有者的意願，一篇之中可隨時抽去或加入某些章，而某些段落亦可能重覆出現在不同的篇章之中。所謂「去其重覆」的工作，並非只是以「篇」爲最小單位，而將重複的篇去除。同時，對於內容相近的「篇」，亦進行內容上的比對，將重複的地方找出，所以校定後的「篇」，其「章」的數量當比原來的「篇」來得多。

三、《管子》：劉向〈敘錄〉載：

所校讎中《管子》書三百八十九篇，大中大夫卜圭書二十七篇，臣富參書四十一篇，射聲校尉立書十一篇，太史書九十六篇，凡中外書五百六十四，以校除復重四百八十四篇，定著八十六篇，殺青而書可繕寫也。〔註49〕

劉向校《管子》時總共搜集了 564 篇，其中重複的就有 484 篇，校定之後凡 86 篇。但是，564 減去 484 爲 80，論者謂此乃書錄有誤，或後人分合之故，今姑不論其原因爲何，而以定著 86 篇計，則平均每一篇約以 6.6 篇校成。當時文本保存不易，脫簡現象相當嚴重，再加上一篇之中各人又以己意去取內容，故劉向收集的 564 篇之中，內容參差的篇章必然佔大多數。故而，某「篇」文字經校定後，其內容當比原來收集到的多上許多。除《管子》之外，從其他的書錄對於篇數的記載，也可看出，校除重覆後的篇數遠比校定前所收集到的文本在篇數上來得少的情形。可見有些「篇」，其內容並非與其他著作完

〔註47〕〈戰國策敘錄〉，載《戰國策》：劉向編，里仁書局 1990 年 9 月台北初版，頁 1195。

〔註48〕〈列子敘錄〉，載《列子集釋》：舊題列禦寇著，楊伯峻集釋，北京中華書局新編諸子集成本，頁 277。

〔註49〕《管子校注》：舊題管仲著，黎翔鳳校注，北京中華書局編諸子集成本，頁 3。

全相合，只是部分內容與他篇重複，而被校除的亦只是這些重複的部分，至於該篇所無的內容，即抄入該篇之中，此即前所謂「相補」。劉向校書時即經過重新抄錄的步驟（其所著書錄多有殺青可繕寫的記載，表示劉向校書時乃先在竹簡上打草稿以便刪改，之後再將這些內容重新抄寫於用火脫水的竹簡上），所以在重新定著的過程中，造成篇章分合的情況亦屬合理。

由以上的討論可知，《經法》和《十六經》中諸段落雖當為「篇」，然經後人的不斷抄錄或編纂之後，很難保證這些段落是否會被抄於各自獨立的編冊上。換言之，這些原來為一「篇」的段落，也可能在經過後人的合抄之後，而成為新的篇中的某章。除此之外，編冊斷簡、脫簡的情形，也可能造成出土文獻與〈漢志〉所載之書，在篇數上的有所差異。故而，僅以佚書的篇數，對照〈漢志〉所載，而定「黃老帛書」書名的推論，其立論基礎並不紮實。換言之，「黃老帛書」的篇數，只能用作參考。

經過以上的討論之後，可以得到下列幾點結論：

1.《經法》等四種佚書來源不一。換言之，抄錄之時當為各自獨立的個體。但是，四種佚書還是可能被後人編為同書。

2.四篇佚書當被歸為〈漢志〉諸子略道家，其中，《十六經》因大部分涉及黃帝與其臣下的對話，故當被歸為諸子略道家依托黃帝立言的書中，而另外三種佚書，其內容雖屬黃老思想，但卻不見得會與《十六經》編在同一本書中，也不必然會被歸為依托黃帝的書中。

3.《經法》與《十六經》內的段落為篇，故《經法》、《十六經》當為書名，前者凡九篇，後者雖只見十四篇半，然總數當為十六篇。此二種書名之所以未見於《漢志》，乃因在劉向校書中秘，為諸典籍訂定出統一的內容及篇數以前，典籍的篇數與書名並無一定標準，而各家所稱書名及所取篇數亦不盡相同（例如劉向校定《戰國策》前，流傳著《國策》、《國事》、《短長》、《事語》、《長書》和《修書》等各種內容相似，但書名及篇數皆不一致的典籍）。

三、《經法》等四種佚書並非《田子》、《黃帝四經》

根據前面所得結論，本文認為學者所提諸種說法，有些難以成立，有些雖有某種程度的可能性，但並無絕對的證據，保證其結論的必然成立。就前者而言，如前所引，認為《經法》等佚書乃是《漢志》諸子略道家《田子》和《黃帝四經》的說法，即難以成立。因為《呂氏春秋．不二》云：「田子貴齊。」高誘注云：「陳駢，齊人也。作《道書》二十五篇。貴齊，齊生死等古今也。」〔註 50〕可見「齊」在《田子》著述中當處於重要地位。換言之，《田子》一書中所強調的思想爲「平等看待生死古今的差別」。今檢「黃老帛書」全文，不但無等同生死古今之義，而且無一「齊」字出現，可見佚書當非《田子》。

此外，關於《經法》等佚書乃《黃帝四經》的說法，如前所引，裘錫圭持反對意見。爲了討論方便計，在此將其論點整理於下：

1. 四種佚書體裁不同，篇幅長短懸殊。《十六經》屢次提到黃帝，其他三篇則一次不提，原來不像一本書。

2. 四種佚書反映出「撮名法之要」的思想，並不符合「去健羨，處沖虛」之旨。

3. 魏晉以前古籍所引黃帝之言都不見于四種佚書。〔註 51〕

第一點從四種佚書並非一本書立論；第三點從後人所見《黃帝四經》並非四種佚書立論。若此二命題成立，實爲反對四種佚書爲《黃帝四經》之有力證據。〔註 52〕然而，這兩個命題的成立，似未被學者承認，故有調整、補充的必要。

裘氏論證後人所見《黃帝四經》並非佚書，舉《六韜》、《韓非子》、《呂氏春秋》、《淮南子》、《文子》、《新書》、《漢書》及僞《列子》等書所引「黃帝之言」凡十三條爲證，認爲若佚書爲《黃帝四經》，後人所引當不致無一語與之相同。然而，因所舉引文數量太少，故學者多對其說存疑。

本文認爲，古人引書往往不標明出處，引書者若慣於暗引他書，則其所引《黃帝四經》，即不必冠以「黃帝曰」或「黃帝之言」等字。唐蘭所作〈《老子》乙本卷前古佚書引文表〉〔註 53〕即以此爲標準，得他書引「黃老帛書」

〔註 50〕《呂氏春秋校釋》：秦呂不韋編，陳奇猷校釋，新華書店 1995 年 10 月上海初版三刷，頁 1124～1126。

〔註 51〕〈馬王堆帛書《老子》卷前古佚書并非黃帝四經〉：裘錫圭著，《道家文化研究》三輯：陳鼓應編，上海古籍出版社 1993 年 8 月。此說先見於《黃帝四經考辨》：朱曉海著，台大中文研究所 1977 年碩士論文，頁 20～23。然朱氏所引，不如裘氏完整。

〔註 52〕第二點以四種佚書之內容不合「去健羨，處沖虛」之旨反證其非《黃帝四經》，乃不悟漢人想法之說。司馬談〈論六家要旨〉中提及道家「去健羨，處沖虛」，乃是爲了「釋此而任術」之故，所以對於黃老思想而言，這兩種觀念不但不相互排斥，而且可以相輔相成。

〔註 53〕〈馬王堆出土《老子》乙本卷前古佚書的研究——兼論其與漢初儒法鬥爭的關係〉：唐蘭著，《考古學報》1975 年 1 期，附錄。

的文句近百條。唐氏舉他書與佚書文句雷同者九十七條為證，認為這是他書引佚書的現象，並以之為據，證明四種佚書在當時非常流行。〔註 54〕雖然如此，但是作者在創作時，往往有其習慣，而不同的文類，又適合不同的引文方式，種種原因都可能使得同一文本的引用方式（「明引」或「暗引」），呈現出某種一致性。這種引文的一致性，可視為考察著作中，哪些文句為作者所引，哪些文句非作者所引的標準。詳言之，若文本上引文部分，均標明其引自他書，則全篇大部分的引文部分也都會如此。反之亦然。

唐氏所引諸書之中，目前可確定其產生時間必晚於「黃老帛書」，且文句雷同份量又較多者僅《淮南子》，以《淮南子》全書引文而言，因其書成於眾手，書中出現有些篇章慣於明引，而有些卻慣於暗引的情形，亦可想而知。

如前所論，慣於明引他書之篇章，必於大部分之引文中標示出來。另一方面，引書的目的乃在標舉權威性著作以自重其言。當時的權威性著作，除《老子》之外，尚有《黃帝四經》。《淮南子》成於漢文、景帝，正當竇太后崇尚黃老學說之時，故書中思想雖雜揉百家，但諸家思想中仍以「黃老」思想為主軸。《淮南子．要略》云：

> 故著書二十篇，則天地之理究矣，人間之事接矣，帝王之道備矣。……夫道論至深，故多為之辭以抒其情；萬物至眾，故博為之說以通其意。〔註 55〕

其論道兼及帝王之術，所論乃為漢初黃老思想。高誘〈序〉云：

> 其旨近《老子》，淡泊無為，蹈虛守靜，出入經道。言其大也，則燾天載地，說其細也，則淪於無垠，及古今治亂存亡禍福，世間詭異瓌奇之事。其義也著，其文也富，物事之類，無所不載，然其大較歸之於道，號曰《鴻烈》。鴻，大也；烈，明也，以為大明道之言也。〔註 56〕

〔註 54〕然唐氏所稱他書引佚書文句，筆者認為尚需調整：第一、並非所有載有與佚書文句雷同的古籍皆晚於佚書，故引用之關係不必盡如唐氏所言；第二、某些文句或隻字片語與佚書相同，或僅在文義上雷同於佚書，而句法、用詞則與佚書差異甚大，此等文句筆者皆不認為其與佚書有引用關係。

〔註 55〕《淮南鴻烈集解》：清劉文典集解，北京中華書局 1997 年 1 月初版二刷，頁 707。

〔註 56〕《淮南鴻烈集解》頁 2。

可見《淮南子》的中心思想乃是「道論」，亦即黃老思想。此外，從實際引書的情況來看，《老子》被《淮南子》所引最多，達全書之半，爲他書所遠不及，可見《淮南子》作者對黃老思想的尊崇。總上所論，可知《淮南子》的思想乃以黃老爲主，且時常引《老子》之言以自重其說，故其中文句若有與《老子》齊名的《黃帝四經》相同時，當會有所標明。因此，從《淮南子》引「黃老帛書」的現象，來看其書名問題，即屬合理。以下詳而論之：

《淮南子》中的各篇，其與「黃老帛書」文句有所雷同者，計有〈原道〉十段、〈精神〉兩段、〈主術〉兩段、〈氾論〉一段、〈詮言〉兩段、〈兵略〉一段、〈說林〉兩段、〈泰族〉一段。據嚴靈峰〈先秦諸子之引《老子》文者〉〔註57〕所引，〈原道〉引《老子》之文有八段，其中有七段以「老聃曰」、「故老子曰」或「故曰」表示此段文句爲引文；〈精神〉引《老子》之文有四段，其中有兩段以「故曰」表示此段文句爲引文；〈主術〉引《老子》之文有十段，其中有一段以「故曰」表示此段文句爲引文；〈氾論〉引《老子》之文有兩段，皆無任何文字表示其爲引文；〈詮言〉引《老子》之文有兩段，其中有一段以「故老子曰」表示此段文句爲引文；〈兵略〉引《老子》之文有一段，無文字表示其爲引文。〈說林〉引《老子》之文有兩段，皆無任何文字表示其爲引文。〈泰族〉引《老子》之文有兩段，皆無任何文字表示其爲引文。以上所述，如下表所示：

篇　名	引《老子》文總數	標明其為引文數	無標明其為引文數
〈原道〉	8	7	1
〈精神〉	4	2	2
〈主術〉	10	1	9
〈氾論〉	2	0	2
〈詮言〉	2	1	1
〈兵略〉	1	0	1
〈說林〉	2	0	2
〈泰族〉	2	0	2

從上表可知，〈原道〉的作者在引用他書時，有標示出此段文句乃引自他書的習慣；而〈主術〉的作者在引用他書時，則沒有這個習慣；至於其

〔註57〕《馬王堆帛書《老子》試探》：嚴靈峰著，河洛出版社 1976 年 10 月台北初版，附錄。

他篇章由於數量太少，其引文習慣難知。從〈原道〉引四種佚書時的情形看來，其引用四種佚書的文句共有十段，但卻沒有任何一段有所標示，指出它是抄引自它書來的。若佚書爲當時流行的《黃帝四經》，〈原道〉的作者何以不引其文以自重之？因此，我們認爲佚書並非當時極被看重的《黃帝四經》。

經過以上的討論，本文認爲，暫時不宜對《經法》等佚書究爲何書的問題遽下斷語，認爲其乃〈漢志〉所載某書。故而，目前應該把討論的重點放在，要以何種「暫定性名稱」來稱之。在尚未確定佚書究爲何書之前，有學者直接以佚書上之題名——《經法》、《十六經》、《稱》、〈道原〉來稱呼它們，而四種佚書就逕合稱爲「馬王堆《老子》乙本卷前佚書」或「《經法》等佚書」〔註 58〕。這種稱法雖然比較保險，而稱引單種佚書時也很適合，但是稱引四種佚書時不但失之籠統，而且不能反映出佚書的學派、思想等性質。故在爲佚書命名時，應該要找出一個適當且可以反映出其性質的名稱。關於暫定性名稱的設立，學者所提有「帛書《黃帝書》」以及「黃老帛書」兩種，就文義而言，差別僅在「黃帝」與「黃老」二者。筆者以爲，四篇佚書中除《十六經》確實提到黃帝君臣之外，其餘三種佚書皆無提起，故不能說它們乃「黃帝之言」。另一方面，四種佚書爲漢初黃老之學的產物，卻已是學者的共識，故在名稱上用「黃老」來統稱四種佚書，應該比使用「黃帝」來得恰當。因此，這四種佚書可以暫稱爲「黃老帛書」。

第三節　《十六經》當收錄於《黃帝君臣》、《黃帝》考

如前所論，現存的各種說法之中，尚無一種說法能提出有力的證據，有效證明佚書名稱。換言之，學者對這個問題所提的各種答案，都只能算是一種推測。在此，本文打算在今日所見的諸種說法之外，提出一種不同的說法。這種說法乃是建立在，經過後人的編纂，《十六經》中的各篇可能被歸入〈漢志〉中不同典籍的觀點上。從這個角度出發，本文認爲《十六經》中的大部分內容，最有可能會被後人歸在〈漢志〉諸子略道家的《黃帝君臣》十篇之中；而部分內容則可能被歸入兵書略兵陰陽家《黃帝》十六篇之中。

〔註 58〕〈馬王堆帛書《老子》卷前古佚書并非黃帝四經〉：裘錫圭著，《道家文化研究》三輯：陳鼓應編，上海古籍出版社 1993 年 8 月。

一、《十六經》非《力牧》、《黃帝外經》等書

關於《十六經》究爲何書的問題，羅福頤、高亨、董治安及馮友蘭等人都提出了不同的看法。馮友蘭在《中國思想史新編》第二冊〈黃老之學的確切內容〉中認爲，《十六經》乃〈漢志〉方技略醫經家《黃帝外經》三十七卷，所持的理由是：

> 《藝文志》方技略著錄黃帝外經和內經。「外經」是對「內經」而言。《莊子．天下》篇說，宋鈃、尹文，「以禁攻寢兵爲外，以情欲寡淺爲內」。「內」是指「治身」，「外」是指「治國」。漢朝的淮南王劉安著書有《淮南內》、《淮南外》也是這種意思。〔註 59〕

本文認爲，〈漢志醫經家敘〉云：「醫經者，原人血脈經落骨髓陰陽表裡，以起百病之本，死生之分，而用度箴石湯火所施，調百藥齊和之所宜。至齊之得，猶慈石取鐵，以物相使。拙者失理，以瘉爲劇，以生爲死。」〔註 60〕可見醫經家諸典籍討論的主題，當爲病理和用藥方面的理論。反觀《十六經》中，全無這方面的論述，故它應該不是《黃帝外經》。

又，羅福頤在〈座談馬王堆漢墓帛書〉認爲，《十六經》當爲兵書略兵陰陽家《力牧》十五篇，其所持的理由是：

> 因爲全文都是黃帝與力黑、大山稽等的談話。案《漢書．藝文志》「兵家、陰陽類」中有《力牧》篇十五篇。此帛書中的力黑，當即力牧。……今考此帛書中小題正是十五個，與兵書陰陽家之力牧篇數完全符合，因此這很明顯不是道家之力牧。此篇文中多談刑德、剛柔、奇正的道理與班志稱陰陽家多推刑德、隨斗擊、假鬼神爲助的說法亦相符合。〔註 61〕

羅氏從思想的角度來思考這個問題是合理的，尤其他提出《十六經》的思想與〈漢志〉兵書略兵陰陽家相符這一說法，更是値得注意。在第四章中，我們將考察《十六經》中的戰爭思想，以印證此說。然而，對於羅氏的推論，本文尚有異議，如下。

《十六經》依托於黃帝及其臣下立言，當爲與黃帝有關之書。但是，今檢〈漢志〉諸子略道家及兵書略兵陰陽家中所載典籍，其依托黃帝者有：

〔註 59〕〈黃老之學的確切內容〉，載《中國哲學史新編》第二冊：馮友蘭著，上海人民出版社 1995 年 8 月北京初版三刷，頁 195。

〔註 60〕《漢書》頁 1776。

〔註 61〕〈座談馬王堆漢帛書〉：唐蘭等著，《文物》1974 年 9 期，頁 46～47。

《黃帝四經》四篇。

《黃帝銘》六篇。

《黃帝君臣》十篇。

《雜黃帝》五十八篇。

《力牧》二十二篇。

以上諸子略道家，又：

《黃帝》十六篇。

《力牧》十五篇。

以上兵書略兵陰陽家。其中，道家的《力牧》下，班固自注云：「六國時所作，托之力牧，黃帝相。」力牧即力黑，以「力牧」爲名，可見其書乃依托力牧立言，兵陰陽家之《力牧》亦當如此。今觀《十六經》中，依托力黑立言的篇章僅有〈觀〉、〈正亂〉、〈姓爭〉、〈成法〉和〈順道〉五篇，尚不及依托「黃帝」立言的篇章爲多。故而本文認爲，與其將這些篇章編入《力牧》中，還不如將之編入依托黃帝的書中。況且，〈正亂〉和〈觀〉兩篇中的力黑，皆處於一發問者的地位，這種現象在托名的書中比較少見。因此，將《十六經》編入《力牧》之可能性不大。然則，《十六經》當爲此四種依托黃帝之書中的一種。

二、《十六經》收錄於〈漢志〉諸子略道家《黃帝君臣》

承上，本文認爲高享、董英哲在〈十大經初論〉所提，認爲《十六經》乃諸子略道家《黃帝君臣》十篇的說法就值得注意。其云：

> 《漢志》所記題名《黃帝君臣》，當然是記黃帝君臣的言行，而帛書正是記黃帝君臣的言行，這一點是相合的；《漢志》所記是十篇，而帛書題名《十大經》，當然也是十篇，這一點也是相合的。〔註62〕

高、董二氏對於《十六經》當爲《黃帝君臣》的說法，其依據的理由有二：第一、在內容上《十六經》正是記載「黃帝君臣」間的言行。第二、在篇數上，其所謂「十大經」剛好符合「十篇」之數。其中，後者可置之不論，因爲據前所論，可知《十六經》的篇數並非「十篇」。雖然如此，但是高、董二氏從依托對象與書名間的關係一角度，來看此問題卻屬合理，因爲就向、歆整理圖書的習慣來看，此兩者間的確存在某種關係。

〔註62〕〈十大經初論〉：高亨、董治安著，《歷史研究》1975年1期，頁89。

〈漢志〉諸子略所載諸書，多有以作者或依托者之名而命名的現象，在大部分的情況下，同一家同一作者或依托者的文字，均會被向、歆編入同書，如《管子》、《莊子》雖非一時一人之作，然其中的篇章卻因同托於管子、莊子而被編爲一書。因爲即使在向、歆校書之前，某些篇章分屬不同典籍，倘若它們都依托於同一人，向、歆還是可能將它們合爲一書的，如《戰國策》、《太公》〔註 63〕。其中，例外之處凡二：一爲陰陽家中，以騶衍爲書名的有《騶子》四十九篇及《騶子終始》五十六篇兩種；二爲道家中，托名「黃帝」的書有《黃帝四經》四篇、《黃帝銘》六篇、《黃帝君臣》十篇及《雜黃帝》五十八篇四種。

諸種托名黃帝立言的書中，《黃帝銘》的內容，依其文意可知乃爲刻在金屬器物上的文字。〔註 64〕又，顧實《漢志藝文志講疏》云：「黃帝〈金人銘〉，見於《荀子》、《太公金匱》、劉向《說苑》；黃帝《巾几銘》，見於《路史》。是六銘尚存其二也。」〔註 65〕今檢二銘文類，可以發現其與《十六經》殊異，前者爲詩歌體，後者多爲對話體。因此，《十六經》當不致被編入《黃帝銘》中。然則《十六經》可能被編入《黃帝四經》、《黃帝君臣》和《雜黃帝》內。本文以爲，這三種書的編纂，從其書名可知其依托對象可分成兩類：一類專門依托黃帝立言，另一類則一併依托黃帝君臣立言。《黃帝四經》與《雜黃帝》屬前一類，而《黃帝君臣》屬後一類。檢今可見載於〈漢志〉中的典籍，以某人之名命名，且內容有對話體者，如《孟子》、《莊子》、《文子》〔註 66〕及銀雀山出土《孫臏兵法》等書，則做爲書名之人物，在書中多處於申述理論的地位。然則，《黃帝四經》與《雜黃帝》既然是以黃帝作爲書名，若其爲對話體如《十六經》者，則黃帝在書中的地位當爲申論者，而其他與之對話的人物，當處於幫助黃帝申

〔註 63〕諸子略道家載「《太公》二百三十七篇。《謀》八十一篇，《言》七十一篇，《兵》八十五篇。」沈欽韓《漢書疏證》云：「《謀》者，即太公之《陰謀》。《言》者，即太公之《金匱》，凡善言書諸金版。《兵》者，即《太公兵法》。」可見其時三書獨行，而《太公》乃合三書而稱。

〔註 64〕《史記．封禪書》云：「卿曰：『申公，齊人。與安期生通，受黃帝言，無書，獨有此鼎書。曰「漢興復當黃帝之時」。曰「漢之聖者在高祖之孫且曾孫也。寶鼎出而與神通，封禪。封禪七十二王，唯黃帝得上泰山封」。……』」（《史記》頁 1393。）疑《黃帝銘》即公孫卿上漢武帝之書。

〔註 65〕《漢志藝文志講疏》：顧實著，台灣商務印書館 1980 年台北二版，頁 129。

〔註 66〕傳世本《文子》托文子與老子對話立說，以文子爲老子之徒而受教。然而，定縣出土竹簡《文子》中與傳世本《文子》內容相同之段落，皆托爲「文子與平王對話」，而文子爲傳授平王道術之高人。

述理論的地位。但是，《十六經》中除在〈立命〉、〈觀〉、〈雌雄節〉等篇章中，黃帝地位爲「理論陳述者」外，其餘如〈五正〉、〈果童〉、〈成法〉及〈順道〉等，載及黃帝與其臣下對話的篇章中，黃帝的地位都是發問或聆聽理論者。況且，〈正亂〉、〈姓爭〉二篇，僅依托黃帝臣下的對話立論，就此二篇而言，就不能算是「黃帝之言」。因此，我們認爲：與其他的「黃帝書」比起來，《十六經》篇被編入《黃帝君臣》的可能性較大。〔註 67〕

三、《十六經》部分內容重錄於〈漢志〉兵書略兵陰陽家《黃帝》

如前所論，「黃老帛書」在思想上屬黃老思想，故佚書被收入〈漢志〉諸子略道家的可能性較大。但是，如果考慮到向、歆《錄》《略》中，仍存在著某些篇章被重複收錄於兩種書籍中的情形，例如：道家類典籍中某些篇章，大量被重錄於兵書略中的情形：〈漢志〉諸子略所載諸家著作，有談及兵道而被重錄於兵書略者。例如，班固計兵書略兵權謀家凡 259 篇，自注云：「省《伊尹》、《太公》、《管子》、《孫卿子》、《鶡冠子》、《蘇子》、《蒯通》、《陸賈》、《淮南王》，二百五十九種。」〔註 68〕王先謙《漢書補注》引陶憲曾云：「省《伊尹》、《太公》、《管子》、《孫卿子》、《鶡冠子》、《蘇子》、《蒯通》、《陸賈》、《淮南王》二百五十九篇，重者。蓋《七略》中《伊尹》以下九家，其全書收入儒、道、縱橫、雜各家，又擇其中之言兵權謀者重入於此。共得二百五十九篇。班氏存其專家各書，而於此則省之。」〔註 69〕可見〈漢志〉載諸子全書於「諸子略」，而擇某些論及兵法的篇章重錄於「兵書略」一事。依此例之，則諸「黃帝書」中，載及兵法的篇章，其重錄於「兵書略」中的可能性亦極大。〔註 70〕

職是之故，我們有必要從各種線索來思考，佚書是否會被重錄其他典籍的情形。本文認爲，《十六經》中的某些篇章可能被重錄於〈漢志〉兵書略兵陰陽家《黃帝》十六篇中。因爲首先，就隨葬文獻來看，墓主生前可能是一

〔註 67〕說者或謂《十六經》既名爲「經」，則其當爲《黃帝四經》之一種。（如〈《黃帝四經》初探〉：唐蘭著，《文物》1974 年 10 期。）然而，將某文本取名爲「經」的情形諸家皆有，劉向定著書名，不一定會跟著原來的篇題命名，所以光憑這一點，並不能證明《十六經》一定會被編入《黃帝四經》之中。

〔註 68〕《漢書》：漢班固撰、唐顏師古注，北京中華書局 1987 年初版五刷，頁 1757。

〔註 69〕《漢志藝文志講疏》：顧實著，台灣商務印書館頁 203。

〔註 70〕唯依托「黃帝」的書在〈漢志〉中有四種，故兵書略兵陰陽家《黃帝》十六篇中，若存在著某些自諸子略擇入的篇章，可能是從這些書中論及兵法的部分擇入而成的。

位喜歡研讀戰術的人；其次，從《十六經》中的黃帝形象來看，可以發現其與兵家典籍中的黃帝形象相符；最後，從《十六經》的思想來看，除了道家思想之外，其中亦含部分兵家思想。以下分而論之：

（一）從墓主的身分及隨葬文獻論之

馬王堆墓主究為何人，雖然至目前為止，尚無明確的答案。但是，其身分卻大概可以從隨葬文獻得知一二。曾憲通曾由帛書的內容及出土的文物判斷墓主的身分，認為墓主「可能是當時長沙侯國分管軍事的武職官員」〔註 71〕。曾氏所提諸種推論中，有一個推論就是透過出土帛書、地圖的性質，來推測墓主身分。他認為「在十多萬字的帛書中，雖然沒有像臨沂漢墓那樣大量的兵家著作出現，但天文、歷法、五行、染占這類數術方面的文籍，在古代也屬於兵書的範圍。」如果再配合《相馬經》及出土的地圖看來，墓主很可能是一個武職官員。曾氏的說法合理，尤其是從馬王堆出土帛書的性質，來看墓主生平喜好的典籍，更值得注意。在此，為討論方便計，依曉菡〈馬王堆漢墓帛書概述〉所錄，摘錄帛書編號目錄，以便了解整個出土帛書的風貌：

（甲）1. 《老子》甲本，無篇題。
2.《老子》甲本卷後佚書之一，無篇題。
3.《老子》甲本卷後佚書之二，無篇題。
4.《老子》甲本卷後佚書之三，無篇題。
5.《老子》甲本卷後佚書之四，無篇題。

（乙）1. 《老子》乙本卷前佚書之一，《經法》。
2. 《老子》乙本卷前佚書之二，《十大經》。
3. 《老子》乙本卷前佚書之三，《稱》。
4. 《老子》乙本卷前佚書之四，《道原》。
5. 《老子》乙本。

（丙）1. 《周易》，無篇題。
2. 《周易》卷後佚書之一，無篇題。
3. 《周易》卷後佚書之二，《要》。
4. 《周易》卷後佚書之三，《昭力》。
5. 《周易·繫辭》，無篇題。

〔註 71〕〈座談馬王堆漢墓帛書〉：唐蘭等著，《文物》1974 年 9 期。

（丁）與《戰國策》有關的書一種，無篇題。

（戊）與《左傳》類似的佚書一種，無篇題。

（己）關於天文星占的佚書一種，無篇題。

（庚）關於相馬的佚書一種，無篇題。

（辛）關於醫經方的佚書一種，無篇題。

（壬）1. 關於刑德的佚書之一，無篇題。

2. 關於刑德的佚書之二，無篇題。

3. 關於刑德的佚書之三，無篇題。

（癸）1. 關於陰陽五行的佚書之一，無篇題。

2. 關於陰陽五行的佚書之二，無篇題。

（子）導引圖一幅。

（丑）地圖一幅。

（寅）駐軍圖一幅。

（卯）街坊圖一幅。

（辰）染占。〔註 72〕

對照以上的帛書內容，可知曾氏所提的諸「屬於兵書」的帛書，包含（己）、（庚）、（癸）、（子）、（丑）、（寅）、（卯）、（辰），以件數而論，佔了所有帛書的五分之三，故曾氏認爲墓主身分爲武將的推測，可謂言之有據。此外，從較寬鬆的角度來看，（甲）、（丁）、（壬）等類也多少與兵書有關。因爲（甲）類所抄的內容之中，有〈伊尹九主〉兩種佚書；（丁）類帛書的內容中有一部分是記載蘇秦的事蹟，學者或以爲即〈漢志〉諸子略縱橫家《蘇子》〔註 73〕。如前所論，向、歆《七略》兵書略中本來有這兩本書，只是班固作〈漢志〉時，爲了節省篇幅而把它們刪掉不錄罷了，可見在漢朝人的心中，《伊尹》與《蘇子》這兩本書與兵書間有著某種關係，而這兩本書的某些內容，也被看作是兵書。另外，〈漢志〉兵書略兵陰陽家的用兵思想中，有一個很大的特徵，即「推刑德」以爲作戰參考的思想（詳第四章）。從這個角度看來，（壬）類的典籍也可以看作是兵書的一種。如果將以上所論諸書也視作兵書，則出土帛書中就有五分之四的書籍與兵書有關了。由此觀之，就算墓

〔註 72〕〈馬王堆漢墓帛書概述〉：曉函著，《文物》1974 年 9 期，頁 40。

〔註 73〕〈司馬遷所沒有見過的珍貴史料——長沙馬王堆「戰國縱橫家書」〉：唐蘭著，載《戰國策》：劉向編，里仁書局 1990 年 9 月台北初版一刷附錄，頁 1367～1387。

主的身分並非武職官員，也可見其對兵書的喜好。因此，墓主把《十六經》視爲兵書的可能性非常大。而從〈漢志〉中諸子略道家與兵書略重覆的現象可知，當時將《十六經》視爲兵書者，一定不只墓主一個。因此本文認爲，《十六經》的部分（或全部）內容收錄於〈漢志〉兵書略中的可能性極大。

（二）從黃帝形象論之

從戰國諸家依托黃帝立言的現象看來，各家均各自將黃帝塑造爲符合自家理想形象的古帝王。以此觀之，則《十六經》中的黃帝形象，與銀雀山出土《孫臏兵法》等兵家典籍的黃帝形象相同，則可爲其乃兵家著作得一佐證。《十六經．觀》中黃帝向力黑說：

> 姓生已定，而適（敵）者生爭，不諶不定。凡諶之極，在刑與德。刑德皇皇，日月相望，以明其當，而盈□无匡。〔註 74〕

這段話乃黃帝向力黑論述戰爭之道，認爲戰勝敵人的關鍵在於了解「刑」與「德」的特性，並依此爲依據來決定戰爭的策略。在此，黃帝乃是一個善於用兵的古代帝王。而《孫臏兵法．見威王》載：

> 戰勝而強立，故天下服矣。昔者……黃帝戰蜀祿……〔註 75〕

又〈勢備〉載：

> 故无天兵者自爲備，聖人之事也。黃帝作劍，以陣象之……凡兵之道四：曰陣，曰勢，曰變，曰權。察此四者，所以破強敵，取猛將也。〔註 76〕

也認爲黃帝是個「用兵如神」的帝王。又，〈果童〉、〈成法〉均云：

> 唯余一人，兼有天下。〔註 77〕

認爲黃帝是一個一統天下的古帝王，而銀雀山的逸書中也有一段話云：

> 孫子曰：「……東伐〔青〕帝，……西伐白帝，……北伐黑帝，.....。已勝四帝，大有天下，……」〔註 78〕

也認爲黃帝是一個一統天下的古帝王。總上所論，可知《十六經》中的黃帝形象與兵家典籍的黃帝形象相當相似。

〔註 74〕《馬王堆漢墓帛書（壹）》頁 62。
〔註 75〕《孫臏兵法殘簡釋文》頁 5。
〔註 76〕《孫臏兵法殘簡釋文》頁 29。
〔註 77〕《馬王堆漢墓帛書（壹）》頁 66，72。
〔註 78〕《孫臏兵法殘簡釋文》頁 96。

另外，《十六經》中的戰爭觀正可作爲兵陰陽家戰爭理論之基礎，故亦可能被視之爲兵陰陽家之作品。〔註 79〕而且，《十六經》的篇題之中，〈正亂〉、〈姓爭〉、〈兵容〉、〈本伐〉諸篇名稱皆與戰爭有關，亦可見其與兵家的關係。

配合上文所論，從墓主身分以及《十六經》內的黃帝形象和兵家思想來看，我們認爲《十六經》中，至少有部份內容會被後人編入〈漢志〉兵書略兵陰陽家《黃帝》十六篇之中。〔註 80〕

第四節　「黃老帛書」的作者

本節擬討論「黃老帛書」的作者。在討論這個問題以前，必須說明的是：由於「黃老帛書」乃依托黃帝君臣之作，不像《孟子》、《莊子》等典籍，作者本身即出現於書中。故而，在考察「黃老帛書」的作者時，所能作的僅在於對其作者進行國別的推測。〔註 81〕另外，「黃老帛書」乃由許多段文字組成，故其內容是否爲同一人所作，在討論作者問題前，即須加以釐清。職是之故，在下文中，將先討論其作者是否爲一的問題。

〔註 79〕詳本文第四章第二節。

〔註 80〕除了直接論及兵道的內容之外，其他內容亦可能收於《黃帝》十六篇之中。兵道、治國乃一體兩面，若能將國家治理得當，戰爭時便能輕易取勝；反之，對外戰爭的勝利亦是一種保國之道。銀雀山漢墓出土竹簡中，有相當於傳世本《尉繚子》的文字，其中〈原官〉一篇討論的主題即爲設官之意義，乃爲治國之道，足見論兵道可含治國之術，而專論政治之書，亦不必捨兵道而獨論政事。

〔註 81〕有學者認爲「黃老帛書」的作者是田駢（〈經法等佚書是田駢遺著〉：董英哲著，《人文雜誌》1982 年 10 期）、河上丈人（〈《黃帝四經》與先秦思想史研究〉：趙吉惠著，《哲學與文化》十七卷，1991 年 8 期）或環淵（〈《黃老帛書》與稷下學〉，載《稷下學史》，劉蔚華、苗潤田著，中國廣播電視出版社 1992 年 4 月北京初版一刷）。然而，認爲作者是田駢的學者，其立論建立在佚書爲《田子》的前提上，而此前提並不成立；認爲作者是河上丈人學者，單據《史記》所載《黃帝》、《老子》書的傳承論之，孤證不足爲據，僅爲臆測之詞。至於認爲作者是環淵的學者，乃因「黃老帛書」爲楚藉稷下學者所作，故進一步推論其作者爲環淵。然而，據《史記》所載，光是列爲上大夫的稷下先生就有七十六人，而當時聚集於稷下的學者就有「百千人」。在這麼多的稷下學者裡，現在可考的不過一、二十人，所以這種說法也只是一種猜測。

一、「黃老帛書」非作於一人一時

（一）學者對「黃老帛書」是否為一人一時之作的討論

學者關於「黃老帛書」是否爲一人一時之作的問題，其意見有正反兩種：其一、認爲「黃老帛書」乃一人一時之作；其二、認爲「黃老帛書」非一人一時之作。詳言之，前者認爲，「黃老帛書」是一個整體，其作者爲一人。這種觀點被大部分的學者所採用，但是，爲之說明者不多。其論述較夥者僅陳鼓應。陳氏認爲，四種佚書在思想上是一個整體，且有些特殊的概念、詞句在四篇之間重出複見。〔註82〕後者認爲，「黃老帛書」的各個部分，產生於不同的作者。站在這種觀點上研究「黃老帛書」的學者不多。其中，對此問題有較正式之論述者，僅朱曉海、吳光及許抗生三人。以下分而述之：

朱曉海根據「黃老帛書」外觀文例和內涵思想不一的現象，認爲「黃老帛書」非一人一時之作。詳言之，則有下列論證：

1. 自外觀文例不一而證：

（1）字體不一：如《經法》與《十六經》、《稱》、〈道原〉「亂」字寫不同。至於《經法．名理》中亂字出現兩種寫法，實因其本身乃輯錄多段文字而成之故。

（2）詞例不一：《經法》凡十三處用「數詞敘述法」，而其他可用此法論述之篇章或不用。

（3）稱述不一：《經法》、《稱》、〈道原〉三篇皆由第一人稱敘述，而《十六經》中若干篇章乃由第三人稱敘述。

（4）體裁不同：《經法》、《十六經》等分章；而〈道原〉不分。

2. 自內涵思想不一證明：

（1）佚書中若干文句所言之「天」指的是「人格天」，而若干文句所指的「天」爲「自然天」之義，此二種「天」乃兩相牴觸之觀念，不可能同時存於一人的思想中。

（2）佚書中並言「尚法」與「尚賢」，而「尚法」與「尚賢」乃兩不可並存之政治主張。

（3）佚書中或言「稱霸」，或言「統一」，而此兩種主張乃是不同時代背景下的產物。

〔註82〕〈關於帛書《黃帝四經》成書年代等問題的研究〉，載《黃帝四經今註今譯》：陳鼓應著，台灣商務印書館1995年6月初版一刷，頁33～35。

（4）佚書中某些篇章或有文意相承續之文句，然承續之間可見矛盾之處，可知其爲輯錄兩段不同的文字而成。〔註 83〕

此外，吳光認爲「黃老帛書」之結構鬆散，明顯之處由《稱》可見：《稱》由許多內容不相聯貫的段落組成，可見帛書非成於一人一時之手。〔註 84〕又，許抗生分析古佚書中論「道」、「氣」的思想，認爲《管子》和「黃老帛書」的道論，乃發展《老子》的道論而來，而《經法》、〈道原〉和《稱》等對道的解釋，尚未脫離《老子》之「客觀唯心論」。到了《十六經》和「《管子》四篇」（指〈心術〉上下、〈白心〉、〈內業〉），才將道解釋成「物質」，而有「唯物主義」的傾向。因此，除《十六經》之外，其餘諸篇皆在《管子》之前。〔註 85〕

（二）「黃老帛書」非一人一時之作

以上兩種觀點，本文較傾向「黃老帛書」非一時一人之作之說，因爲主張此說的學者，其所提若干論證的說服力極強。例如：「黃老帛書」中同一字的字體不一；各篇章內「天」字意義的不同等等。除此之外，此說尚有下列證據，如下。

第一、從力黑言「五帝」知《十六經》部分內容抄襲他書：

古人沒有著作權的觀念，故在著書時，往往有整段文字抄襲其他典籍的現象，例如：今本《鶡冠子》中許多內容乃依賈誼《鵩鳥賦》而抄。若這種抄錄他書文句的現象，出現在依托他人對話的著作（如「黃老帛書」）中，則從別處所抄來的內容，即可能自被依托者之口講出。例如：《文子》中許多內容，本來是依托「文子」立言的，但是經後人的改易後，這些內容就一變而爲「老子」的話了。「黃老帛書」之中，也有這種抄錄他書段落，而托之以黃帝君臣立言的痕跡，《十六經．成法》載：

> 黃帝曰：請問天下猷（猶）有一虖（乎）？力黑曰：然。昔者皇天使馮（鳳）下道一言而止。五帝用之，以朳（扒）天地，【以】楑（揆）四海，以壞（懷）下民，以正一世之士。夫是故毚（讒）民皆退，賢人減（咸）起，五邪乃逃，年（佞）辯乃止。循名復一，民无亂紀。〔註 86〕

〔註 83〕《黃帝四經考辨》：朱曉海著，台大中文研究所 1977 年碩士論文，頁 3～34。

〔註 84〕〈秦漢之際黃老之學代表作〉，載《黃老之學通論》：吳光著，浙江人民出版社 1985 年 6 月初版一刷，頁 129～191。

〔註 85〕〈略論黃老學派的產生和演變〉：許抗生著，《文史哲》1979 年 3 期。

〔註 86〕《馬王堆漢墓帛書（壹）》：中共國家文物局古文獻研究室編，文物出版社 1980 年 3 月北京初版一刷，頁 72。

在黃帝問力黑「天下猶有一乎？」的問題之後，力黑回答「然」，並且還加以說明：不但天下有「一」，而且以前「五帝」還曾經用它來「扒天地，揆四海」。這裡的「五帝」指的是「五古人王稱帝」〔註 87〕，而現在所能看到的諸種「五古人王稱帝」的傳說中，黃帝都是「五帝」之一。故而，從力黑的口中講出「昔者五帝」的話，實於理不合。由此可知，此段文字原非依托黃帝而立，否則，原作者當不會犯如此大的謬誤。然則造成此種矛盾現象的原因或如上所論，乃《十六經》抄錄其他典籍所致；又或其所托對象本非黃帝君臣，只是因爲黃帝傳說的流行，才將依托對象改爲黃帝君臣，以達到「亂世闇主高遠其所從來，因而貴之」的目的，因而在抄錄時沒發現到這個矛盾。換言之，「黃老帛書」中的諸段文字，其產生時間並不一致。

第二、從「後」、「后」二字用法知〈道原〉與其他三篇作者不一：

此外，從用字的現象亦可知「黃老帛書」並非一人一時之作。《經法》、《十六經》及《稱》中，作爲先後的「後」字出現二十一次，皆書作「後」而不作「后」；〔註 88〕（「后」字僅在《經法》中出現六次。然而，《經法》中之「后」、「後」兩字乃分別字，前者僅在「然后」連稱之時才出現，無一例外。）可知《經法》、《十六經》及《稱》的作者，習慣以「後」字來表示先後之「後」。另外，〈道原〉中出現兩次「后」字，其分別出現在下列文句中：

知虛之實，后能大虛。〔註 89〕

前知大古，后□精明。〔註 90〕

皆不在「然后」連稱時出現，可知〈道原〉之作者習慣以「后」字作爲「先後」之「後」。從這種用字習慣不一的現象，可知〈道原〉之作者與其他三種佚書的作者不同。

二、學者對「黃老帛書」作者及地點的討論

討論過「黃老帛書」之文本形成問題後，在下文中，擬列學者針對其作者問題的說法，以討論其說。學者對於「黃老帛書」的作者，其國別的推測有「鄭或韓」、齊、楚、越四說，以下分而述之。

〔註 87〕《黃帝四經考辨》頁 68～74。

〔註 88〕僅《十六經・五正》載：「始在於身。中有正度，后及外人。」（《馬王堆漢墓帛書（壹）》頁 65）以「后」作爲先後的「後」，疑爲抄手誤抄所致。

〔註 89〕《馬王堆漢墓帛書（壹）》頁 87。

〔註 90〕《馬王堆漢墓帛書（壹）》頁 87。

1. 主張作者爲鄭隱者或韓人：

主張這個說法的人是唐蘭，他在〈《黃帝四經》初探〉裡說：

> 據《史記》，申不害原來是鄭國人，……，但他「本於黃老」的「黃」是從那裡來的呢？從這本《黃帝四經》來看，他所主的「刑名」，實際上是本於「黃」，……。鄭國在春秋時代就重法，子產鑄過刑書，鄧析做過竹刑，在這時出現新的重法的刑名家是不奇怪的。到戰國末年，韓非這個更重要的法家，也正是韓國人，這也很值得重視。……《漢書．藝文志》的陰陽家流裡有《黃帝泰素》二十篇，原注「六國時韓諸公子所作」，而韓非也正是韓諸公子之一。那麼，《黃帝四經》很可能也是韓國法家的著作。〔註 91〕

認爲「黃老帛書」是鄭國的隱者或韓人所作。

2. 主張作者爲齊人：

許多學者主張「黃老帛書」乃齊國稷下學宮的產物，其所持的理由如下：

第一、田昌五在〈再談黃老思想的法家路線裡〉裡說：

> 周代的陳國自稱是有虞氏的後裔，而奉黃帝、顓頊和虞舜爲自己的老祖宗。……奪權後的齊侯又自稱陳侯，而「保有齊邦」。這樣，齊威王要「高祖黃帝」，也就不說自明了。還有，傳說黃帝打敗了炎帝而取得天下，田氏代齊以前的齊國原系奉炎帝爲祖先的，而齊威王卻把黃帝抬出來，爲自己在齊國奪權服務，這是合乎邏輯的。……這班學者中的一些人，按照齊威王的意旨，把齊國的老祖宗黃帝捧出來，……。這樣就產生了名爲道家而實法家的稷下黃老學派。〔註 92〕

認爲齊威王推崇黃帝爲自己的祖先，而《十六經》一開始就講到黃帝立命，可知「黃老帛書」乃稷下學宮的產物。

第二、朱曉海在《黃帝四經考辨》裡說：

> 自春秋以降，法家依其地域、特徵可分爲二系：西爲三晉；東爲齊，而齊地又爲陰陽五行學之大宗，本書既多言刑名法度，又盛附以陰陽之說，則其作地未始不可言爲齊。〔註 93〕

〔註 91〕〈《黃帝四經》初探〉：唐蘭著，《文物》1974 年 10 期，頁 50。類似之說參〈馬王堆出土《老子》乙本卷前古佚書的研究——兼論其與漢初儒法鬥爭的關係〉：唐蘭著，《考古學報》1975 年 1 期。

〔註 92〕〈再談黃老思想與法家路線——讀馬王堆三號漢墓出土帛書札記之二〉：田昌五著，《文物》1976 年 4 期，頁 79。

〔註 93〕《黃帝四經考辨》：朱曉海著，台大中文研究所 1977 年碩士論文，頁 26。

認爲法家自春秋以來即分二系，其中齊系多言陰陽五行，而「黃老帛書」中亦常言陰陽，故當爲齊系產物。

第三、朱氏又說：

> 且〈十大經〉篇〈五正〉章云：「黃帝於是辭其國夫，上於博望之山。」（九三一四行）《史記》卷四十六〈田敬仲完世家〉云：「其後三晉之王皆因田嬰朝齊王於博望，盟而去。」據錢穆先生《史記地名考》卷九考證：博望位於齊地。〈五正〉章之作者殆齊人，故行文無意用及齊之地名。故竊疑本書其中一部分或出自齊乎？〔註94〕

認爲〈五正〉有黃帝「上博望之山」的記載，而「博望」即在齊。

第四、朱氏引《史記・樂毅列傳》之文記曹參師門部分，並說：

> 是自戰國末葉末期以降，齊地爲黃老學重鎮。〔註95〕

認爲曹參師門多爲齊人，故「黃老帛書」可能爲齊人所作。這一點鍾肇鵬也注意到了，他在〈黃老帛書的哲學思想〉一文中說：

> 由此可見，這批黃老學者都是戰國末年到秦漢之際的人。他們都在齊國教授。所以四篇《黃老帛書》成書當在戰國末年，而作者很可能就是戰國末到秦漢之際齊國的這批黃老學者。〔註96〕

較之於朱氏，鍾氏的推論更進一步，認爲「黃老帛書」的作者可能就是河上丈人、安期生等在齊國講學的學者。

3. 主張作者是楚人：

此說也有許多學者主張，且近來漸漸被學界所重視。龍晦在〈馬王堆出土《老子》卷前古佚書探源〉一文中說：

> 古佚書四篇是用韵文寫的，它的協韵的情況大致與《淮南子》相同，文中有不少的楚言、楚諺。其中有些文句直接引自楚人，或與楚地有關地區的人的著作，同時它本身的好些文句，也爲該地區的人的著作所徵引，因此我們判定它是楚人的作品。〔註97〕

從這個方向出發，龍氏在文中提出四個理由證明其說：

第一、《十六經・三禁》中有楚語「丘」字，而且《稱》中有楚俚語。

〔註94〕《黃帝四經考辨》頁26。

〔註95〕《黃帝四經考辨》頁27。

〔註96〕〈黃老帛書的哲學思想〉：鍾肇鵬著，《文物》1978年2期，頁65。

〔註97〕〈馬王堆出土《老子》卷前古佚書探源〉：龍晦著，《考古學報》1975年2期，頁23。

第二、《十六經》中載及「博望」山，此山正在楚地。〔註 98〕

第三、佚書與《管子》、《國語．越語》、《淮南子》及《鶡冠子》等楚地作品語句多同。

第四、古佚書中某些的韻腳表現出楚地的特色。

此外，李學勤和余明光也持此說。在其著作中，爲此一說法補充了兩項理由。李學勤在〈馬王堆帛書與《鶡冠子》〉〔註 99〕一文中指出，馬王堆帛書凡是能推定地望者均爲楚地著作，故「黃老帛書」亦當爲楚地著作，其在《簡帛佚籍與學術史》裡又說：

> 馬王堆帛書有不少是楚國人的著作，具有鮮明的楚文化的特點。……。更重要的是，帛書《黃帝書》的發現，證明了戰國直到漢初一直流行的黃老之學，其根源實出於楚國。〔註 100〕

這裡所說的「帛書《黃帝書》」指的即是「黃老帛書」。此外，余明光在《黃帝四經與黃老思想》說：

> 從這些楚國的竹木簡牘及帛書寫書的文字中，我們可以看到戰國時代的楚國文字概況。有幾個常見字的楚國寫法，在《四經》中也見到了，……，這就進一步證明《四經》確是楚國的作品，它的作者也確是楚國人。〔註 101〕

這裡所說的「楚國的竹木簡牘及帛書寫本」，指的是在長沙子彈庫發現的楚簡和楚帛書。余氏認爲，這些文字與佚書中某些字的用法相同，如「謂」作「胃」、「非」作「兆」等，故「黃老帛書」當產於楚且爲楚國人所作。

4. 認爲作者是越人：

此說爲王博所主，他在〈論《黃帝四經》產生的地域〉一文中提出四項理由：

〔註 98〕朱曉海與龍晦都認爲「博望」之山的記載能反映出佚書作者寫作的地點，然而：第一、當時諸子遊歷諸國，所知山名當不限於本國。第二、此段原文爲：「黃帝於是辭其國大夫，上於博望之山，談臥三年以自求也。」（《十六經．五正》，載《馬王堆漢墓帛書（壹）》頁 65）並沒有說「博望」之山就在黃帝的國境之內。因此，筆者認爲不能拿這一段記載來推測佚書的產生時間。

〔註 99〕〈馬王堆帛書與《鶡冠子》〉，《江漢考古》1983 年 2 期。

〔註 100〕《簡帛佚籍與學術史》：李學勤著，1994 年時報文化出版有限公司，頁 18。

〔註 101〕《黃帝四經與黃老思想》：余明光著，黑龍江人民出版社 1989 年初版一刷，頁 226。

第一、以蚩尤爲亂臣的神話傳說產生於周、楚，他說：

從《史記．封禪書》和《管子》來看，在齊人的心目中，蚩尤乃是兵主及黃帝的六相之一。這與《黃帝四經》以蚩尤爲反義倍宗，且被黃帝誅死，顯然是不同的。〔註 102〕

第二、北方道家不反仁義，南方道家反仁義，而佚書中少提仁義，他說：

從前蒙文通先生曾經指出：「總的說來，北方的道家不反對仁義，南方的道家反對仁義，……。」《黃帝四經》……基本上不談仁、義，更不必說什麼禮、樂、詩了。〔註 103〕

第三、佚書中許多用語、思想與范蠡相似，而范蠡爲越人，他說：

《黃帝四經》中的很多思想都和范蠡一致，……，范蠡的思想在越國必定會有很大的影響。〔註 104〕

第四、吳、越有依托黃帝立言的傳統，他說：

《黃帝四經》中的《十六經》托名黃帝，而吳越確有依托黃帝的傳統。……《黃帝四經》是道家著作，但是其中出現的黃帝形象大都與戰爭有關，這與兵家《孫子兵法》中的黃帝是很相似的。……除孫武依托黃帝外，前面已提到的范蠡與「黃帝」的關係似亦頗密切。……古書中還有直接把他和黃帝聯繫起來的記載。〔註 105〕

基於上述理由，王氏主張「黃老帛書」乃吳、越地區的作品。

以上諸說，可歸爲齊、楚二類，理由是：唐氏主鄭、韓之人所作，其所據者爲「黃老帛書」中的法家思想，以及〈漢志〉中有韓人託黃帝立言的現象。但是，此說並沒有顧及到，戰國時期諸子思想互有影響，及世俗之人多託名黃帝的情形。故而，其說已不被學界重視。此外，「黃老帛書」產生的時代，乃在越國亡於楚後〔註 106〕，故即令其作者的祖籍爲越國，亦可視之爲楚人。因此，猶待論者，乃「黃老帛書」的作者究竟是齊人還是楚人。

〔註 102〕〈論《黃帝四經》產生的地域〉：王博著，《道家文化研究》三輯：陳鼓應編，上海古籍出版社 1993 年 8 月，頁 228。

〔註 103〕〈論《黃帝四經》產生的地域〉，頁 228～229。

〔註 104〕〈論《黃帝四經》產生的地域〉，頁 232～234。

〔註 105〕〈論《黃帝四經》產生的地域〉，頁 234～237。

〔註 106〕見第三章。

三、《經法》作於楚人

如上所述，主張「黃老帛書」作者為齊人的學者，所持的理由多從黃老學派的傳承及思想方面立論；而主張「黃老帛書」作者為楚人的學者，除了在這方面有所討論之外，還討論到「黃老帛書」聲韻、字形等語言方面的問題。本文認為戰國以來，諸子多遊歷諸國以逞其說，故從黃老學派的傳承，以及其思想的角度來看這個問題，或許可知「黃老帛書」的產生地點，但不能定然得知「黃老帛書」的作者究為何國人氏。至於以文字、聲韻的現象，探求其作者的國籍，則是直接證明作者究為何國人氏的方法。其中，又以聲韻現象來探討這個問題最具說服力。因為「黃老帛書」在傳抄過程中字形可能變化，但是，只要其原文內容變動不大，則作者聲韻依然可得。故而，從聲韻方面來探討其作者國籍，其證據力甚強。這方面的論述，以龍晦的說法最受重視，龍氏從「黃老帛書」中的楚言、楚諺和其與《管子》、《國語》、《淮南子》的關係，以及其與《淮南子》的押韻比較等方法考察，認為其作者當為楚人。其所舉諸證中，較具說服力者乃佚書與《淮南子》用韻特徵的相同。以下簡述其說：

龍氏引羅常培、周祖謨《漢魏晉南北朝韻部演變研究》的說法，認為「陽東通押，耕眞相押是楚方言的特色」〔註 107〕，並進而考察佚書的押韻情形，發現佚書中「陽」、「東」通押的現象有十三處，「耕」、「眞」通押的現象有七處，因而認為佚書的作者乃是楚人。為討論方便計，筆者錄其所舉，並複檢原文、列表如下：

韻　腳	原　文	出　處
明功〔註 108〕 　·	公者明，至明者有功。	《經法．道法》4 行
長功 　·	畜臣之恒道，任能毋過其所長。使民之恒度，去私而立公。〔註 109〕	《經法．道法》7 行
當殃當行功 　　　　·	過極失【當】，天將降央（殃）。人強朕（勝）天，愼辟（避）勿當。天反朕（勝）人，因與俱行。先屈後信（伸），必盡天極，而毋擅天功。	《經法．國次》10 行

〔註 107〕《漢魏晉南北朝韻部演變研究》：羅常培、周祖謨著，科學出版社 1958 年初版，頁 81。

〔註 108〕筆者案：凡字下有「·」記號者為「東」韻。

〔註 109〕筆者案：龍氏所引「功」字當為「公」字之誤。

荒亡當功殃〔註 110〕	兼人之國。脩其國郭，處其郎（廊）廟，聽其鐘鼓，利其齎（資）財，妻其子女，〇是胃（謂）□逆以芒（荒），國危破亡。故唯耶（聖）人能盡天極，能用天當。天地之道，不過三功。功成而不止，身危又（有）殃。	《經法・國次》11 行
光荒兵方攻	陽竊者天奪【其光，陰竊】者土地芒（荒），土敝者天加之以兵，人埶者流之四方，黨別【者】□內相功（攻）。	《經法・國次》13 行
荒戎殃亡	主暴臣亂，命曰大芒（荒），外戎內戎，天將降央（殃）；國无小大，又（有）者威（滅）亡。	《經法・六分》26 行
荒康兵功荒〔註 111〕	知王【術】者，驅騁馳獵而不禽芒（荒），飲食喜樂而不面（湎）康，玩好睘好而不惑心，俱與天下用兵，費少而有功，□□□□□□□□□□則國富而民□□□□□□其□【不】知王述（術）者，驅騁馳獵則禽芒（荒），飲食喜樂則面（湎）康，玩好睘好則或（惑）心；俱與天下用兵，費多而無功，單（戰）朕（勝）而令不□□□失□□□□□□□□空□與天□□則國貧而民芒（荒）。	《經法・六分》30、31 行。〔註 112〕
長功	君臣不失其立（位），士不失其處，任能毋過其所長，去私而立公，人之稽也。〔註 113〕	《經法・四度》44 行
攻功亡	无主之國，逆順相功（攻）。伐本隋（隳）功，亂生國亡。	《經法・論約》67 行
行攻殃亡〔註 114〕	重逆□□，守道是行，國危有央（殃）。兩逆相功（攻），交相爲央（殃），國皆危亡。〔註 115〕	《經法・名理》77 行
公卿行明	吾受命於天，定立（位）於地，成名於人。唯余一人□乃肥（配）天，乃立王、三公，立國，置君、三卿。數日，磿（歷）月，計歲，以當日月之行。允地廣裕，吾類天大明。	《十六經・立命》79 行
功匡功功	國家无幸，有延其命。茀茀陽陽，因民之力，逆天之極，有（又）重有功，其國家以危，社稷以匡，事无成功，慶且不鄉（饗）其功。	《十六經・兵容》119 行

〔註 110〕筆者案：龍氏未引「殃」字，此處乃筆者所補。

〔註 111〕筆者案：龍氏未引「荒」字，此處乃筆者所補。

〔註 112〕筆者案：龍氏所引「唐」字當爲「康」字之誤。

〔註 113〕筆者案：龍氏所引「功」字當爲「公」字之誤。

〔註 114〕筆者案：龍氏本作「行殃攻殃亡」，不符原文，此乃筆者所改。

〔註 115〕筆者案：第一個「殃」衍。

功明讓凶 · ·	地之禁，不【墮】高，不曾（增）下，毋服川，毋逆土，毋逆土功，毋壅民明。進不氐，立不讓，俓（徑）遂淩節，是胃（謂）大凶。	《十六經．三禁》124～125 行

以上「陽」、「東」通押。又：

韻　腳	原　文	出　處
存神生〔註 116〕 · ·	絕而復屬，亡而復存，孰知其神。死而復生，以禍為福，孰知其極。	《經法．道法》5 行
生刑身生親名 · ·	莫能見知，故有逆成，物乃下生，故有逆刑。禍及其身。養其所以死，伐其所以生。伐其本而離其親。伐其與而□□□，後必亂而卒於無名。	《經法．名理》72 行
身人成 · ·	始在於身。中有正度，后及外人。外內交緌（接），乃正於事之所成。	《十六經．五正》90 行〔註 117〕
身信生 · ·	吾將遂是其逆而僇（戮）其身，更置六直而合以信。事成勿發，胥備自生。	《十六經．正亂》103 行
名刑人 ·	謹守吾正名，毋失吾恒刑，以視（示）後人。	《十六經．正亂》106 行
人成 ·	兵不刑天，兵不可動。不法地，兵不可昔（措）。刑法不人，兵不可成。	《十六經．兵容》116 行
敬臣 ·	·行曾（憎）而索愛，父弗得子。行母（侮）而索敬，君弗得臣。	《稱》154 行

以上「耕」、「眞」通押。

針對龍氏的說法，本文有下列意見：

首先，如前所述，龍氏依羅、周二氏之說，認為楚方音的特徵乃「東」、「陽」通押和「耕」、「眞」通押，並提到羅、周二氏之說，其依據者乃《老子》、《莊子》和《淮南子》之聲韻特徵。但是，這些典籍中，第一、《老子》之作者問題學術界向來有所爭議；第二、《莊子》之中，確定為莊周作品者僅內七篇；第三、《淮南子》不但是漢代作品，且其出於眾手。故而，《老》、《莊》、《淮》等典籍是否能夠反映出戰國楚方音的特色，即大有討論空間。職是之故，若不能對楚方音的特徵，提出新的依據標準，則龍氏此說之立基點即受到動搖。對於這個問題，本文認為除了《老》、《莊》、《淮》三書之外，還有一部典籍值得注意——羅、周二氏在《漢魏晉南北朝韻部演變研究》中，除

〔註 116〕筆者案：凡字下有「·」記號者為「眞」韻。

〔註 117〕筆者案：龍氏誤作〈果童〉。

了舉出上述三部典籍外，還舉出一個重要的典籍，來證明「東」、「陽」通押和「耕」、「眞」通押乃楚方音的特徵，此乃陸賈的《新語》，其云：

> 陸賈是楚人，《新語》一書是漢高祖劉邦叫他寫的。……《新語》的押韻表現出東冬是一部，陽東兩部音很相近。〔註 118〕

又云：

> 在《新語》裏，耕眞相押也正跟《淮南子》一樣。〔註 119〕

陸賈是秦漢之際的人，比較接近「黃老帛書」的產生時間〔註 120〕，故用他的著作爲標準，來證明「東」、「陽」通押和「耕」、「眞」通押乃楚方音的特徵，應該是更爲堅強的證據。

其次，必須注意的是：「東」、「陽」通押和「耕」、「眞」通押，雖然是楚方音的現象，但這並不代表其他方音就一定不會有此現象。若其他方音也大量的呈現出這種現象，則這種押韻現象即不能視爲楚方音獨有的特徵，而拿來作爲判斷作者國籍的唯一標準。從這個角度出發，以下擬以《荀子》〈君道〉、〈成相〉、〈賦〉三篇中「東」、「陽」通押、「耕」、「眞」通押的現象與「黃老帛書」相比，以便觀察其語音特徵。〔註 121〕《荀子．君道》云：

> 羿之法非亡也，而羿不世中；禹之法猶存，而夏不世王。故法不能獨立，類不能自行；得其人則存，失其人則亡。〔註 122〕

以上「亡」、「王」、「行」、「亡」等字爲「陽」部；而「中」字爲「東」部。又云：

> 亂則危辱滅亡，可立而待也。然而求卿相輔佐，則獨不若是其公也，案唯便嬖親比己者之用也，豈不過甚矣哉！故有社稷者，莫不欲彊，俄則弱矣；莫不欲安，俄則危矣；莫不欲存，俄則亡矣。〔註 123〕

〔註 118〕《漢魏晉南北朝韻部演變研究》：羅常培，周祖謨著，北京中華書局 2007 年 6 月初版一刷，頁 81～82。

〔註 119〕《漢魏晉南北朝韻部演變研究》頁 82。

〔註 120〕「黃老帛書」當作於戰國末年，詳見本論文第三章。

〔註 121〕之所以要拿這三篇與佚書比較的原因是：第一、根據筆者的考據，「黃老帛書」的產生時間與《荀子》相近（見本論文第三章）。第二、《荀子》中明顯用韻的篇章只有這三篇，拿它們來和慣於用韻的「黃老帛書」比較，應該比其他的篇章來得客觀。

〔註 122〕《荀子集釋》：李滌生著，學生書局 1988 年 10 台北初版五刷，頁 263。

〔註 123〕《荀子集釋》頁 281。

以上「亡」、「彊」等字爲「陽」部；而「公」、「用」等字爲「東」部。又〈賦〉云：

有物於此，生於山阜，處於室堂。無知無巧，善治衣裳。不盜不竊，穿窬而行。日夜合離，以成文章。以能合從，又善連衡。下覆百姓，上飾帝王。功業甚博，不見賢良。時用則存，不用則亡。臣愚不識，敢請之王。〔註 124〕

以上「從」字爲「東」韻；「堂」、「裳」、「行」、「章」、「衡」、「王」、「良」、「亡」等字皆爲「陽」韻，又云：

以盲爲明，以聾爲聰，以危爲安，以吉爲凶。嗚呼！上天！曷維其同。〔註 125〕

以上「聰」、「凶」、「同」爲「東」韻；「明」爲「陽」韻。此皆「東」、「陽」通押之例。此外，《荀子》中也有「耕」、「眞」通押的情形出現。如〈君道〉云：

欲治國馭民，調壹上下，將內以固城，外以拒難，治則制人，人不能制也。〔註 126〕

以上「城」字爲「耕」部；「民」、「人」等字爲「眞」部。又〈成相〉云：

思乃精，志之榮，好而壹之神以成。精神相反，一而不貳、爲聖人。〔註 127〕

以上「精」、「成」等字爲「耕」部；「人」字爲「眞」部。又〈賦〉云：

大參乎天，精微而無形，行義以正，事業以成。可以禁暴足窮，百姓待之而後〔寧〕泰寧。臣愚不識，願問其名。〔註 128〕

以上「形」、「正」、「成」、「寧」、「名」等字爲「耕」部；「天」爲「眞」部。又云：

有物於此，儳儳兮其狀，屢化如神，功被天下，爲萬世文。禮樂以成，貴賤以分，養老長幼，待之而後存。〔註 129〕

以上「成」字爲「耕」部；「神」字爲「眞」部。上所舉例子乃《荀子》〈君道〉、〈臣道〉二篇中「東」、「陽」通押；「耕」、「眞」通押的例子。

〔註 124〕《荀子集釋》頁 594。
〔註 125〕《荀子集釋》頁 598。
〔註 126〕《荀子集釋》頁 281。
〔註 127〕《荀子集釋》頁 571。
〔註 128〕《荀子集釋》頁 589。
〔註 129〕《荀子集釋》頁 592。

根據以上所舉，《荀子》〈君道〉、〈成相〉、〈賦〉和《經法》、《十六經》的押韻情形可列表如下：

名稱	字數	「東」、「陽」	比率（段/字）	「耕」、「真」	比率（段/字）
〈君道〉	≒3900	2	1/1950	1	1/3900
〈成相〉	≒1300	0	0	1	1/1300
〈賦〉	≒1400	2	1/700	2	1/700
《經法》	≒5000	9	≒1/556	4	1/1250
《十六經》	≒4600	3	≒1/1533	5	1/920

比較《經法》、《十六經》以及《荀子》〈君道〉、〈成相〉、〈賦〉的押韻現象，可以發現：

第一、《十六經》中「東」、「陽」通押的比率，比〈成相〉、〈君道〉高；比〈賦〉低。

第二、《經法》、《十六經》中「耕」、「眞」通押的比率，比〈君道〉、〈成相〉高；比〈賦〉低。

第三、《經法》中「東」、「陽」通押的比率，比其它諸篇高出許多。

總上，《經法》中「東」、「陽」協韻的比率較高，與陸賈《新書》一樣，都反映出楚地的音韻特色。至於《十六經》，由於上述兩種協韻之出現比率尙不如《賦》，故實不足以反映楚地之音韻特徵。故而，在尙未發現其他地區也存在著「東陽」通押的現象前，應該可以認爲《經法》的作者乃是楚人。

最後，必須注意的是，「黃老帛書」中明顯合於楚地聲韻特色的部分只有《經法》，故僅可證明其作者爲楚人，至於《十六經》、《稱》、〈道原〉等，則有待更進一步的考證。

第五節　「黃老帛書」作於齊稷下

如上節龍晦所說，《管子》中有許多篇章之語音乃符合楚地的聲韻特徵，但是《管子》卻是齊稷下學者的作品集。由此可知，一部典籍的作者，其著書地點不定然會在其國，故《經法》的作者雖是楚人，但它還是可能產於他國。本文即主張「黃老帛書」乃產於齊國，因爲根據前節所提，學者主張「黃老帛書」爲齊人所作之說中，若干論證適足以證明其產生地點在齊。以下，即針對其說加以討論：

1. 田昌五認爲田氏代姜氏而有齊，姜氏爲炎帝後裔，因此田氏就自命爲黃帝後裔。〔註 130〕〈陳侯因資錞銘〉載：

　　𦑈（紹）緟（統）高且（祖）黃啻（帝），𠍇（敉）𠱾人（台／以）

　　趠（桓）文。〔註 131〕

稱黃帝爲齊人的祖先。而《十六經．立命》載：

　　昔者黃宗質始好信，作自爲象（像），方四面，傅一心。〔註 132〕

這裡的「黃宗」指的就是「黃帝」，稱黃帝爲「宗」，與齊威王以「黃帝」爲齊國遠祖的說法相合。

案：除田齊外，據史籍所載，戰國時以黃帝其祖宗的國家只有姬周，《國語．晉語四》載：

　　凡黃帝之子，二十五宗，其得姓者十四人爲十二姓。姬、酉、祁、己、滕、箴、任、荀、僖、姞、儇、依是也。唯青陽與蒼林氏同于黃帝，故皆爲姬姓。〔註 133〕

可知姬氏亦以黃帝爲祖宗。然而，以黃帝爲姬周之祖，恐爲後世說法。周人本不以黃帝爲祖宗，《國語．魯語上》載：

　　故有虞氏禘黃帝而祖顓頊，郊堯而宗舜；夏后氏禘黃帝而祖顓頊，郊鯀而宗禹；商人禘舜而祖契，郊冥而宗湯；周人禘嚳而郊稷，祖文王而宗武王。〔註 134〕

禘、郊、祖、宗等祭典的流傳，跟傳說比起來，其可信性應該較高。然則周人乃如上引《國語．魯語上》之文所載，本不祖述黃帝。此外，姬周之學者，不但不聞有依托黃帝立言之事，且據司馬遷所載，「百家言黃帝，其文不雅馴，薦紳先生難言之」，可知周、魯地區篤守周禮的儒者，皆反對依托黃帝以立言的作法。然則，除了姬周之外，戰國時稱黃帝爲祖宗的國家只剩田齊。

2. 鍾肇鵬認爲，《史記》所記曹參師承諸人皆爲齊人，因此「黃老帛書」當產生於齊。《史記．樂毅列傳》載：

〔註 130〕案：《國語．晉語四》載司空季子之語云：「黃帝以姬水成，炎帝以姜水成。成而異德，故黃帝爲姬，炎帝爲姜……」載《國語》：舊題周左丘明著，漢韋昭注，宏業書局 1980 年 9 月台北初版，頁 356。

〔註 131〕此處釋文依徐中舒所定，見氏著〈陳侯四器考釋〉，《中央研究院歷史語言研究所集刊》第三本第四分冊，頁 482～483。

〔註 132〕《馬王堆漢墓帛書（壹）》頁 61。

〔註 133〕《國語》頁 356。

〔註 134〕《國語》頁 166。

樂臣公學《黃帝》、《老子》，其本師號曰河上丈人，不知其所出。河上丈人教安期生，安期生教毛翕公，毛翕公教樂瑕公，樂瑕公教樂臣公，樂臣公教蓋公。蓋公教於齊高密、膠西，爲曹相國師。〔註 135〕

河上丈人出生何地不知，然安期生爲齊人〔註 136〕，而樂臣公等人在齊國教授，所以「黃老帛書」的產生地點當在齊地〔註 137〕。

案：曹參師承之中，河上丈人與毛翕公之籍貫爲何亦不可考，故不能排除「黃老帛書」爲此二人在他處而作的可能。雖然如此，但是曹參師門所傳的《十六經》〔註 138〕產生於齊國的可能性甚大。至於其他佚書，雖必產生於「黃老學派」成立之後，然其是否即曹參師門所傳，則不可得知。

3. 從學術源流的角度來看，「黃老思想」乃發揚於齊。「黃老思想」本爲一種思想特徵，初時乃爲零星的思想，且並無依托黃帝、老子立言的現象。至戰國末年，始有學者取《老子》，並依托黃帝立言作「黃帝書」，進而專門講述系統的「黃老思想」，而產生了「黃老學派」。〔註 139〕嚴耕望〈戰國學術地理與人才分佈〉〔註 140〕認爲黃老思想產生於齊稷下，其所據乃《史記》所載戰國諸學本黃老的學者之國籍。林麗娥〈先秦齊學的主要學派〉又據〈漢志〉所載《宋子》十八篇，班固自注云：「孫卿道宋子，其言黃老意。」之文補宋鈃一人〔註 141〕。爲討論方便計，筆者據錢穆《先秦諸子繫年》，依上述諸子年代先後，列其國籍如下：

姓　名	年　代	籍　貫
申不害	B.C.440～B.C.337	鄭國
宋鈃	B.C.360～B.C.290	宋國

〔註 135〕《史記》頁 2436。

〔註 136〕《史記．田儋列傳》載：「通善齊人安期生，安期生嘗干項羽，項羽不能用其筴。」載《史記》頁 2649。

〔註 137〕〈黃老帛書的哲學思想〉：鍾肇鵬著，《文物》1978 年 2 期。

〔註 138〕說詳第三章第一節。

〔註 139〕說詳第三章第一節。

〔註 140〕〈戰國學術地理與人才分佈〉嚴耕望著，載《中國史學論文集（3）》，幼獅出版社 1983 年初版二刷，頁 225～270。

〔註 141〕《先秦齊學考》：林麗娥著，台灣商務印書館 1992 年台北初版一刷，頁 313～331。林氏又以《莊子．天下》稱宋鈃、尹文爲一派；慎到、田駢、彭蒙一派，而認爲尹文、田駢、彭蒙等人的思想亦兼治「黃老學」。然而，林氏也認爲「黃老」只是一種思想特徵。若這種說法成立的話，那與宋鈃、慎到同一派的尹文、田駢、彭蒙的思想裡就不見得會有這種思想特徵了。

環淵	B.C.360～B.C.280	楚國
愼到	B.C.350～B.C.275	趙國
接子	B.C.350～B.C.275	齊國
尹文	B.C.350～B.C.285	齊國
韓非	B.C.280～B.C.233	韓國

以上諸人，除申不害之外，其他思想中具黃老思想特徵的學者，皆曾列稷下學宮或受稷下學風影響。〔註142〕若再分析稷下黃老學者的籍貫，可以發現有宋、楚、趙、齊、韓幾國，幾乎遍佈各國。若以上諸子的黃老思想非得自於稷下，則當時黃老思想早已遍佈各國。但是，《莊子．天下》及《荀子．非十二子》中所述，天下重要學派之思想內容，無一與黃老思想相符，可見戰國時期，黃老思想的影響力當不致如此甚大。因爲很難相信，影響力那麼大的一種思想，居然在兩篇述評天下學術的著作中都沒提到。故而，唯一的可能是：這些學者來到稷下後，受到流行於稷下的黃老思想影響，進而將這種思想融入其說之中。換言之，以上諸子的黃老思想當從稷下而來。或有人提出疑問：申不害在世的時間較早於稷下學官，則上述說法不可成立。對於這個疑問，錢穆解釋說：「此則託爲黃老道德之說者，本出申子之後。當申子之前，固猶無需乎虛無因應，變化無爲，若黃老道德之所稱也。」〔註143〕，認爲申不害之學本於黃老之說不可信，其說甚是。

4. 從思想特徵而論，黃老思想的特徵之一乃雜取諸家之思想爲己用，所謂「其爲術也，因陰陽之大順，采儒墨之善，撮名、法之要。」〔註144〕。思想的交流必須有其環境，而戰國時期能夠提供這種環境的地方恐怕只有稷下。另一方面，齊之稷下爲戰國中、晚期的學術重鎮，吸引眾多的他國學者前來，亦屬正常。只要看看錢穆〈稷下學士名表〉〔註145〕所列的稷下學者，就可以知道雖然今所知稷下學者大部分是齊國人，但是還是有許多來自他國、如「鄒」、「宋」、「趙」、「楚」的學者在稷下活動。此外，《史記．孟子荀卿列傳》載：

於是齊王嘉之，……。覽天下諸侯賓客，言齊能致天下賢士也。〔註146〕

〔註142〕韓非雖非稷下諸子，然其從荀卿遊，當亦受稷下學風影響。
〔註143〕《先秦諸子繫年》：錢穆著，東大出版社1990年9月台北三版二刷，頁240。
〔註144〕司馬談〈論六家要旨〉語，載《史記》頁3289。
〔註145〕《先秦諸子繫年》頁233～235。
〔註146〕《史記》頁2347～2348。

當時齊王招覽天下學士，故除了齊國的學者外，其他國家的學者也紛紛奔齊，「以干世主」。《史記・田敬仲完世家》載：

> 宣王喜文學游說之士，……。是以齊稷下學士復盛，且數百千人。〔註147〕

從以上的記載可知，當時的稷下確實聚集了各國的學者。

5. 「黃老」思想與「老莊」思想有一個很大的差異，就是對政治的態度不同。錢穆〈道家政治思想〉曾論及莊子政治思想之特徵，其云：

> 先秦思想，當以儒墨兩家較爲早起，故此兩家思想，大體有一共同相似之點，即其思想範圍，均尚偏注於人生界，而殊少探討涉及宇宙界是也。……莊子晚出，承接此兩人之後，其思想範圍，乃始轉移重點，以宇宙界爲主。……故儒墨兩家，皆本於人事以言人，而莊周則本於天道而言人，此乃其思想態度上一大分別也。〔註148〕

雖僅談及《莊子》，然其所言實包含《老子》而論。《莊子》之學，以「士道」爲主，「君道」爲輔，其對於君主如何治理國家沒有明顯的意見，而所強調者乃知識份子如何「應帝王」。〈逍遙遊〉載堯與許由之對話云：

> 堯讓天下於許由曰：「日月出矣而爝火不息，其於光也，不亦難乎！時雨降矣而猶浸灌，其於澤也，不亦勞乎！夫子立而天下治，而我猶尸之，吾自視缺然。請致天下。」許由曰：「子治天下，天下既已治也。而我猶代子，吾將爲名乎？名者，實之賓也。吾將爲賓乎？……庖人雖不治庖，尸祝不越樽俎而代之矣。」〔註149〕

許由雖有治世之才，然其價值並不在世俗上的政治成就，不治世非不能也，實不爲也，此乃莊子心目中的理想人物。這種理想人物，並不需要直接參與政治事務，只要在精神上達到某一種境界，即可使天下安治。〈逍遙遊〉載藐姑射之山上的神人只要「神凝」，就能「使物不疵癘而年穀熟」，而「其塵垢粃糠，將猶陶鑄堯舜者也」。因爲這樣的觀點，使得莊子甚少論及如何治國這方面的問題。《老子》對政治的態度與《莊子》或有小異，然亦不直接言及治國之術。其以修身養性作爲治國的關鍵，認爲只要能夠將自己的修養提昇到某種境界，政治的問題自然迎刃而解。《老子》云：

〔註147〕《史記》頁1895。

〔註148〕《莊老通辨》：錢穆著，東大出版社1991年台北初版，頁114。

〔註149〕《莊子集釋》：清郭慶藩集釋，天工書局1988年9月台北初版，頁22～24。

致虛極，守靜篤，萬物並作，吾以觀復。〔註 150〕

又云：

道常無爲而無不爲，侯王若能守之，萬物將自化。化而欲作，吾將鎮之以無名之樸。〔註 151〕

強調君主修身的重要性，只要君王能夠守道而立，則其國可治。可見《老子》只是提出君王治國的大原則而已，至於治國的具體方法，卻很少提及。反觀黃老思想，雖然藉《老子》以揚其術，然在詮釋《老子》之時，乃取種種治國之術附之。〔註 152〕由此可知，黃老思想之重點乃在治國之術上，而《老子》所言修身、天道諸論，反而只是爲其術服務。這種思想，乃與傳統上所認定的「老莊」思想「本於天道而言人事」的態度截然不同。

何以道家的思想會如此演變呢？其實，將諸子的思想運用在政治事務上，乃稷下的學者的主要工作。《史記・田敬仲完世家》云：

宣王喜文學游說之士，自如騶衍……之徒七十六人，皆賜列第，爲上大夫，不治而議論。〔註 153〕

又〈孟荀列傳〉載：

自騶衍與齊之稷下先生，……，各著書言治亂之事，以干世主，豈可勝道哉！〔註 154〕

可知，稷下學者的主要工作爲「不治而議論」，而議論的內容即是「言治亂之事」。職是之故，道家思想一到齊國，就不得不將重點轉移到政治事務方面了。而這種思想特徵，也可爲「黃老帛書」產於齊之說添一旁證。

〔註 150〕本論文所引《老子》之文以王弼本爲主，此段載《帛書老子校注》：高明校注，北京中華書局 1996 年 5 月初版一刷，頁 298。

〔註 151〕《帛書老子校注》頁 421～426。

〔註 152〕說詳第四章。

〔註 153〕《史記》頁 1895。

〔註 154〕《史記》頁 2346。

第三章　「黃老帛書」的產生時間

在第一章，本文曾論及「黃老帛書」產生時間的研究方法。並主張其產生時間的研究，其方法可大分爲兩類，分別是「不含內部證據的論證」和「包含內部證據的論證」。站在這個基礎上，本章將討論「黃老帛書」全文及其各篇章的產生時間。在下文中，擬先使用前者，以討論整部「黃老帛書」的產生時間。其次，再使用後者，對「黃老帛書」的產生時間作分篇考究。分別使用過兩類方法後，在章末將列一表，以明「黃老帛書」全文及其各篇章的產生時間。

第一節　「黃老帛書」產生時間的上、下限

本節討論「黃老帛書」的產生時間，在方法上，將產生時間分爲上限和下限來討論。在下文中，首先擬以黃老學派的興起，以及依托黃帝立言風氣的形成，來討論「黃老帛書」產生時間的上限。其次，再以避諱現象來討論其下限，以得整部「黃老帛書」產生時間的上、下限。

一、「黃老帛書」產生時間之上限

（一）從黃老學派判斷

一個學派產生的典籍，其可能出現的時間，乃是此學派存在之時。因此，以《史記》〈老莊申韓列傳〉、〈樂毅列傳〉中所載「黃老之術」的傳承，以及某些學者所謂之《老子》學派的發展，來推論「黃老帛書」的產生時代的論證，其實並不如這些學者所言〔註1〕，可依此而得出一個確切的時間，頂多只

〔註 1〕〈《黃帝四經》初探〉：唐蘭著，《文物》1974 年 10 期。〈馬王堆出土《老子》

能從中得知「黃老帛書」產生時間的上、下限而已。

諸子之言，多半有學派傳承，故若可知「黃老學派」的產生時間，則可推求源於黃老學派的「黃老帛書」，其產生時間之上限。因爲雖然四種佚書中只有《十六經》有托黃帝立言的現象，但四種佚書應該是「黃老學派」的產物。職是之故，以「黃老學派」的產生時間，來推求「黃老帛書」產生時間的上限乃屬合理。以下，本文擬依下列步驟討論此問題：其一、確定「黃老帛書」的傳承學派；其二、考察此學派的興起時間。以下分而論之。

關於「黃老學派」的傳承，古籍中所載甚少，比較明顯者乃《史記》的記載。然而，由於古人著述，並不像現代人撰寫學術性論文般，重視每個詞彙的定義，故同一詞彙，其所指涉的概念即可能不同。舉例而言，《史記》所用「黃老」一詞，其並非完全用以指涉「黃老學派」，在某些行文之中，「黃老」一詞也有指涉其他概念的現象。然則，使用「黃老」一詞，即可能帶來討論上的不便。因此，在討論「黃老學派」與「黃老帛書」的關係以前，實有必要對「黃老」、「道家」、「黃老學派」、「黃老思想」、「道論」等詞彙下一定義。以下分而述之：

第一、黃老：《史記》中使用「黃老」一詞時，並沒有一固定的意義，有時指「黃老學派」；有時指「黃老思想」；有時又以「黃老」來替代「道家」。至於其所指乃何者，則必須從文意脈胳中求得。關於這方面的問題，在下文中將有詳論。

第二、道家：「道家」一詞，以現有文獻觀之，其最早出現於司馬談的〈論六家要旨〉，指的是當時九流十家中的一家。「黃老學派」即屬此家。

第三、黃老學派：「學派」一詞在漢以前並不存在。在此，本文使用「黃老學派」一詞，乃爲討論方便計。「黃老學派」指的是「道家」中一個流行於漢初，並被當時的人視爲「道家」思想主流的一個學派。這個學派的重要特徵，乃在以「黃帝之言」和《老子》，作爲其學派的重要典籍。以此觀之，則一思想，無論其內涵是否與「黃老學派」所提相符，但若其並非以依托「黃帝」，或說解《老子》的方式表現，則均不應稱爲「黃老學派」。

乙本卷前古佚書的研究——兼論其與漢初儒法鬥爭的關係〉：唐蘭著，《考古學報》1975 年 1 期。（以下，同章中提及同書處皆逕標書名，其他資料不複述，它書亦然）又〈黃老帛書的思想與時代〉：金春峰著，載《漢代思想史》，中國社會科學出版社 1997 年 12 月北京修訂二版一刷，頁 18～48。又〈論《黃帝四經》的思想文獻價值〉：趙吉惠著，《中國歷史文獻研究（一）》1986 年 8 月。

第四、黃老思想：「黃老思想」指的是「黃老學派」的主要思想。一般而言，思想的發展，可分爲兩個階段，其一是「零星的」思想，其二是「系統的」思想。前者的內涵，可能只是一、兩個概念，而後者，卻是一整套具某種邏輯關係的理論。因此，又可將「黃老思想」分爲「零星的黃老思想」和「系統的黃老思想」。

第五、道論：思想的傳播，其痕跡常難以掌握，故某一學派所持思想，其來源是否來自他派，且其發展是否限於此派，皆不可得而知。故而，爲了釐清「黃老思想」與「黃老學派」的關係，本文將以《史記》曾經使用過的「道論」一詞，來指稱「非黃老學派所持的黃老思想」。附帶一提，「道論」的特徵，在於其思想中乃合《老子》的虛無及法家的刑名而成。〔註2〕

這些詞彙定義清楚之後，即可開始討論「黃老思想」與「黃老學派」的關係。

1.《史記》中所載「黃老思想」與「黃老學派」

（1）黃老思想

《史記．老莊申韓列傳》載：「申子之學，本於黃老而主刑名」〔註3〕；「韓非，喜刑名法術之學，而其歸本於黃老」〔註4〕；〈孟荀列傳〉載「慎到，趙人。田駢、接子，齊人。環淵，楚人。皆學黃老道德之術。」〔註5〕可見這些人物，其思想均曾受到「黃老」的影響。必須注意的是，此所謂「黃老」，其所指是否即「黃老學派」？

本文認爲，司馬遷在此所謂的「黃老」，指的並非「黃老學派」，而是前所云「零星的道論」。請論之如下：

「道論」本是「黃老學派」所倡，但由於「道論」在漢初的流行，故漢初人遂以「道論」爲「道家」之正宗、主流。例如，司馬談在〈論六家要旨中〉就將之等同於道家，稱專門提倡「道論」的學派爲「道家」。〈論六家要旨〉對道家的描述爲：

> 道家使人精神專一，動合無形，贍足萬物。其爲術也，因陰陽之大順，采儒墨之善，撮名法之要與時遷移，應物變化，立俗施事，無

〔註2〕《先秦齊學考》：林麗娥，台灣商務印書館1992年2月台北初版一刷，頁313～316。

〔註3〕《史記》：漢司馬遷著，北京中華書局1989年北京初版十一刷，頁2146。

〔註4〕《史記》頁2146。

〔註5〕《史記》頁2347。

所不宜，指約而易操，事少而功多。〔註6〕

又〈漢志．諸子略序〉對道家的描述爲：

道家者流，蓋出於史官，歷記成敗存亡禍福古今之道，然後知秉要執本，清虛以自守，卑弱以自持，此君人南面之術也。〔註7〕

以上所言道家，實與後人所稱，以老莊爲主，崇尚自然無爲的道家不同。換言之，此所謂「道家思想」，指的乃是「道論」。張舜徽〈道論足徵記〉云：

先秦諸子之學，皆前有所承。……其說既大行於漢初，爲道者必高遠其所從來，乃上託之黃帝，因名之曰黃帝老子之學。於是黃老二字連稱，亦常見於《太史公書》。抑太史公嘗稱「百家言黃帝，其文不雅馴，薦紳先生難言之。」則史遷非不知後世托古之未足據也。特以黃老之名，時俗流行已久，因沿用不改耳。觀其論及六家要旨，但稱道家立俗施事，無所不宜，而不言出自黃帝，可以窺其意趣矣。〔註8〕

其說甚是，因爲司馬遷在〈老子韓非列傳〉中總結老、莊、申、韓的思想時說：

老子所貴道，虛無，因應變化於無爲，故著書稱微妙難識。莊子散道德，放論，要亦歸之自然。申子卑卑，施之於名實。韓子引繩墨，切事情，明是非，其極慘礉少恩。皆原於道德之意，而老子深遠矣。〔註9〕

言及申、韓的思想「皆原於道德之意」，但是，文中卻絕口不提「黃帝書」，獨獨特重《老子》，可見司馬遷對於托名「黃帝」的書，乃抱持一種懷疑的態度。由此可知，司馬遷雖有上述稷下學者及法家人物，其思想源於「黃老」之敘述，但事實上，其所謂「黃老」云云，指的乃是「零星的道論」。〔註10〕

何以說此所謂「黃老」云云，所指乃是「零星的」而不是「系統的」道論呢？因爲「系統」的道論建立於「黃老學派」之手，而仔細考察當時史料，即可發現，當時尚無依托黃帝立言的「黃老學派」存在。證據如下：第一、稷下道家的代表作——《管子》裡面就沒有對黃帝言論特別重視。第二、周

〔註 6〕《史記．太史公自序》，載《史記》頁3289。

〔註 7〕《漢書》：漢班固撰、唐顏師古注，北京中華書局1987年初版五刷，頁1732。

〔註 8〕《周秦道論發微》：張舜徽著，木鐸出版社1988年9月台北初版，頁72。

〔註 9〕《史記》頁2156。

〔註10〕大抵而言，一思想若含若干理論，而理論之間又多具某種邏輯關係，則可稱之爲一「系統的思想」。相對於「系統的思想」，若是只有一兩個命題的陳述，則此種思想可稱之爲「零星的思想」。此所謂「零星的道論」，乃是此種區分下相對於「系統的道論」而言的思想。

秦學者對天下學派描述的文章中，如《莊子．天下》、《荀子．非十二子》等，都沒有提及依托「黃帝」這個人立說的重要學派。第三、《莊子》外雜篇、《管子》等部分含「道論」的書中，也沒有黃帝、老子相提並論的文字。〔註 11〕如果「黃老學派」在當時眞的有如此巨大的影響力，何以這些文章都沒有提及？可能的答案是：依托「黃帝」而成爲學派，乃是後起的事，而司馬遷所云，這些學者的學本「黃老」，所謂「黃老」云云，所指乃是「零星的道論」。這些「零星的道論」與「黃老學派」所持，其差異之處在於：「黃老學派」乃以前者爲其思想主體，並取其他思想以附之，而發展出一套「系統的道論」。換言之，稷下諸子的「道論」不但不是從「黃老學派」而得，反而是後者吸收前者的「零星道論」，再依托一個人物——「黃帝」，並拿來與《老子》結合，才產生了「系統的道論」——即「黃老思想」。因此，而漢人遂以「黃老」一詞來指稱這個「零星的道論」。

（2）黃老學派：《史記．樂毅列傳》載：

> 樂氏之族有樂瑕公、樂臣公，趙且爲秦所滅，亡之齊高密。樂臣公善修黃帝、老子之言，顯聞於齊，稱賢師。〔註 12〕

又曰：

> 樂臣公學《黃帝》、《老子》，其本師號曰河上丈人，不知其所出。河上丈人教安期生，安期生教毛翕公，毛翕公教樂瑕公，樂瑕公教樂臣公，樂臣公教蓋公。蓋公教於齊高密、膠西，爲曹相國師。〔註 13〕

以上所言曹參師門，不但有師承傳授，而且專門崇尚《黃帝》和《老子》這兩部書，故其當爲「黃老學派」。然而，戰國末至漢初這段期間，學者紛紛依托黃帝以立言，故「黃老帛書」所屬學派是否即此門，即成一個須加討論的問題。

2.「黃老帛書」所屬學派：

本文認爲，以河上丈人爲其「本師」的傳承系統，當爲「黃老帛書」所屬學派，理由如下：

第一、《史記》記載其源流時，不似前所述稷下諸子及法家人物般，以「黃老」一詞來描述其思想來源或特徵，而是明白的寫出他們傳承《黃帝》、《老子》這兩部典籍。且今所見「黃老帛書」中，《十六經》多有直接依托「黃帝」

〔註 11〕〈黃老考〉：王叔岷著，《東方文化》十三卷二期 1974 年 7 月。

〔註 12〕《史記》頁 2436。

〔註 13〕《史記》頁 2436。

而成的部分，不似前述學者之著作，僅在某些思想上與司馬談所言「道家」相同，在內容上卻很少有依托「黃帝」的地方。因此，至少可知《十六經》乃曹參師門所傳典籍，而觀樂臣公的善修「黃帝」、「老子」之言，則可知其所修，乃與「黃老帛書」同源。

第二、「黃老帛書」乃是長沙丞相軑侯利蒼之子的陪葬品，可知其當爲墓主生平誦讀之書。《史記．齊悼惠王世家》載召平引「道家之言」中的「當斷不斷，反受其亂」〔註 14〕一語，即出現在帛書《十六經．觀》中，而此段話司馬遷在〈春申君列傳〉也有引用〔註 15〕，可見《十六經》乃當時流行於漢庭的「黃老思想」典籍。故而，只要知道當時流行於漢庭的「黃老思想」究屬何學派，即可知「黃老帛書」所屬學派。《隋書．經籍志》云：

> 自黃帝以下，聖哲之士，所言道者，傳之其人，世無師說。漢時，曹參始薦蓋公能言黃老，文帝宗之。自是相傳，道學眾矣。〔註 16〕

可見漢初朝庭間流行的黃老之學，乃是曹參推薦蓋公而傳入，因此，利蒼之子所藏的「黃老之言」，應該就是曹參所引進。又，《史記．曹相國世家》載：

> 孝惠帝元年，除諸侯相國法，更以參爲齊丞相。參之相齊，齊七十城。天下初定，悼惠王富於春秋，參盡召長老諸生，問所以安集百姓，如齊故諸儒以百數，言人人殊，參未知所定。聞膠西有蓋公，善治黃老言，使人厚幣請之。既見蓋公，蓋公爲言治道貴清靜而民自定，推此類具言之。參於是避正堂，舍蓋公焉。其治要用黃老術，故相齊九年，齊國安集，大稱賢相。〔註 17〕

由以上的記載可知，曹參在相齊以前，並沒有看過較爲有系統的黃老學說，這也反映出孝惠帝元年之前，黃老之言必然尚未流行於漢初的王公貴族之間，否則曹參當不會一無所知。同時，黃老學說流行於漢庭，也可能是因爲曹參行黃老之政以後「齊國安集」的結果。然則，史書上唯一記載有黃老學說師承的曹參，即「黃老思想」的引進者。〔註 18〕換言之，「黃老帛書」乃是「河上丈人」這一學派的產物。

〔註 14〕《史記》頁 2001。

〔註 15〕《史記》頁 2399。

〔註 16〕《隋書》頁 1003。

〔註 17〕《史記》頁 2028～2029。

〔註 18〕唯陳平早於曹參接觸黃老（《史記》載陳平少時「好黃帝、老子之術。」，而陳平接觸劉邦等人的時間在曹參治齊前）。然而，陳平「傾側擾攘楚魏之間」，遊走於兵荒馬亂之時未必能攜帶大量典籍。

確定了「黃老帛書」所屬學派，乃曹參師門後，即可對後者的產生時間進行考察。以上所引《史記》中關於曹參師承的記載，唐蘭認爲可用以證明黃老學派興起於戰國中期，他在〈馬王堆出土《老子》乙本卷前古佚書的研究〉說：

> 五代師徒總得有一百多年，蓋公教曹參是公元前三世紀初年的事，加上一百多年就是公元前四世紀前期了。這也可以說明黃帝之言的流行應在公元前四世紀的前期。〔註19〕

唐蘭以此師承系統，來判斷「黃老帛書」的起源當屬合理，而其推算也似乎言之成理。但是學者卻有不同的意見，鍾肇鵬〈論黃老之學〉卻認爲，師徒傳授和父子世續不一樣，並無固定時間可推。而且，河上丈人和安期生乃秦漢之際的人，師徒五代不過三十四年。〔註20〕又，金春峰〈帛書《黃帝四經》的思想和時代〉認爲，參照《易經》的流傳情況，一代約爲四十年，則河上丈人應爲更早之人。

這些爭議，圍繞在兩個問題上：第一、到底代與代之間的時間差距當爲幾年才算合理？第二、應以誰爲推斷的標準？這兩個問題的釐清，有助於精準推算「黃老學派」的產生時間，而其中，又應以後一問題爲重，因爲若是以「五代」師徒來推算「黃老學派」的產生時間，則所推論出來的結果，可能造成相當程度的誤差：師徒的年齡差距，若平均一代以二十至四十歲而言，則僅一代之誤差，即可達二十年，何況是五代。況且，這種推算的方法，應該當在史料湮滅，非不得已的情況下使用。畢竟，事情的發展有合常理與不合常理者，舉例而言，若以另一個向臣公學黃老之術的「田叔」來推論黃老學派的起源，則所得到的結果，即與唐氏所言相差甚大〔註 21〕，可見把討論

〔註19〕〈馬王堆出土《老子》乙本卷前古佚書的研究——兼論其與漢初儒法鬥爭的關係〉：唐蘭著，《考古學報》1975 年 1 期，頁 11。

〔註20〕〈論黃老之學〉：鍾肇鵬著，《世界宗教研究》1981 年 2 期。

〔註21〕《史記．田叔列傳》中載田叔師臣公之事：「田叔者，趙陘城人也。其先，齊田氏苗裔也。叔喜劍，學黃老術於樂臣公。」（《史記》頁 2775）根據《史記》的記載，田叔是趙人，而且後來又當趙王的謀臣。那麼，他向樂巨公學黃老術的時間應該是巨公到齊國以前，也就是公元前 222 年秦滅趙以前。田叔曾事趙王張敖，後來又擔任魯相，在公元前 148 年梁孝王使人殺袁盎時仍在世。這段期間共有 74 年，可見田叔當時已經八、九十歲了。根據《史記》的記載，田叔再過幾年就去世了，所以田叔當卒於公元前 140 年左右。曹參卒於西元前 190 年，如果它跟田叔一樣長壽的話，其出生年代就與田叔差了 50 年。同樣是向樂臣公學習黃老之術，這兩個師兄弟的歲數就有那麼大的差別，而且

的焦點放在討論代與代之間當差幾年，還不如先討論當以誰爲標準，來推論「黃老學派」的產生時間。

關於這個問題，在有可信文獻記載的情形下，當以離「本師」較近的傳授者爲準，來推論「黃老學派」的興起時間。黃老學派的學者中，離「本師」年代最近，而且史料上又有記載者乃「安期生」。《史記．孝武本紀》及〈封禪書〉都有關於他的記載。前者載：

> 少君言上曰：「……。臣嘗游海上，見安期生，安期生食巨棗，大如瓜。安期生僊者，通蓬萊中，合則見人，不合則隱。」於是天子始親祠竈，遣方士入海求蓬萊安期生之屬，而事化丹沙諸藥齊爲黃金矣。〔註22〕

後者載：

> 卿曰：「申公，齊人。與安期生通，受黃帝言，無書，獨有此鼎書。曰『漢興復當黃帝之時』。曰『漢之聖者在高祖之孫且曾孫也。寶鼎出而與神通，封禪。封禪七十二王，唯黃帝得上泰山封』。……」〔註23〕

從這兩段文字可知，時人乃將安期生視爲神仙。然則，對其事蹟即不免加油添醋，尤其是第二段引文，提到他預言後世之事，更不可信。僅管如此，但是安期生這個人似乎也非無中生有。《史記．田儋列傳》曾經記載安期生與蒯通同干項羽的事蹟：

> 通善齊人安期生，安期生嘗干項羽，項羽不能用其筴。已而項羽欲封此兩人，兩人終不肯受，亡去。〔註24〕

這段文字，其仙話色彩較淡，且所載涉及項羽，故當可信。然則安期生乃活動於戰國末年至秦漢間。錢穆《先秦諸子繫年》引曾《史記．封禪書》之語云：

> 自齊威宣之時，騶子之徒，論著終始五德，及秦帝而齊人奏之。而宋毋忌、正伯僑、充尚、羨門子最後，皆燕人，爲方僊道，形解銷化，依於鬼神之事。〔註25〕

這種差別可能會不止一次的發生在代與代之間。

〔註22〕《史記》頁1385。

〔註23〕《史記》頁1393。

〔註24〕《史記》頁2649。

〔註25〕《史記》頁1368～1369。

錢氏認爲，安期生與這些人一樣，都是騶衍之後的人物。〔註 26〕此外，因爲安期生活躍於秦漢之際的緣故，故錢氏認爲安期生不可能是同時期的蓋公的「四傳之師」。而蓋公之所以以安期生與河上丈人爲師承，乃是因爲當時言黃老者「與神仙同流」之故——安期生既爲傳說中的神仙，於是蓋公便依托他，並且另外加上神秘莫測的河上丈人爲其師承。〔註 27〕

從以上的討論可知，事實上，《史記》所載曹參的師承，完全可信者僅可上溯至毛翕公。然則猶待論者，乃毛翕公提出黃老學說的時間。據史料所載，樂瑕公、樂臣公在西元前 222 年趙被秦滅以前，即已逃至齊國，而樂臣公在西元前 221 年，齊尚未被秦所滅以前「顯於齊」。可知當時樂瑕公已不在人世，否則，應該是年輩較長的樂瑕公「顯於齊」。故而，樂瑕公在齊被秦滅亡前不久去世，亦即西元前 220 年左右。假設樂瑕公活到 70 歲，則他大概出生於西元前 290 年。毛翕公是樂瑕公的老師，可以假設他的年紀大樂瑕公 30 歲，故大概出生於西元前 320 年。然則，毛翕公發展黃老學說，至少也要在西元前 290 年，亦即其三十歲以後。

另一方面，即便安期生、河上丈人確有其人，則追究黃老學派的師承，也只能以較不具仙話色彩的記載，亦即上所引《史記》中安期生干項羽一段來推測。依上所引，項羽既然「欲封」安期生，可知項羽稱「西楚霸王」時，安期生尚在其麾下。項羽稱王在西元前 205 年，若安期生的年壽以 90 計之（依後人之說，安期生當較一般人長壽），且與蒯通乃忘年之交，又干項羽時已老邁年高，又在離項羽後旋即去世，則安期生亦當生於西元前 295 年左右。若河上丈人早安期生 30 年而生，則其約生於西元前 325 年左右。這種假設，乃在安期生干項羽之後馬上去世的情況下而言，若其離開項羽後，尚存活了一段時間，則河上丈人的年代還要往後推算幾年。

然則，假設河上丈人於 30 歲時發展出黃老學說並進而收徒，則黃老學派最早也要到西元前 295 年左右才能成立，〔註 28〕而「黃帝書」產生的時間當

〔註 26〕《先秦諸子繫年》頁 225。

〔註 27〕另外，從各家對黃帝形象描述的不同這一個角度看來，也可以爲這個說法提供旁證。黃老術是一種政治思想，黃老學者提出這種思想，乃是希望將它運用到實際政治上，爲了達到說服他人的目的，所依托的對象當然也是愈真實愈好。在「黃老帛書」中出現的黃帝已經是個完全被「歷史化」的人物，不似神仙家所說的，是個長生不老的古帝王。因此，神仙家安期生應當不會是傳授「黃老帛書」的學者，而河上丈人云云，也就令人懷疑了。

〔註 28〕學派之成立與學說之提出二者之間，可能有一段距離。換言之，「黃老帛書」

更晚於此。至於曹參四傳之祖師的問題，若認爲安期生生於公元前 295 年而且年壽甚高，則可以解釋，爲何其一方面爲毛翕公之師，二方面又能干項羽的情形了。

（二）從依托黃帝立言的風氣判斷

「黃老帛書」乃「黃老學派」的產物，而「黃老學派」的特色，乃在依托黃帝立言，故從依托黃帝立言之風的興起，來看「黃老帛書」產生時間的上限乃屬合理。《十六經・成法》中，載及「五帝」一詞，所指者乃「五古人王稱帝」，〔註29〕其產生時間，乃在「黃帝」傳說興起之後可證。然則從依托「黃帝」立言的動機，論「黃老帛書」產生時間的上限，其所牽涉的問題，包括依托風氣和依托人物，二者的產生時間。以後者而論，現今可見之文獻中，載及黃帝傳說之較早者，有《左傳》及「陳侯因資敦」所載銘文。《左傳・僖公二十五年》載：

> 秦伯師於河上……使卜偃卜之，曰：「吉。遇黃帝戰于阪泉之兆。」〔註30〕

提及黃帝之戰於阪泉。又〈昭公十七年〉載：

> 昔者黃帝氏以雲紀，故爲雲師而雲名。〔註31〕

提及黃帝以「雲」爲其代表符號。以上，乃《左傳》中載及黃帝的文句，所載甚簡。「陳侯因資敦」銘文載：

> 䋢（紹）緟（統）高且（祖）黃啻（帝），倸（敉）𨗨人（台／以）𧻚（桓）文。

這段文字作於 B.C.375～320 年，根據徐中舒的考據，黃帝傳說的興起乃在戰國中期左右，而且當時黃帝只是一個地方性傳說，尚未成爲一個舉世皆知的人物。〔註32〕姑且不論黃帝傳說的興起時間是否如徐氏所言，乃在戰國中期左右，然從徐氏所舉之文獻，包括《竹書紀年》、《論語》、《孟子》、《墨子》，書中之古帝王，其最早者並非黃帝，可知當時黃帝的名氣不大。而從依托動機而言，將某些文字依托於古代君王，乃因被依托者在當時已有些名氣，《淮

之成立，可能尚在此之後一段時間。此處所論，乃「黃老帛書」產生時間之上限，故皆退一步而言之。

〔註29〕《黃帝四經考辨》頁 68～74。

〔註30〕《春秋左傳注》：楊伯峻注，漢京出版社 1987 年 9 月台北初版，頁 431。

〔註31〕《春秋左傳注》：楊伯峻注，漢京出版社 1987 年 9 月台北初版，頁 1386。

〔註32〕〈陳侯四器考釋〉：徐中舒著，《歷史語言研究所集刊》第三本，第四分冊。

南子・脩務》載：

> 世俗之人，多尊古而賤今，故爲道者必託之於神農、黃帝而後能入說。亂世闇主，高遠其所從來，因而貴之。爲學者，蔽於論而尊其所聞，相與危坐而稱之，正領而誦之。此見是非之分不明。〔註 33〕

如此說來，要成爲一個被依托的人物，必須擁有某種程度的名氣，如果依托一個僅流傳於特定地點的人物，效果似乎不佳。故而，可知此時依托黃帝以立言的條件尚未成立。換言之，「黃老帛書」亦不可能早於此時出現。然則尚待論者，乃黃帝流傳流行的時間。《史記・孟荀列傳》載：

> 騶衍……其語閎大不經，必先驗小物，推而大之，至於無垠。先序今以上至黃帝，學者所共術，大並世盛衰，因載其禨祥度制，推而遠之，至天地未生，窈冥不可考而原也。〔註 34〕

騶衍之時，黃帝雖然並非傳說之中最古的帝王，但卻是騶衍認爲可以拿來做爲其學說——「五德終始說」中最古的帝王。據上引之文，可知騶衍上推帝王世系於黃帝，是當時「學者所共術」。〔註 35〕此所言學者「共術」，並非指學者們一起學黃帝之術，而是指《淮南子・脩務》所言，「爲學者蔽于論而尊其所聞，相與危坐而稱之，正領而誦之」的情形。梁啓超曾統計《漢志》中與陰陽家有關的典籍，認爲：

> 即以此三門論（筆者案：指「諸子略陰陽家」、「兵書類兵陰陽家」及「數術類五行家」），爲書一千三百餘篇，對於藝文志總數萬三千二百六十九卷，已占十分之一而強。其實細繹全志目錄，揣度其與此等書同性質者，恐占四分之一乃至三分之一。〔註 36〕

可見其時陰陽家思想之盛行。根據《史記》的記載可知，依托黃帝的風氣大行，是在鄒衍推衍其說後形成。據錢穆《先秦諸子繫年》所考，騶衍生於 B.C.305

〔註 33〕《淮南鴻烈集解》：清劉文典集解，北京中華書局新編諸子集成本，頁 653～654。

〔註 34〕《史記》頁 2344。

〔註 35〕根據司馬遷的理解，騶衍在陳述其理論時有一固定的模式，即先在小事物上驗證其理論，再將這些理論應用到其他較爲廣大的事物上，這樣由小到大，最後便將這些理論用於無窮盡的對象之上。用這個原則來理解騶衍對於其歷史理論的陳述，就可以知道黃帝至周這段期間，是騶衍心中所認爲的史實：而黃帝之前的諸帝王因爲「窈冥不可考而原也」，所以他們的「禨祥度制」都是他用其理論「推而遠之」而得到的結果。

〔註 36〕〈陰陽五行說之來歷〉：梁啓超著，收錄於《古史辨》第五冊下編：顧頡剛等編，藍燈出版社 1993 年 8 月台北初版二刷，頁 358。

年左右。設若其於三十歲時即提出其學說，則「黃帝」傳說大顯於世，當亦在 B.C.275 年左右。職是之故，將「黃老帛書」產生時間的上限訂於此時，乃屬合理。

二、「黃老帛書」產生時間之下限

（一）從避諱現象判斷

以抄寫年代來推論「黃老帛書」的產生時間，至目前爲止有兩種說法：其一、主張「黃老帛書」的抄寫時間，當在劉邦卒後；其二、主張「黃老帛書」的抄寫時間，當在劉邦稱帝至其去世期間。此二說皆以避諱作爲判斷標準，特其對當時避諱的規定，看法有所不同而已。「黃老帛書」的避諱現象，爲避高祖諱，而不避惠帝諱。學者因而認爲其抄寫年代當在惠帝或呂后時期〔註 37〕，此乃以帝王死後方避其諱爲前提的推論。另外，若干學者則認爲，避諱帝王在位之時即須避其諱，故「黃老帛書」的抄寫時間，當爲漢高祖在位時〔註 38〕。

關於避諱的問題，秦漢之時避諱尚不嚴格，故抄手在抄寫時，可避可不避。然而照常理而言，抄手既已意識到避諱的問題，則其當嚴格的遵守避諱的規定。從睡虎地秦簡〈南郡守騰文書〉及《秦律說》等出土材料，避秦始皇諱的現象看來，秦代時即有避在位君主名的習慣。漢承秦制，在於避諱方面的規定，當同於秦。〔註 39〕如此說來，抄手既然有意識的避諱，若其抄寫年代在惠帝之時，當不會只避高帝廟諱「邦」而不避惠帝名諱「盈」。然則「黃老帛書」之抄寫年代當爲劉邦在位時。但是，與「黃老帛書」同時出土，而且書法、字跡都極爲相似的《五星占》，乃是依照年序記載天象的著作，其記載卻已晚到漢文帝三年的星相〔註 40〕。以此觀之，「黃老帛書」的抄寫年代，又當在文帝初年左右。面對此一矛盾，本文認爲，或許是因爲「黃老帛書」的母本，其抄寫年代乃在漢高祖在位期間，而當時的抄手有避諱的意識。後來，另一個抄手在文帝初年，由「帛書母本」抄錄「黃老帛書」時，卻只是原封不動的複製其內容，並無避諱的意識，故不避惠帝諱。然則，可將「黃老帛書」產生時間，其下限定在劉邦卒年（B.C.195）。

〔註 37〕〈馬王堆漢墓帛書概述〉：曉函著，《文物》1974 年 9 期。
〔註 38〕〈馬王堆漢墓帛書抄寫年代考〉：李裕民著，《考古與文物》1981 年 4 期。
〔註 39〕〈馬王堆漢墓帛書抄寫年代考〉：李裕民著，《考古與文物》1981 年 4 期。
〔註 40〕〈五星占附表釋文〉：馬王堆帛書整理小組著，《文物》1974 年 11 期。

（二）從複合詞的出現判斷

陳鼓應〈關於帛書《黃帝四經》成書年代等問題的研究〉中，以「道德」一詞來論「黃老帛書」的產生時間，他說：

> 從單詞發展到複合詞，是漢語詞匯演變的一個重要規律。例如，先有「道」、「德」、「精」、「神」、「性」、「命」等單詞的出現，然後才有「道德」、「精神」、「性命」複合詞的形成。……《孟子》、《莊子》內篇及以前的《老子》、《論語》、《墨子》中均無以上幾個複合詞出現，而在《莊子》外雜篇、《韓非子》及《荀子》等中，則出現了這幾個複合詞。……根據這點來考察《黃帝四經》，「道」字出現八十六次，「德」字四十二次；「精」字九次，「神」字十四次；「性」字一次，「命」字十三次，卻無一例「道德」、「精神」或「性命」的複合詞出現。因此，從一般的情況來看，這四篇帛書應寫成於戰國中期或以前，至少與《孟子》、《莊子》內篇同時。〔註41〕

陳氏之說大致合理，因為語言有其社會性，「道德」、「精神」、「性命」等詞，大量出現於某個時期的典籍中，表示當時這些語言已非常普遍。故而，「黃老帛書」若為其時之作，當不至不及一言。因此，「黃老帛書」之下限，可定在這些詞語大量使用之時。雖然如此，但本文對陳氏之說，認為仍有尚須調整之處。第一、詞彙的發展雖為單詞向複合詞發展，但是必須注意的是，用以表示某意義的詞彙，雖然已經由單詞發展成複合詞，然並不代表其作為單詞的意義即消失。舉例而言，在「帝王」這個複合詞出現之前，有用「帝」或「王」這兩個詞彙來指「人間君主」的情形，但是，在「帝王」一詞興起之後，還是有很多人以「帝」、「王」來指稱「人間君主」，所以並不能說用「王」、「帝」來指「人間君主」的典籍，其產生時間就一定比較早。換言之，此單詞指涉概念之功能尚在，故在單詞發展成複合詞之後，單詞的單獨使用也可能因個人的喜好而出現在文章中。職是之故，以複合詞的出現，判斷該著作的時代較晚則可，但若僅以一兩個單詞的出現，即認為該著作的產生時間較早，則證據稍弱。第二、《孟子》和《莊子》中，均無「道德」、「精神」、「性命」等詞出現，並不表示「黃老帛書」至少與它們同時出現，因為並無證據顯示《孟子》、《莊子》之後，即無人單獨使用這些「道」、「德」等單詞。反之，《莊子》內篇「帝」

〔註41〕〈關於帛書《黃帝四經》成書年代等問題的研究〉，載《黃帝四經今註今譯》：陳鼓應著，台灣商務印書館 1995 年 6 月台北初版一刷，頁 35～36。

字，皆不與「王」字合用〔註 42〕；而至外、雜篇始有「帝王」一詞出現，然《經法・論》中卻兩次「帝王」一詞，可知〈論〉的產生時代，當晚於《莊子》。職是之故，陳氏之說尚須調整。陳氏所列，使用這些複合詞的諸典籍中，時間可考且最早者，乃爲《荀子》。據錢穆《先秦諸子繫年》，荀子卒於西元前 245 年。然則，可將「黃老帛書」產生時間的下限，定於此時。

經過以上的討論可知：從「黃老學派」的興起看來，「黃老帛書」的產生時間，應該不會早於西元前 295 年。從依托黃帝立言的風氣看來，「黃老帛書」的產生時間，應該不會早於西元前 275 年；從抄寫年代看來，「黃老帛書」的產生時間，應該不會晚於西元前 195 年；從單詞使用的現象看來，「黃老帛書」的產生時間，應該不會晚於西元前 245 年。然則，「黃老帛書」的產生時間，當在西元前 285 年至西元前 245 年間。

第二節　「黃老帛書」產生時間的分篇考究

本節將討論「黃老帛書」中，各篇章的產生時間。以下，擬依序以「時代特徵判斷法」、「思想流變判斷法」和「文句、思想比較判斷法」，來討論其產生時間。

一、從「時代特徵」判斷

（一）從「大殺服民，僇降人」論《經法・亡論》作於「長平之役」後

與春秋時期比較，戰國時期雖然各國間征戰不已，但其時之戰爭目的及著重點，卻和春秋時代有所不同。戰國初期，由於各強國正處於兼并小國，以壯大本身的階段，故各強國間的戰爭，其起因大都緣於救援小國；至戰國中期，強國與強國間產生直接衝突，故軍事上的外交行爲（例如合縱連橫），即成爲各國戰爭策略的重點。在此之前，戰爭的終極目的，不外是擴充各國的領土，而戰勝國通常只要獲得戰敗國土地方面的賠償，即會停止戰爭；到了戰國晚期，戰爭目的除爲了擴大統治的領土外，削弱敵國的軍事力量，亦爲重點之一。這種削弱敵國軍事能力的作法，最明顯者當屬秦國。戰國晚期由秦將白起率領的幾次大戰之中，斬首人數皆超過十萬。秦國甚至訂出，依殺敵數目的多寡進行獎勵的制度。值得注意的是，以上種種，其所針對者並

〔註 42〕別取文章意義以爲篇名的情形，出現的時間甚晚，故〈應帝王〉的篇名當爲後人所加。說詳第一章。

不包含已經投降的士卒。何以見得？依可見史料而言，大殺降人的事蹟，其最早發生在西元前 260 年，秦將白起坑殺趙降卒達四十萬人。《史記．白起王翦列傳》載趙將趙括被射殺後，白起盡殺降卒的情形：

> 括軍敗，卒四十萬人降武安君。武安君計曰：「前秦已拔上黨，上黨民不樂爲秦而歸趙。趙卒反覆，非盡殺之，恐爲亂。」乃挾詐而盡阬殺之，遺其小者二百四十人歸趙。前後斬首虜四十五萬人。趙人大震。〔註 43〕

從白起的口氣看來，要不是趙卒在秦軍已經攻陷上黨之後，依然心歸於趙，當不至於殺害他們。可見在一般的情況下，只要敵軍投降，秦軍即不會殺之。白起後來被秦昭王賜死時曾感慨的說：「我固當死。長平之戰，趙卒降者數十萬人，我詐而盡阬之，是足以死。」〔註 44〕白起於戰爭之時殺人過百萬，對他而言，殺人並非罪該萬死之事。其認爲自己死有於辜的原因，並非殺人如麻，而是在於殺降卒。如此看來，可見當時殺害降卒的作法，實不爲天下所容。也因此，殺害降卒的作法，才使趙人「大震」。

歷史上「大殺降卒」的情形，恐怕是起於白起的坑殺趙降卒。然則，載及此種現象的著作，其產生時間當在此事之後。《經法．亡論》云：

> 大殺服民，僇（戮）降人，刑无罪，過（禍）皆反自及也。〔註 45〕

此段文字之出現，必在國家戰爭中有殺「服民、降人」的情形出現後，否則便是無的放矢。因此，《經法．亡論》的產生時間，當在公元前 260 年「長平之役」後。

（二）從各「國」並立的情形論《經法》〈君正〉、〈六分〉、〈亡論〉作於秦統一天下之前

戰國時各國征戰不已，戰爭的目的常在獲得新領土（包括兼人之國），這種現象，一直要到秦統一天下後才結束。秦漢之際，雖亦爲天下紛爭之時，然此時把天下視爲一個國家的觀念已經建立。在時人心中，領土的擴充已不被視之爲兼并他國。然則，「黃老帛書」中載及，以戰爭手段兼并他國的篇章，皆出於秦統一天下以前。《經法．君正》云：

> 一年從其俗，二年用其德，三年而民有得，四年而發號令，【五年而

〔註 43〕《史記》頁 2335。

〔註 44〕《史記》頁 2337。

〔註 45〕《馬王堆漢墓帛書（壹）》：中共國家文物局古文獻研究室編，文物出版社 1980 年 3 月北京初版一刷，頁 55。

以刑正，六年而】民畏敬，七年而可以正（征）。〔註 46〕

這段文字描述國君如何將民眾培養成一「可以征」的軍事力量，裡面提到第一年的時候要順從當地民眾的習俗，可見此領土乃他國之領土，否則當不必先「從其俗」再「用其德」。又《經法・六分》：

王天下者，輕縣國而重士，故國重而身安……朝（霸）主積甲士而正（征）不備（服），誅禁當罪而不私其利，故令行天下而莫敢不聽，自此以下，兵單（戰）力掙（爭），危亡无日，而莫知其所從來。〔註 47〕

這段文字首先提到人君在心理上如何使國家安全的觀念，指出保全國家的方法，其後描述爲正義而戰的「霸主」之業。依上下文意推之，其「征伐」的對象當爲一國家。又《經法・亡論》云：

以此有國，守不固，單（戰）不克。〔註 48〕

亦提到「守國」的現象。又《經法・六分》云：

適（嫡）子父，命曰上曊，群臣离（離）志；大臣主，命曰雍（壅）塞；在強國削，在中國破，在小國亡。謀臣【在】外立（位）者，命曰逆成，國將不寧；在強國危，在中國削，在小國破。主失立（位），臣不失處，命曰外根，將與禍閵（鄰）；在強國憂，在中國危，在小國削。主失立（位），臣失處，命曰无本，上下无根，國將大損；在強國破，在中國亡，在小國威（滅）。主暴臣亂，命曰大芒（荒），外戎內戎，无將降央（殃）；國无小大，又（有）者威（滅）亡。主兩，男女分威，命曰大麋（迷），國中有師，在強國破，在中國亡，在小國威（滅）。〔註 49〕

此不僅論及國家的滅亡，還反映出作者所處的時代，尚有大、中、小國並存的情形。針對這種情形，王博認爲，此足以證明「黃老帛書」的產生時間，當在戰國中期。〔註 50〕但是本文認爲，直至秦統一天下之前，尚有「小國」的存在，故大、中、小國並存現象，只能證明其產生時間之下限，當在秦統

〔註 46〕《馬王堆漢墓帛書（壹）》頁 47。
〔註 47〕《馬王堆漢墓帛書（壹）》頁 50。
〔註 48〕《馬王堆漢墓帛書（壹）》頁 55。
〔註 49〕《馬王堆漢墓帛書（壹）》頁 49。
〔註 50〕〈《黃帝四經》和《管子》四篇〉：王博著，載《道家文化研究》一輯：陳鼓應編，上海古籍出版社 1992 年 6 月。

一天下以前。又《道原》載：

抱道執度，天下可一也。〔註51〕

認爲掌握「道」的性質，並遵循以之爲依據而訂定出的法度，即可一統天下。觀其語氣，則當時天下尚未一統，故《道原》的產生時間當在秦統一天下以前。

綜上所論，可知《經法・君正》、〈亡論〉、〈六分〉和《道原》等篇章，其成書年代皆不得晚於秦統一天下之前。

（三）從「士」階層的地位論《經法・四度》作於秦統一天下之前；《稱》成書於稷下衰微之後

在歷史上，「士」階層的興起乃在戰國初期。由於「士」階層意識的形成，使得「士」階層的社會地位提高許多。與此現象互爲因果關係者，乃爲「尙賢」思想的產生。「尙賢」思想發展的極致，使得「士」的地位從原本近於庶人，一躍而成爲君主之「師」。士階層意識形成初期，尙有君主與士之間，其關係究爲君臣或師友的爭議。其後，稷下學宮的設立，則將士人的地位及任務制度化。因此，一著作中，凡載及「尙賢」之觀念，且「士」又非納入官僚者，其產生時間當在「尙賢」思想發展之後，稷下學宮衰微之前。因爲其時，知識份子的地位不但高高在上，而且不屬於國君底下的官僚系統。隨著稷下的衰微，這種觀念也就漸漸沒落。於是，養士的事業，乃從國君轉至卿相身上，而知識份子的地位，亦隨之下滑。最後，各國政府已不復養士，取而代之者，乃將知識份子納入官僚系統之中，而形成「博士制度」。

以上，乃戰國時期「士」階層地位變化之粗跡。余英時於〈古代知識階層的興起與發展〉一文中，比較稷下先生與博士制度的差異時認爲：

稷下先生命曰列大夫，是爵比大夫，不在正式官制之中，故時人謂之「不仕」或「不宦」。換句話說，他們根本不是官吏，仍保持著自由知識份子的身份。但秦漢的博士，則是太常的屬官，秩比六百石。〔註52〕

可見博士與稷下先生的差別，乃在前者屬官僚系統，而後者則獨立於官僚系統之外。因此，將知識份子納入官僚系統的情形，乃發生於稷下衰微之後。而正式定爲制度，則在秦統一天下之後。至於稷下學宮的廢除，則與齊在國

〔註51〕《馬王堆漢墓帛書（壹）》頁87。

〔註52〕《中國知識階層史論》：余英時著，聯經出版社1993年5月台北初版二刷，頁73。

力上的衰微有密切的關係。西元前 284 年，燕昭王聯合秦、魏、韓、趙之師伐齊，下七十餘城，齊湣王走莒，乃齊從盛變衰的關鍵時間，故稷下的衰微，大致可定於此。

「黃老帛書」中，其文句載及「士」地位者，句括《經法・四度》載：

君臣不失其位，士不失其處，任能毋過其所長，去私而立公，人之稽也。〔註 53〕

認爲君臣必須「不失其位」，而將之與「士」的「不失其處」相對，可見「士」的觀念並非包含於「君臣」的觀念。「士」階層雖然不在官僚系統當中，但是其對於國家而言非常重要，故國君必須重視他們，甚至以「士」爲師，此即「尙賢」的思想的體現。佚書中其他文句亦反映出此類思想，《經法・六分》云：

如此而又不能重士而師有道，則國人之國矣。〔註 54〕

又云：

王天下者，輕縣國而重士，故國重而身安；賤財而貴有智，故功得而財生；賤身而貴有道，故身貴而令行。〔註 55〕

又《十六經・立命》云：

吾苟能親親而興賢，吾不遺亦至矣。〔註 56〕

又《十六經・前道》云：

壹言而利之者，士也。壹言而利國者，國士也。是故君子卑身以從道，智以辯之，強以行之，責道以並世，柔身以□□□□□□□□□而不□□□□□□□幸也。〔註 57〕

以上文句，皆反映出「尙賢」的思想，而〈四度〉更反映出「士」不在官僚系統之內的情形。可見《經法・四度》篇是產生於重視「士」階層，並且不認爲其當入官僚系統之內的環境下。此外，同樣具有「尙賢」思想，佚書中亦有文句反映出，將「士」階層視爲官僚系統的一份子，《稱》篇載：

・帝者臣，名臣，其實師也。王者臣，名臣，其實友也。霸者臣，名臣也，其實【賓也。危者】臣，名臣也，其實庸也。亡者臣，名

〔註 53〕《馬王堆漢墓帛書（壹）》頁 51。
〔註 54〕《馬王堆漢墓帛書（壹）》頁 50。
〔註 55〕《馬王堆漢墓帛書（壹）》頁 50。
〔註 56〕《馬王堆漢墓帛書（壹）》頁 61。
〔註 57〕《馬王堆漢墓帛書（壹）》頁 76。

臣，其實虜也。〔註 58〕

將「臣下」稱爲「師、友」，亦是尙賢思想的表現，然分析此段文句可知，此時「士」已被歸入官僚系統之中。如前所論，此種思想之產生時間，乃在稷下衰微之後，而具體成爲制度，則在秦統一天下之後。然則〈四度〉的產生時間下限，約在稷下衰微之時，而《稱》的成書時間上限，當在秦統一天下之後。退一步而言，則《經法・四度》的產生時間下限當在秦統一天下（B.C.221）之前，而《稱》的成書時間上限當在左右稷下衰微（B.C.284）之後。〔註 59〕

（四）從不敬蚩尤論《十六經》〈五正〉、〈正亂〉作於劉邦稱帝之前

朱曉海在〈《黃帝四經》考辨〉一文中認爲，「黃老帛書」中出現不敬蚩尤的文句，故其產生時間當在漢前。他說：

> 《史記》卷八〈高祖本紀〉云：「乃立（劉）季爲沛公，祠黃帝，祭蚩尤於沛庭。」卷二十八〈封禪書〉亦云：「高祖初起，禱豐枌榆社，徇沛，爲沛公，則祠蚩尤。……」而所以祭蚩尤，蓋以蚩尤主兵。……卷二十七〈天官書〉亦云：「蚩尤之旗類慧而後曲，象旗，見，則王者征伐四方。」而劉邦終定天下，乃「令祝官立蚩尤之祠於長安」，蓋溯本報施之意也。而〈十大經〉篇〈五正〉、〈正亂〉二章咸以蚩尤兵敗見殺，爲上帝所怒，顯與漢帝尊信蚩尤之觀念乖違。是故藉以爲本書著時代當在劉邦稱帝之前。〔註 60〕

認爲「黃老帛書」的產生時代下限當定在劉邦稱帝。其說合理，但是必須注意的是，朱氏亦認爲「黃老帛書」非一人一時之作〔註 61〕，故以上所舉，亦只能證明〈五正〉、〈正亂〉，其產生時間下限，當在劉邦稱帝之前。

（五）從「立王、三公」及「置君、三卿」的現象論

〔註 58〕《馬王堆漢墓帛書（壹）》頁 81。

〔註 59〕以上所論關於士階層之興起與其地位，見〈古代知識階層的興起與發展〉，載《中國知識階層史論》頁 57～75。

〔註 60〕《黃帝四經考辨》：朱曉海著，台大中文研究所 1977 年碩士論文，頁 97～98。此點亦見於〈黃老帛書的思想與時代〉，載《漢代思想史》：金春峰著，中國社會科學出版社 1997 年 12 月北京修訂第二版一刷，頁 41～48，特其以之論帛書成書年代當在戰國早、中期。

〔註 61〕〈本書非一人之作考〉，載《黃帝四經考辨》頁 3～34。

《十六經・立命》作於秦統一天下之前

《十六經・立命》云：

> 唯余一人□乃肥（配）天，乃立王、三公，立國，置君、三卿。〔註62〕

關於這段文字，學者多以其中出現「立王」的文字，而推論「黃老帛書」的產生時間。康立等認爲，「立王」的觀念是西漢特有的歷史現象，故「黃老帛書」的產生時間當在漢初。〔註63〕但是史明認爲，「立王」當訓爲受天命而立爲王，而非封諸侯爲王，故康氏所持之論不足爲據。〔註64〕然則，「立王」的意義，究竟指的是「立諸侯爲王」還是「自立爲王」，乃爲一需加討論的問題。

要考察「黃老帛書」中「立王」一詞的意義，最可靠的方法當屬「內證法」。亦即在「黃老帛書」中，考察其他相同或類似辭句，以得確詁。觀上引〈立命〉文句，此「立」字當訓爲「立他人」。因爲，「立」字之受詞有二：一爲「王」，二爲「三公」，而一人不能同時「自立」爲王，又「自立」爲三公，故只有將「立」字訓爲「立他人」時，這句話才解釋得通。此外，以「黃老帛書」中其他類似語句觀之，亦得此義。《經法・立命》云：

> 吾畏天愛【地】親民，立有命，執虛信。〔註65〕

又〈論約〉云：

> 故能立天子，置三公，而天下化之，之胃（謂）有道。〔註66〕

又《稱》云：

> 故立天子【者，不】使諸侯疑焉。立正敵（嫡）者，◯不使庶孽疑焉。立正妻者，不使婢（嬖）妾疑焉。〔註67〕

從這些句子可以看出，「黃老帛書」中，只要是「立某」的詞彙，其均指「立他人爲某」之義，尤其第二句引文，更是明顯。至於「自立爲某」，「黃老帛書」的乃作「立爲某」，如《稱》云：

> 取予當，立爲□王。取予不當，流之死亡。〔註68〕

由此觀之，上文所引「立王」，指的應該是「立他人爲王」的意思。針對此義，

〔註62〕《馬王堆漢墓帛書（壹）》頁61。
〔註63〕〈十大經的思想和時代〉：康立著，《歷史研究》1975年1期。
〔註64〕〈十大經的年代與四人幫的野心〉：史明著，《考古》1977年2期。
〔註65〕《馬王堆漢墓帛書（壹）》頁61。
〔註66〕《馬王堆漢墓帛書（壹）》頁57。
〔註67〕《馬王堆漢墓帛書（壹）》頁81。
〔註68〕《馬王堆漢墓帛書（壹）》頁81。

康立認爲，「立王」的觀念要到漢代才有。而史明認爲，戰國時期諸侯雖然各自公開稱王，但是在形式上，也曾有周天子予以承認的情形。「立他人爲王」的現象則起於戰國。本文認爲，周天子的承認與「立他人爲王」，在意義上還是有所差別。因爲前者發生於戰國初期，各諸侯國欲自立爲王，迫使周天子承認。其時，諸侯本身尙無自己代周天子立他國爲王的觀念。故史氏之說不可據。但是另一方面，康氏將「立王」的「王」字，理解爲秦漢時所封的「諸侯王」，亦値得商榷。因爲從以上的引文觀之，「立王」當理解爲「確立繼承王位的人選」。

然則猶待論者，乃視太子爲「王」，此一觀念出現的時間。秦始皇統一天下後，認爲自身功業超越三皇五帝，故自命爲「皇帝」。其後，漢高祖統一天下，雖不似秦始皇囂張，然亦自稱爲帝。秦漢皆不以「王」爲一統天下之君主，因爲時君認爲，「王」的稱號已不足以尊稱其地位。因此，立太子爲「王」的觀念，當出現在秦統一天下之前。

此外，從「置君、三卿」等詞句，亦可推知《十六經．立命》產生時代的下限，當在秦統一天下。「三卿」爲周朝時的官制，乃諸侯王的輔臣，《白虎通義．封公侯》云：

> 諸侯有三卿者，分三事也。……〈王制〉曰：「大國三卿，皆命於天子，……。次國三卿，二卿命於天子，一卿命於其君。」……《禮．王度記》曰：「子男三卿，一卿命於天子。」〔註69〕

自秦統一天下之後，便在「三公」之下設立「九卿」，此後即無「三卿」之名。因此，「三卿」當是秦統一天下之前的官制。然則〈立命〉的產生時間，當在秦統一天下以前。

二、從思想流變判斷

（一）從陰陽家思想論《經法》〈道法〉、〈君正〉、〈四度〉、〈論〉、〈論約〉、《十六經》〈觀〉、〈五正〉及《稱》作於騶衍之後

陰陽家思想指的是以「陰陽」、「五行」的觀念作爲其思想中心，並附會到一切事務，而發展出的一套解釋宇宙、政治的思想。「陰陽」、「五行」的觀念雖自戰國前即已存在，然其本身並無太多哲學上的意義。到了戰國之時，若干思想家將這兩個觀念加以擴充，使之成爲一套用來解釋宇宙及人事的學

〔註69〕《白虎通義疏證》：陳立疏證，北京中華書局新編諸子集成本，頁138。

說。這些思想家即後世所謂的「陰陽家」。司馬談〈論六家要旨〉談及陰陽家的思想時說：

> 嘗竊觀陰陽之術，大祥而眾忌諱，使人拘而多所畏；然其序四時之大順，不可失也。〔註 70〕

又〈漢志〉諸子略序陰陽家云：

> 陰陽家者流，蓋出於義和之官，敬順昊天，歷象日月星辰，敬授民時，此其所長也。及拘者爲之，則牽於禁忌，泥於小數，舍人事而任鬼神。〔註 71〕

這兩段漢人描述陰陽家思想的話，皆指出陰陽家著重於因時節的變化，而行種種人事的思想特徵。農務之耕作與四時之變化息息相關，故戰國以前即出現依耕作之經驗，而產生的關於四時、節氣的理論。這些關於四時、節氣的理論，其適用範圍本來僅限於農務耕作，而不及其他人事。至於系統的將這些觀念用來解釋農務以外的事務，乃陰陽家思想之獨創。然則，「黃老帛書」中載及此種思想的篇章，其產生時間當在陰陽家產生之後。《經法．論》載：

> 不順【四時之度】而民疾。〔註 72〕

又《經法．道法》載：

> 天地之恒常，四時、晦明、生殺、輮（柔）剛。〔註 73〕

這兩段文字都強調，爲政者必須隨著季節轉移而施政。氣候的變化乃一自然現象，然而「黃老帛書」以爲大自然之所以運行，乃因背後有一具意志之「人格天」在操作。故而，將氣候的變化解釋爲此「人格天」意志的表現，而以「生殺」、「柔剛」等意義，賦與在「四時」、「晦明」等現象上。此乃陰陽家所論，人主當依四時之變化，而實行政策的理論基礎。「黃老帛書」中，除了反映出此種理論基礎外，亦載有陰陽家所持，依四時的變化而推行政策的說法。《經法．論約》載：

> 四時有度，天地之李（理）也。日月星晨（辰）有數，天地之紀也。三時成功，一時刑殺，天地之道也。四時時而定，不爽不代（忒），常有法式，□□□，一立一廢，一生一殺，四時代正，冬（終）而

〔註 70〕《史記》頁 3289。

〔註 71〕《漢書》：漢班固撰、唐顏師古注，北京中華書局 1987 年初版五刷，頁 1734～1735。

〔註 72〕《馬王堆漢墓帛書（壹）》頁 53。

〔註 73〕《馬王堆漢墓帛書（壹）》頁 43。

復始。【人】事之理也，逆順是守。〔註74〕

又《經法・君正》載：

> 天有死生之時，國有死生之正（政）。因天之生也以養生，胃（謂）之文，因天之殺也以伐死，胃（謂）之武。【文】武並行，則天下從矣。〔註75〕

以上兩段文字，皆認爲國家的政策可大分爲「生 政」和「死（殺）政」兩類，「生政」當在「生時」執行；「死政」當在「死時」執行。此即「因天」的具體表現。至於什麼是「生死之時」呢？四季中的哪些季節是「生時」，而哪些季節又是「死時」呢？生時死時的分別，乃是配合著「陰」、「陽」的觀念，將春夏秋冬四季分爲兩類。《十六經・觀》載：

> 今始判爲兩，分爲陰陽。離爲○四【時】，□□□□□□□□□□□□□因以爲常，其明者以爲法而微道是行。〔註76〕

將四季分配「陰」、「陽」，使執政者能在適當的季節執行相應的政策。黃老道家強調「無爲」，故主張政策的制定和執行，不能以人君主觀的意志爲主。然則政策的推動，即必須依據另外的客觀標準。政策的客觀化、具體化，在於法律的制定。故而，配合陰陽的理論，執政者應該順著「陰」、「陽」的性質，來訂定法制。四時之中，春、夏兩季屬「陽」；秋冬兩季屬「陰」。《稱》載：

> 春陽秋陰，夏陽冬陰。〔註77〕

換言之，當在春夏兩季行「生」政；秋冬兩季行「死」政。《經法・四度》載：

> 極陽以殺，極陰以生，是胃（謂）逆陰陽之命。極陽殺於外，極陰生於內。已逆陰陽，有（又）逆其立（位）。大則國亡，小則身受其央（殃）。〔註78〕

這段文字乃「物極必反」之理。從而，也間接說明屬於「陽」的春、夏兩季乃是「生」季；屬於「陰」的秋冬兩季乃是「死（殺）」季。因爲「陽」時本來當行「生」政，但是代表「生」政的「陽」，到了極端卻變成「殺」。同理，「陰」時本來是應該行「殺（即死）」政，但是代表「殺」政的「陰」，到了極端卻是變成「生」。至於何謂「生政」，何謂「死政」？「生政」乃泛指直

〔註74〕《馬王堆漢墓帛書（壹）》頁57。
〔註75〕《馬王堆漢墓帛書（壹）》頁47。
〔註76〕《馬王堆漢墓帛書（壹）》頁62。
〔註77〕《馬王堆漢墓帛書（壹）》頁83。
〔註78〕《馬王堆漢墓帛書（壹）》頁51。

接對於人民有利的種種政策；而「死政」乃指對作姦犯科的個人或團體，所作的懲罰，故「生死之政」又稱爲「刑德之政」。《十六經・觀》載：

是□□贏陰布德，□□□□民功者，所以食之也。宿陽脩刑，童（重）陰○長夜氣閉地繩（孕）者，【所】以繼之也。不靡不黑，而正之以刑與德。春夏爲德，秋冬爲刑。〔註79〕

明確指出春、夏二季爲「德季」；「秋」、「冬」二季爲「刑季」。以上所舉，皆爲「黃老帛書」中，討論四時與人政關係的文字，而與司馬談所謂強調「四時之大順」的陰陽家，在思想上有許多雷同之處。此外，《十六經・五正》云：

黃帝問閹冉曰：吾欲布施五正，焉止焉始？……后中實而外正，何【患】不定。左執規，右執柜（矩），何患天下？男女畢迴，何患於國？五正既布，以司五明。左右執規，以寺（待）逆兵。〔註80〕

陳鼓應《黃帝四經今註今譯》認爲「五正」乃《管子》中所言「五政」，並引李學勤之說，認爲「五正」乃「己身與四方的正」〔註81〕。「五正」一詞亦出現於《鶡冠子・度萬》，其云：

天地陰陽，取稽於身。故布五正以司五明。十變九道，稽從身始；五音六律，稽從身出。〔註82〕

本文認爲，此文合「陰陽」、「五正」以爲說，知「陰陽」與「五正」乃同屬陰陽家之說。王肅《孔子家語・五帝》云：

康子曰：「吾聞勾芒爲木正，祝融爲火正，蓐收爲金正，玄冥爲水正，后土爲土正，此五行之主而不亂，稱曰帝者，何也？」孔子曰：「凡五正者，五行之官名。」〔註83〕

此乃騶衍「五德終始」之說。王肅乃漢、魏時人，其說當有據。故而，「五正」一詞乃騶衍陰陽五行思想中之術語，而〈五正〉篇乃作於騶衍之後。

其待考者，乃爲陰陽家思想起源於何時？陰陽家之興起，乃在騶衍之後，

〔註79〕《馬王堆漢墓帛書（壹）》頁62。

〔註80〕《馬王堆漢墓帛書（壹）》頁65。

〔註81〕《黃帝四經今註今譯》：陳鼓應著，台灣商務印書館1995年6月初版一刷，頁293。

〔註82〕《鶡冠子彙校集注》：舊題周鶡冠子著，黃懷信彙校集注，北京中華書局2004年10月初版一刷，頁153～154。

〔註83〕《孔子家語》：魏王肅著，世界書局新編諸子集成本，頁59。

《史記・孟荀列傳》載：

> 騶衍睹有國者益淫侈，不能尚德，若《大雅》整之於身，施及黎庶矣。乃深觀陰陽消息而作怪迂之變，〈終始〉、〈大聖〉之篇十餘萬言。……稱引天地剖判以來，五德轉移，治各有宜，而符應若茲。〔註 84〕

認爲將「陰陽」的觀念推而廣之，並用以解釋各種宇宙、人事的理論，乃始於騶衍。此外，近人梁啓超曾考究騶衍以前文獻所載陰陽二字，發現並無特殊的哲學意義，〔註 85〕亦可證司馬遷之說。然則，《經法》〈道法〉、〈君正〉、〈四度〉、〈論〉〈論約〉、《十六經》〈觀〉、〈五正〉及《稱》等篇，其產生時間的上限，當在騶衍提出其學說之時（B.C.285 年）。

（二）從「五古人王稱帝」的產生論〈成法〉作於騶衍之後

朱曉海在《黃帝四經考辨》一文中，曾從〈成法〉中出現「五帝」一詞，判斷其產生時間當在騶衍之後。他說：

> 就五帝之詞義及其運用情形，約可分爲四：五方色帝、五感生帝、五古人王稱帝、五時君並稱帝，依其屬性，前二者乃五神帝；後二者乃五人帝，此四者產生背景非一，惟後世多糾葛不清，王夢鷗先生於《鄒衍遺說考》〔註 86〕一書中嘗有詳論。〔註 87〕

朱氏據王氏之說，認爲「五古人王稱帝」之觀念，乃騶衍後學不明「五行」相勝之說本合「新聖」而言，而將之改爲「五古人王稱帝」而起。故而，提及「五古人王稱帝」的《十六經・成法》，其著作年代當在騶衍之後，即戰國末葉初期。爲討論方便計，以下錄《十大經・成法》中載及「五帝」之一段：

> 黃帝曰：請問天下猷（猶）有一虖（乎）？力黑曰：然。昔者皇天使馮（鳳）下道一言而止。五帝用之，以朳（扒）天地，【以】楑（揆）四海，以壞（懷）下民，以正一世之士。夫是故毚（讒）民皆退，賢人減（咸）起，五邪乃逃，年（佞）辯乃止。循名復一，民无亂

〔註 84〕《史記》頁 2344～2345。

〔註 85〕〈陰陽五行說之來歷〉：梁啓超著，收錄於《古史辨》第五冊下編。梁文之中有所爭議的爲《老子》「萬物負陰而抱陽」句，然《老子》之產生時間後世議論不已，故其產生時間是否爲騶衍之前，則不可得知。

〔註 86〕筆者註：《鄒衍遺書考》：王夢鷗著，台灣商務印書館 1966 年 1 月台北初版。

〔註 87〕《黃帝四經考辨》頁 69。

紀。〔註 88〕

此所云「五帝」，乃「五古人王稱帝」。顧頡剛〈五德終始說下的政治與歷史〉認爲，「五帝之傳說大約是戰國後期起來的。」並引《孟子》語：「五霸者，三王之罪人也。」證明孟子之時尙無五帝傳說。〔註 89〕又，「五古人王稱帝」觀念興起的原因今已難考，王氏雖詳考博引，認爲起於騶衍後學不明其義而改其說。說法合理。又，上述所引四種「五帝」的觀念中，只有「五古人王稱帝」中的「五帝」，其關係乃爲時間上之先後，其他的「五帝」，皆屬空間上的關係。就先後關係言，後者的產生時間當早於前者。〔註 90〕這種將「五帝」的觀念，從原本所指，在空間上的五方之帝，改成在時間上，五個相遞嬗之帝的說法，的確是騶衍或其後學的創見。李善《文選．魏都賦》：「考歷數之所在，察五德之所位。」，李善注引《七略》云：

> 鄒子有終始五德，從所不勝，木德繼之，金德次之，火德次之，水德次之。〔註 91〕

又《淮南子．齊俗》云：

> 有虞氏之祀，其社用土，……夏后氏其社用松，……殷人之禮，其社用石，……周人之禮，其社用栗……。

於此，高誘引《鄒子》之文云：

> 《鄒子》曰：「五德之次，從所不勝。」故虞土、夏木、殷金、周火。〔註 92〕

劉歆及高誘所見《終始五德》及《鄒子》，乃鄒衍及其後學所著，可知以五行之德來解釋朝代遞嬗的觀念，確爲鄒衍所創。而「五帝」的關係，由本爲空間上的不同，一變而成時間上的替代，當也是在這種「終始五德」觀念的影響下產生。然則〈成法〉的產生時間，當在鄒衍提出其學說之後（B.C.285）。

（三）從人君稱「帝」思想的形成論《經法．論》及《稱》作於「五國相王」之後

春秋時古籍，如《詩經》、《尙書》、《周易》、《春秋》經文所載之「帝」，

〔註 88〕《馬王堆漢墓帛書（壹）》頁 72。

〔註 89〕《古史辨》第五冊，頁 457。

〔註 90〕〈五帝傳見之起源與組合〉，載《古史辨》第七冊上編：楊寬編，頁 246～268。

〔註 91〕《文選》：蕭統編，五南出版社 1991 年 10 月台北初版，頁 166。

〔註 92〕以上二段引文載《淮南鴻烈集解》：清劉文典集解，北京中華書局新編諸子集成本，頁 357～358。

其地位乃爲掌管宇宙之主宰。及至《墨子》中之「帝」義亦如此，如《墨子・非攻下》云：

湯焉敢奉率其眾，是以鄉有夏之境。帝乃使陰暴毀有夏之城。〔註 93〕

梁啓超《先秦政治思想史》云：

其時（筆者註：指「中國最初之社會組織」）之神，一耶多耶，以理度之蓋爲多神。觀文中「上下之神氏姓所出」一語，則知其神純屬「擬人」者，且徧於上下，其族孔繁，然而此種思想幾經洗鍊蛻變，至有史時代，而最高一神之觀念已漸確立。其神名之曰天，曰上帝……〔註 94〕

據梁氏之說，有史時代之人認爲，宇宙間存在著一管理眾神的主宰者，稱爲「天」或「上帝」。至《孟子》時，「帝」除表「上帝」義外，「人間之君」有時亦稱爲「帝」。前者如《孟子・離婁下》云：

雖有惡人，齊戒沐浴，則可以祀上帝。〔註 95〕

後者如〈萬章下〉云：

舜尚見帝，帝館甥于貳室，亦饗舜，迭爲賓主，是天子而友匹夫也。〔註 96〕

稱堯爲「帝」。然而，《孟子》中之「帝」字，其用之以指涉人主者僅限於「古之聖王」（如堯）。稍後於《孟子》，《莊子》內篇中「帝」字之義乃有所變化，如〈應帝王〉云：

南海之帝爲儵，北海之帝爲忽，中央之帝爲渾沌。〔註 97〕

將「帝」分成南北中央，可知「帝」具有地方性，故其地位雖較一般神祇高，但卻與前所引有畢，已非獨一無二之主宰。

《孟》、《莊》書中載「帝」義，雖與《論》、《墨》所言之「帝」義略有不同，但其變化尚且不大。其所指涉的對象，亦僅限於宇宙之主宰或古聖王。值得注意的是，《莊子》之後，如《荀子》、《韓非子》等古籍所載之「帝」，

〔註 93〕《墨子校注》：吳毓江校注，西南師範大學出版社 1992 年 8 月成都初版一刷，頁 197。

〔註 94〕《先秦政治思想史》：梁啓超著，臺灣中華書局 1968 年 11 月臺五版，頁 19～20。

〔註 95〕《孟子注疏》：漢趙岐章句，宋孫奭疏，藝文印書館景清嘉慶江西南昌府學《十三經注疏》本，頁 152。

〔註 96〕載《孟子注疏》頁 180。

〔註 97〕《莊子集釋》頁 309。

乃始指「人間之君主」。《荀子・大略》云：

> 誥誓不及五帝，盟詛不及三王，交質子不及五伯。〔註98〕

此「帝」字尚指「古帝王」，然〈堯問〉云：

> 嗚呼！賢哉！宜爲帝王。〔註99〕

則認爲時君亦可稱「帝」。又《韓非子・和氏》云：

> 今人主之於法術也，未必和璧之急也，而禁羣臣士民之私邪；然則有道者之不僇也，特帝王之璞未獻耳。〔註100〕

又〈外儲說左上〉云：

> 夫慕仁義而弱亂者，三晉也；不慕而治強者，秦也；然而未帝者，治未畢也。〔註101〕

以上兩段所言諸「帝」字，乃指人間的君主。換言之，「帝」字至戰國末期，仍可指「人王」。

韋伯（Max Weber）認爲：「所有支配的基礎，以及所有服從意願所對應的，都是一種信仰（Glaube）」〔註102〕。統治者若想要鞏固他的地位，就必須讓人民對他產生一種信仰。職是之故，取一個動聽的稱號，不但可使人民對支配者產生信仰，而且也可以向其他諸侯國顯示其國威。因而戰國之後，眾諸侯紛紛稱「王」，以顯其威。由此觀之，「人王」稱之所以自稱爲「帝」，乃因稱「王」不足以顯其國威。《白虎通義》卷三〈號〉云：

> 帝王者何？號也。號者，功之表也。所以表功明德，號令臣下者也。德合天地者稱帝，仁義合者稱王，別優劣也。〔註103〕

此爲當時諸侯稱號之心理。在歷史上，這種稱「王」不足以自顯其威，而轉爲稱「帝」的時間爲何呢？西元前323年，公孫衍發起「五國相王」的事件，後齊國藉口中山國小，不承認其具稱「王」資格。可見，當時「王」的稱號仍然非常尊貴。其後，齊、秦的稱「帝」，則反映出當時的「王」號，已不如「五國相王」時尊貴。此乃因短短的幾十年間，諸侯的相繼稱「王」，故就引

〔註98〕《荀子集釋》：周荀卿著，李滌生集釋，學生書局1988年10月台北初版五刷，頁638。

〔註99〕《荀子集釋》頁681。

〔註100〕《韓非子集釋》：陳奇猷集釋，復文書局1991年7月高雄二版，頁238。

〔註101〕《韓非子集釋》頁638。

〔註102〕《支配的類型》：韋伯著，康樂等編譯，遠流出版社1996年台北二版，頁105。

〔註103〕《白虎通疏證》頁43。

發了強國稱「帝」的念頭所致。因此，稱人間君王為「帝」的思想，當產生於魏、趙、韓、燕和中山等「五國相王」（B.C.323），至齊秦稱帝（B.C.288）的這段時間內。又，《韓非子・定法》載韓非答問者「徒用法、術為何不可？」時云：

> 故託万乘之勁韓，七十年而不至於霸王者，雖用術於上，法不勤飾於官之患也。……故乘強秦之資，數十年而不至於帝王者，法不勤飾於官，主無術於上之患也。〔註104〕

同一段文字中，強調徒具法術之一者難以成其大業。在韓非的言語之中，反映出申不害佐韓和秦孝公時，諸侯心中所認定的大業各有不同。前者以稱「霸王」為大業；後者以稱「帝王」為大業。據錢穆《先秦諸子繫年》的考證，申不害於昭侯八年（B.C355）相韓，卒於韓昭侯二十六年（B.C.337）。以上所提思想之轉變，亦可為考究「黃老帛書」提供若干線索。因為「黃老帛書」中，存在「帝王」一詞，〈論〉云：

> 帝王者，執此道也。〔註105〕

又云：

> 是以守天地之極，與天俱見，盡□于四極之中，執六枋（柄）以令天下，審三名以為萬事□，察逆順以觀于朝（霸）王危亡之理，知虛實動靜之所為，達於名實【相】應，盡知請（情）偽而不惑，然后帝王之道成。〔註106〕

「帝王」這種「雙音詞」，在詞彙中的分類中屬於「並列結構」中的「並列名詞」。這種「並列名詞」，在語法上是採用兩個意義較近的「單音詞」，以合而為一個新的「名詞」（雖然在意義上沒有什麼變化）。然則在這個詞內，「帝」字與「王」字所指涉的概念相當接近，都是指在人間的君主。如前所論，這種用法乃與春秋以及戰國初期有所不同。

此外，《稱》云：

> ・帝者臣，名臣，其實師也。王者臣，名臣，其實友也。朝（霸）者臣，名臣也，其實【賓也。危者】臣，名臣也，其實庸也。亡者臣，名臣也，其實虜也。〔註107〕

〔註104〕《韓非子集釋》頁907。
〔註105〕《馬王堆漢墓帛書（壹）》頁53。
〔註106〕《馬王堆漢墓帛書（壹）》頁53。
〔註107〕《馬王堆漢墓帛書（壹）》頁81。

這段文字中，反映出「帝」、「王」均爲「人間君主」的意思，只是前者的地位較後者來得高罷了。同理，其產生時間之上限，可視同《經法‧論》，乃爲「五國相王」（B.C323）之年。

三、從其他史料判斷

〈漢志〉諸子略道家中，存有《黃帝君臣》及《雜黃帝》二種典籍，前者班注云：

> 起六國時，與《老子》相似也。〔註108〕

後者班注云：

> 六國時賢者所作。〔註109〕

班固認爲，這二本書均爲六國時人所作。關於此說，張舜徽《漢書藝文志通釋》嘗云：「斯一語也，實可貫此四種書」〔註110〕，認爲諸「黃帝書」皆作於六國。又，陳國慶《漢書藝文志注釋彙編》引梁啓超《漢書藝文志諸子略考釋》云：「本〈志〉以置諸《鶡冠子》與《孫子》之間者殆認爲此書之依托者爲此時代人也。」〔註111〕陳氏所據任公書不知何版。今檢閱任公書，雖不見此條，然〈漢志〉所列諸書，實略依作者時代排序。然則據張、梁二氏所言，「黃老帛書」的產生時間，當在先秦之時。

四、從避諱現象判斷

朱曉海在《黃帝四經考辨》一文中，嘗據抄寫現象推測「黃老帛書」所抄「母本」的產生時間。〔註112〕他說：

> 〈國次〉章幾全篇全韻，由此可知「必虛其國」原本作「必虛其邦」，如是方協匡、亡、昌、當、央、亡諸陽部字，……。而所以易邦爲國，顯可見本書著作時代當在劉邦稱帝之前，暨於隸書本《老子》前抄附本書時，已當劉邦稱帝，故避諱改字。

其所舉之文如下：

> 國失其次，則社稷大匡。奪而无予，國不遂亡。不盡天極，衰者復昌。誅禁不當，反受其央（殃）。禁伐當罪當亡，必虛（墟）其國。

〔註108〕《漢書》頁1731。

〔註109〕《漢書》頁1731。

〔註110〕《漢書藝文志通釋》頁145。

〔註111〕《漢書藝文志注釋彙編》：陳國慶編，木鐸出版社1983年9月台北初版，頁127。

〔註112〕《黃帝四經考辨》：朱曉海著，台大中文研究所1977年碩士論文，頁97。

兼之而勿擅，是胃（謂）天功。〔註113〕

朱氏從這段文字的協韻，發現其中的「邦」字本來應該寫作「國」字。龍晦〈馬王堆出土《老子》卷前古佚書探源〉〔註114〕一文中舉出，《經法》中「東」、「陽」通押的文句甚多。此亦可證朱氏押韻之說。但是，朱氏以〈國次〉的書寫現象來證明「佚書母本」的抄寫年代，並沒有考慮到四種佚書，原來可能抄自不同著作。〔註115〕然則，《十六經》、《稱》、《道原》等，其母本的抄寫時間，是否可用上證，即爲需加以討論者。除上朱氏所舉之文外，「黃老帛書」中，尚有許多「邦」改爲「國」的文句。《經法・國次》云：

兼人之國。脩其國郭，處其郎（廊）廟，聽其鐘鼓，利其齎（資）財，妻其子女，○是胃（謂）□逆以芒（荒），國危破亡。……故聖（聖）人之伐毆（也），兼人之國，隋（墮）其郭城，棼（焚）其鐘鼓，布其齎（資）財，散其子女，列（裂）其地土，以封賢者，是胃（謂）天功。功成不廢，後不奉（逢）央（殃）。〔註116〕

又《經法・六分》云：

主兩則失其明，男女爭威，國有亂兵，此謂亡國。〔註117〕

又《經法・四度》云：

審知四度，可以定天下，可安一國。順治其內，逆用於外，功成而傷。逆治其內，順用其外，功成而亡。內外皆逆，是胃（謂）重央（殃），身危爲僇（戮），國危破亡。外內皆順，命曰天當，功成而不廢，後不奉（逢）央（殃）。〔註118〕

又《經法・論約》云：

无主之國，逆順相功（攻）。伐本隋（隳）功，亂生國亡。〔註119〕

又《十六經・五正》云：

男女畢迵，何患於國？五正既布，以司五明。左右執規，以寺（待）逆兵。〔註120〕

〔註113〕《馬王堆漢墓帛書（壹）》頁45。
〔註114〕〈馬王堆出土《老子》卷前古佚書探源〉：龍晦著，《考古學報》1975年2期。
〔註115〕關於四種佚書來源不一的說法，詳見本文第二章。
〔註116〕《馬王堆漢墓帛書（壹）》頁45。
〔註117〕《馬王堆漢墓帛書（壹）》頁49。
〔註118〕《馬王堆漢墓帛書（壹）》頁51。
〔註119〕《馬王堆漢墓帛書（壹）》頁57。
〔註120〕《馬王堆漢墓帛書（壹）》頁65。

以上所列諸段文句，其末字「國」若改爲「邦」字，則與「荒」、「亡」、「功」、「殃」（《經法·國次》）；「明」、「兵」（《經法·六分》）；「傷」、「亡」、「殃」、「亡」（《經法·四度》）；「攻」、「功」、「亡」（《經法·綸約》）；「明」、「兵」（《十六經·五正》）等押韻，可知「國」字本當作「邦」字。然則同理可證，其改「邦」爲「國」乃因避漢高祖諱，故《經法》、《十六經》的著作時間，當在劉邦稱帝之前。〔註 121〕

第三節　結　語

以上，乃本文對「黃老帛書」全文，以及其中各篇章，其產生時間之考證。以下，依「考證對象」、「產生時間」、「產生時間上限」及「產生時間下限」列表。其間，若有數論證證同一篇章之情形，則並列眾說，以便檢閱。至於「產生時間」，則依上限欄中時間之較晚者，以及下限欄中時間之較早者。〔註 122〕

〔註 121〕除以劉邦諱斷佚書母本年代外，朱氏又以秦始皇諱考察之，其解《十六經·順道》「正信以仁，慈惠以愛人；端正勇，弗敢以先人。」（《馬王堆漢墓帛書（壹）》頁 79。）一段云：「端、正義同，端正勇爲句甚不辭，察上二句句法，此處顯應屬下讀而衍一字，疑此句本作『端勇弗敢以先人』，端字殆避始皇諱。後傳書者懼人不悉文意，乃於端下夾注一正字，鈔者乃誤夾注入正文，而成端正勇云云。」認爲作者本欲作「正勇」，改作「端勇」乃因避秦始皇諱，故於「端」字下加一「正」字，後人不察抄入而衍，故知其書在秦時而作。然第一、此句原爲：「正信以仁，慈惠以愛人；端正勇，弗敢以先人。」顯然爲二對句，而「端正」爲 138 行上末二字；「勇」爲 138 行下首字，《老子》乙本斷爲上下兩段，疑「端正勇」三字因斷帛而少一字，故此句當爲「端正□勇」，而無再減一字而成「正勇」之理。第二、「端正」二字亦出現於他書，《管子·勢》即有「端政象」句（《管子校釋》頁 373）。第三、佚書中「正」字出現的頻率多達數十次，如果「正」字本爲「端」字的注腳，那麼佚書本來應當也會有十幾個「端」字，抄者能夠全部將它們改正，爲何獨獨漏掉此處沒改？第四、佚書中塗去或未寫全的廢字共有十個，當爲抄手或讀者所塗，可知抄者或讀者如發現有抄錯或衍字的情形，當會將之塗去，又何以會獨留此處不塗？由以上四點可知佚書原作「端正勇」字。

〔註 122〕其實，某些「考證對象」的範圍較大（如《黃老帛書》、《經法》、《十六經》等）。若針對它們所作的研究結果成立，則這些結果亦一併適用於其所涵蓋之「考證對象」（如〈道法〉、〈君正〉等即爲《經法》涵蓋）。但是，爲方便讀書檢視本文之研究，此所列之「產生時間」，乃是直接論證同列之「考證對象」所得之結果。

考證對象	產生時間	產生時間上限	產生時間下限
《黃老帛書》	B.C.295～ B.C.245	毛翕公提出黃老學說（約 B.C.290 年）；騶衍提出學說（約 B.C.285 年）	荀子卒年（B.C.245）；劉邦卒年（B.C.195 年）。秦統一天下（B.C.221）
《經法》	～ B.C.202		劉邦稱帝（B.C.202）
〈道法〉	B.C.285～	騶衍提出學說（B.C.285）	
〈國次〉			
〈君正〉	B.C.285～ B.C.221	騶衍提出學說（B.C.285）	秦始皇統一天下（B.C.221）
〈六分〉	～ B.C.221		秦始皇統一天下（B.C.221）
〈四度〉	B.C.285～ B.C.221	騶衍提出學說（B.C.285）	秦始皇統一天下（B.C.221）
〈論〉	B.C.285～	騶衍提出學說（B.C.285）；「五國相王」（B.C.323）；莊子提出學說（B.C.335）。	
〈亡論〉	B.C.260 ～B.C.221	長平之役（B.C.260）	秦始皇統一天下（B.C.221）
〈論約〉	B.C.285～	騶衍提出學說（B.C.285）。	
〈名理〉			
《十六經》	～B.C.221		秦始皇統一天下（B.C.221）；劉邦稱帝（B.C.202）
〈立命〉	～ B.C.221		秦始皇統一天下（B.C.221）
〈觀〉	B.C.285～	騶衍提出學說（B.C.285）	
〈五正〉	B.C.285～ B.C.202	騶衍提出學說（B.C.285）。	劉邦稱帝（B.C.202）
〈果童〉			
〈正亂〉	～ B.C.202		劉邦稱帝（B.C.202）
〈姓爭〉			

〈雌雄節〉			
〈兵容〉			
〈成法〉	B.C.285～	騶衍提出學說（B.C.285）。	
〈三禁〉			
〈本伐〉			
〈前道〉			
〈行守〉			
〈順道〉			
《稱》（成書時間）	B.C.284～	稷下衰微（B.C.284）；騶衍提出學說（B.C.285）；「五國相王」（B.C.323）後；莊子提出學說（B.C.335）。	
《道原》	～ B.C.221		秦始皇統一天下（B.C.221）

以上爲本章之研究結果。略觀此表，可知「黃老帛書」之產生時代，約可斷爲騶衍提出學說之後，至秦統一天下間（B.C.295～B.C.245），屬戰國末期。

第四章　「黃老帛書」的思想

「黃老帛書」乃「黃老思想」之產物，其獨創性乃在以「因」一觀念建構其思想。從字面意義上來看，「因」是「順應」的意思。「因」的觀念，從現有文獻考之，可知其創始者乃彭蒙、田駢、愼到，《莊子．天下》載：

> 公而不當，易而无私，決然无主，趣物而不兩，不顧於慮，不謀於知，於物无擇，與之俱往，古之道術有在於是者。彭蒙田駢愼到聞其風而悅之，齊萬物以爲首，曰：「天能覆之而不能載之，地能載之而不能覆之，大道能包之而不能辯之，知萬物皆有所可，有所不可，故曰選則不徧，教則不至，道則无遺者矣。」是故愼到棄知去己而緣不得已，泠汰於物以爲道理，曰知不知，將薄知而後鄰傷之者也，謑髁无任而笑天下之尚賢也，縱脫无行而非天下之大聖，椎拍輐斷，與物宛轉，舍是與非，苟可以免，不師知慮，不知前後，魏然而已矣。推而後行，曳而後往，若飄風之還，若羽之旋，若磨石之隧，全而无非，動靜无過，未嘗有罪。是何故？夫无知之物，无建己之患，无用知之累，動靜不離於理，是以終身无譽。故曰至於若无知之物而已，无用賢聖，夫塊不失道。〔註 1〕

強調去除自身之好惡、判斷，一依於「理」，此即「因循」的精神。「因」一觀念，表現在政治和戰略上，則爲「順應」環境、因勢利導。除了繼承上述諸子的說法外，「黃老帛書」更推衍「因」的觀念，並用之於對他家思想的融合上，而展現出其廣取他家思想爲己用的思想特徵。這些被「黃老帛書」所吸取的流派，主要有道家、法家、名家和陰陽家等。在引入上述諸家的思想後，「黃老帛

〔註 1〕《莊子集釋》，舊題莊周著，天工書局 1988 年 9 月台北初版，頁 1086～1088。以下，同章中提及同書處皆逕標書名，其他資料不複述，它書亦然。

書」乃在「因」一觀念的基礎下，建立一格局更爲龐大、完備的思想。

以「因」爲中心思想，「黃老帛書」在政治思想方面，表現出融合各家的多樣性特色；在戰爭觀方面，主張配合天時、地利、人爲等綜合條件；在形上思想方面，其主要訴求乃在提出「道」、「天」二者，作爲其政治思想的形上依據。

此外，由於「黃老帛書」之思想，乃建立在「因」的觀念之上，故其內涵之成分，大部分皆可自他家思想中尋得。伊賽・柏林（Isaiah Berlin）在《馬克斯傳》裡曾對馬克斯理論的獨創性作出如下說明：「在最後結果中具有獨創性的並非任何單一的組合成份，而是主要的假設，透過它每一成份和其他成分結合起來了，因而這些部份看上去成爲在一個純粹的傳統的整體中相互聯繫又相互支持的各個方面」〔註2〕同樣的，「黃老帛書」的獨創性亦表現在將各種思想的合而爲一。因此，找出黃老思想的思想來源，就成了學者的重要任務。職是之故，在下文中除論述「黃老帛書」的思想體系外，亦將一併論述其思想來源。

第一節　「黃老帛書」的政治思想

以「因」爲中心思想，表現在政治上，「黃老帛書」強調政策的執行要「與時遷移，應物變化」。而且，爲了切實貫徹此一原則，人主必須在精神上有所修持，以達到「清虛自守，卑弱自持」的心靈狀態。因爲唯有如此，才能「動合無形，贍足萬物」，而進一步達到「無爲而無不爲」的施政境界。此乃「黃老帛書」政治思想之綱領，以下詳而論之。

一、強調政策的執行要「與時遷移，應物變化」

「黃老帛書」認爲，人主施政時要善於觀察環境，並須配合環境的變化，以作出適當的決策。《經法・君正》云：

> 天有死生之時，國有死生之正（政）。因天之生也以養生，胃（謂）之文，因天之殺也以伐死，胃（謂）之武。【文】武並行，則天下從矣。〔註3〕

〔註2〕《馬克斯傳》頁25，伊賽・柏林（Isaiah Berlin）著；趙干城、鮑世奮譯；丘爲君校訂，時報文化出版企業有限公司1990年8月台北初版。

〔註3〕《馬王堆漢墓帛書（壹）》：中共國家文物局古文獻研究室編，文物出版社1980年3月北京初版一刷，頁47。

又〈四度〉云：

因天時，伐天毀，胃（謂）之武。〔註4〕

第一段文字首先提到國家政策與「天時」之間的對應關係，顯示出「黃老帛書」作者以「天時」作爲施政參考的想法。此外，「黃老帛書」中針對如何使天下人歸從這一問題，提出兩個關於「施惠」與「懲罰」的概念：「文」、「武」；而這兩個概念，又建立在一個基礎觀念上：「因天」。「文」指的是人主須「因天之生也以養生」，配合大自然生養萬物的時機來施惠生靈；「武」指的是「因天之殺也以伐死」；「因天時，伐天毀」，配合大自然毀滅萬物的時機來討伐有罪之人、國。如果能作到「文武並行」，在施惠與懲罰之時把握這兩個原則，即能得到天下人的歸從。大自然的生養、毀滅萬物，表現在時節對植物的影響當中。「黃老帛書」觀察到植物在不同時節之中，其生長狀況有明顯差異，並認爲這種差異，乃「天」之「生」、「殺」意志的展現。因此，「天時」的具體內容，乃表現在四時的變化，而四時也就成爲人主施政時的重要依據了。《十六經．觀》云：

今始判爲兩，分爲陰陽。離爲○四【時】，□□□□□□□□□□□□□因以爲常，其明者以爲法而微道是行。〔註5〕

這段文字有兩個地方值得注意：第一、它明確的指出四季的變化乃人主施政時的重要依據，配合上述的討論，可知在「因天」觀念中，「四時」佔有相當重要的地位。第二、指出人主應該將這種「因四時」的施政原則制度化，立法來歸範國家的政策。

除了季節、氣候等「天時」現象之外，同屬自然現象且可以供人主做爲施政參考者，乃爲「地理」現象。因此，人主施政除須參考「天時」之外，也須注意「地理」。《稱》云：

．天地之道，有左有右，有牝有牡。……因地以爲齎，因民以爲師。弗因无褱也。〔註6〕

這段文字提到了「天地之道」的兩種面向：「左」、「右」（或「牝」、「牡」，兩組觀念之間當有對應關係）。這兩個截然相反的概念雖然彼此相對，但是它們都是大自然所揭示出來的法則，足以作爲人主施政的參考。然而，既然這兩個原則都足以作爲施政的參考，則人主應當以何者爲依歸呢？人主應該

〔註4〕《馬王堆漢墓帛書（壹）》頁51。
〔註5〕《馬王堆漢墓帛書（壹）》頁62。
〔註6〕《馬王堆漢墓帛書（壹）》頁82。

以那個原則來作爲施政方針呢？其間是否有另外的判斷標準來輔助人主使用這兩個原則呢？如果有，那判斷的標準又是什麼呢？關於這些問題，佚書作者還是提出了「因」的觀念來作爲它的解答，認爲：人主應該順應地質的特性，善加利用以作爲生產的資源（因地），而且，應該順應人民的風俗習慣、共同心態，以作爲施政的參考（因民）。在此可以發現，除了「天時」、「地理」等自然現象外，人主必須加以觀察且順應者爲「人」的因素。《十六經．果童》云：

有□□□重任百則輕。人有其中，物有其形，因之若成。〔註7〕

強調人主當配合臣下的專長而給予適當的職位、任務〔註8〕。

二、人主貴在「清虛自守，卑弱自持」

「黃老帛書」認爲，欲確實貫徹「順應環境以施政」的原則，即必須心無成見，並且儘量不要展現自己的才能，因爲這兩種態度都足以阻礙人主貫徹「與時遷移，應物變化」的原則。《稱》云：

．聖人不爲始，不專已，不豫謀，不爲得，不辭福，因天之則。〔註9〕

又：

弗爲而自成，因而建事。〔註10〕

這兩段文字指出：聖人在制定或實施某項政策時，心中不該先存有任何成見或期待，只要把握「因天之則」的原則，「得」、「福」就會自然而然的承現，政策也會自然而然的得到一定的效果。又《道原》云：

無好無惡，上用□□而民不迷惑。上虛下靜而道其正。信能無欲，可爲民命。上信無事，則萬物周遍。……得道之本握少以知多；得事之要，操正以正奇。〔註11〕

這段文字強調人主必須無所偏好，而且心中不可存有任何欲求，及以「想完成某件事」的想法，這就是「虛」、「靜」的修爲。人主如果可以時時處於這種「虛」、「靜」的心理狀態，就能夠「握少以知多」，「操正以正奇」，因爲「虛」、

〔註 7〕《馬王堆漢墓帛書（壹）》頁 66。

〔註 8〕這段文字雖然有所殘缺，但《淮南子．主術篇》中有一段與它幾乎完全相同的文字：「人有其才，物有其形。有任一而太重，有任百而尚輕。」可以作爲了解這段文字原義的參考。

〔註 9〕《馬王堆漢墓帛書（壹）》頁 81。

〔註10〕《馬王堆漢墓帛書（壹）》頁 82。

〔註11〕《馬王堆漢墓帛書（壹）》頁 87。

「靜」乃「道之本」、「事之要」。此外，「虛」、「靜」之心理狀態，也有助於人主維持其謙卑心態。《十六經．順道》云：

> 大茟（庭）之有天下也，安徐正靜，柔節先定。晁濕共（恭）僉（儉），卑約生柔。常後而不失體（體），正信以仁，玆（慈）惠以愛人，端正勇，弗敢以先人。中請（情）不剌，執一毋求。刑於女節，所生乃柔。□□□正德，好德不爭。立於不敢，行於不能。單（戰）視（示）不敢，明埶不能。守弱節而堅之，胥雄節之窮而因之。〔註12〕

這段文字以「大庭氏」治理天下爲例說明人主應有的心態，主張除了要「安徐正靜」，在心中時時保持虛靜狀態之外，還提出了「柔節」這一應當遵守的德目。「柔節」又稱爲「女節」、「弱節」，指的是強調人主與人相處之時，必須「常後而不先」，「弗敢以先人」，「好德不爭」，「立於不敢」，「行於不能」，「戰示不敢」的一種德性。簡言之，「柔節」乃是一種「示弱不爭」的德性。

三、注重精神方面的修養，以達到「動合無形，贍足萬物」的境界

欲達到「安徐正靜」的境界，即必須籍由後天的訓練，故「黃老帛書」亦注重心靈的修養，《經法．論》云：

> 靜則平，平則寧，寧則素，素則精，精則神。至神之極，【見】知不惑。帝王者，執此道也。〔註13〕

《淮南子．精神》嘗論「精神」云：「是故精神，天之有也，而骨骸者，地之有也。精神入其門，而骨骸反其根，我尚存何？」〔註14〕將精神屬天，骨骸屬地，將人視爲心智與肉體所組合而成的個體。此所云「精」、「神」，雖與《淮南子》所云「精神」不同，指的是一種修養的境界，然依中國文字同一字兼具各種變化形態的特性看來，上文所引之「精」、「神」境界，指的當爲「精神專一」的心理狀態。要達到這種境界，必須經過「靜」、「平」、「寧」、「素」等階段。

〔註12〕《馬王堆漢墓帛書（壹）》頁79。

〔註13〕《馬王堆漢墓帛書（壹）》頁53。

〔註14〕《淮南鴻烈集解》：清劉文典集解，北京中華書局1997年1月初版二刷，頁218～219。

四、「無爲而無不爲」的理想施政

人主若能作到以上幾點，即能臻至「無爲而無不爲」的理想施政境界。「黃老帛書」將「無爲」和「無不爲」這兩個看似相反的概念，透過對它們從不同角度、方向的解釋，使得二者間存在著某種因果關係。如前所述，「黃老帛書」對於政治思想並沒有一套固定的主張，並認爲這是一種「無爲」的表現。在這種觀念下，「黃老帛書」引入諸家思想以爲己用，此即司馬談所謂「其術以虛無爲本，以因循爲用」。此乃「黃老思想」中無爲之實義。在「虛無」的「無爲」心境下，必須「因循」各種適合當時環境的統治技術。在政治思想方面，其較爲重要者乃爲陰陽家、法家和名家。關於陰陽家的部分，本文已於第三章第二節述及，此不贅述。以下，則針對「黃老帛書」中引入法家和名家的部分，詳述其內涵。

關於法家，司馬談〈論六家要旨〉云：

> 法家嚴而少恩；然其正君臣上下之分，不可改矣。……法家不別親疏，不殊貴賤，一斷於法，則親親尊尊之恩絕矣。可以行一時之計，而不可長用也，故曰「嚴而少恩」。若尊主卑臣，明分職不得相踰越，雖百家弗能改也。〔註 15〕

〈漢志〉云：

> 法家者流，蓋出於理官，信賞必罰，以輔禮制。易曰「先王以明罰飭法」，此其所長也。及刻者爲之，則無教化，去仁愛，專任刑法而欲致治，至於殘害至親，傷恩薄厚。〔註 16〕

從以上兩段引文可知，法家的根本思想及主要特徵有二，其一是樹立一套治理國家的法制，並以執政者的力量保障其客觀性，使之不因人情因素而有所動搖、破壞。其二是嚴格且徹底的區分君臣間的地位與權力。必須注意的是，今法家之著作中所涵，注重「術」之部分，如《韓非子．定法》篇云：

> 術者，因任而授官，循名而責實，操殺生之柄，課群臣之能者也，此人主之所執也。〔註 17〕

強調以人主之權力，責成臣下之政績，使之與其職位相合無間，乃戰國後期之法家集大成者——韓非子吸取「名家」之思想，並融入法家而成。然則依

〔註 15〕《史記．太史公自序》，載《史記》頁 3289～3291。

〔註 16〕《漢書》：漢班固著，北京中華書局 1987 年初版五刷，頁 1736。

〔註 17〕《韓非子集釋》，周韓非著，復文書局 1991 年 7 月高雄二版，頁 906。

思想之原創性而論，此部分當屬「名家」所有。（詳後）

在法家方面，「黃老帛書」爲了使「法」的地位穩固不移，故提出「道」的觀念，以作爲「法」的形上根源，從而肯定「法」的正當性。《經法．道法》云：

道生法。〔註18〕

又《十六經．觀》云：

群群□□□□□□□爲一囷，无晦无明，未有陰陽。陰陽未定，吾未有以名。今始判爲兩，分爲陰陽，離爲○四【時】，□□□□□□□□□□□因以爲常，其明者以爲法而微道是行。〔註19〕

「法」要發揮效用，則需樹立某種「客觀性」，故《經法．道法》云：

法者，引得失以繩，而明曲直者殹（也）。故執道者，生法而弗敢犯殹（也），法立而弗敢廢【也】。□能自引以繩，然后見知天下而不惑矣。〔註20〕

又〈君正〉云：

法度者，正之至也。而以法度治者，不可亂也。而生法度者，不可亂也。〔註21〕

因爲「法」乃「道」所生，其本身自有一定的價値，故即使是訂定法制法律的人主，都不能侵犯、破壞此「客觀性」。職是之故，實際運用於治理人民上，亦需以「法」爲審判是非的標準。《經法．名理》云：

是非有分，以法斷之。虛靜謹聽，以法爲符。〔註22〕

若不以「法」爲治理國家的依據，將爲國家代來變亂、災禍。《稱》云：

．有義（儀）而義（儀）則不過，侍（恃）表而望則不惑，案法而治則不亂。〔註23〕

又云：

．世恒不可，擇（釋）法而用我。用我不可，是以生禍。〔註24〕

以上乃「黃老帛書」中，關於「法」的客觀性的論述。

〔註18〕《馬王堆漢墓帛書（壹）》頁43。
〔註19〕《馬王堆漢墓帛書（壹）》頁62。
〔註20〕《馬王堆漢墓帛書（壹）》頁43。
〔註21〕《馬王堆漢墓帛書（壹）》頁47。
〔註22〕《馬王堆漢墓帛書（壹）》頁58。
〔註23〕《馬王堆漢墓帛書（壹）》頁81。
〔註24〕《馬王堆漢墓帛書（壹）》頁81。

除此之外，「黃老帛書」亦再三強調君臣之間，其權力與地位的不可移易。《經法．六分》云：

主惠臣忠者，其國安。主主臣臣，上下不赿者，其國強，主執度，臣循理者，其國霸昌。主得【位】臣輻屬者，王。〔註25〕

若能遵循君上臣下，君主臣從的原則，則國家必然強盛，甚至可以王天下。反之，若臣下踰越君上的地位而掌握權力，則國家不亡即亂，故又云：

其子父，其臣主，雖強大不王。……嫡子父，命曰上曊，群臣離志，大臣主，命曰壅塞。……主不失其位則國【有本。臣】失其處則下無根，國憂而存。〔註26〕

又〈四度〉云：

君臣易交謂之逆，……。逆則失本……。〔註27〕

又《稱》云：

．臣有兩位者，其國必危。國若不危，君臾存也，失君必危。失君不危者，臣故差也。子有兩位者，家必亂。家若不亂，親臾存也，【失親必】危。失親不亂，子故差也。〔註28〕

所謂的「兩位」，陳鼓應認爲有兩種可能的解釋：其一「指大臣身爲臣子，卻行使了君主的權力」，其二指臣子「身在本國，心在他邦」。依上下文觀之，其強調臣子「兩位」，即「失君」、「失親」，則第一種解釋似乎較佳。以上，乃「黃老帛書」反覆申述臣下與主上地位的絕對固定性，認爲不可以稍有動搖之處，與前述注重「法」的「客觀性」之說，皆爲其引「法家」之思想爲己用者。

至於名家，司馬談〈論六家要旨〉云：

名家使人儉而善失眞，然其正名實，不可不察也。……名家苛察繳繞，使人不得反其意，專決於名而失人情，故曰「使人儉而善失眞」。若夫控名責實，參伍不失，此不可不察也。〔註29〕

又〈漢志〉云：

名家者流，蓋出於禮官。古者名位不同，禮亦異數。孔子曰：「必也正名乎！名不正則言不順，言不順則事不成。」此其所長也。及警

〔註25〕《馬王堆漢墓帛書（壹）》頁49。
〔註26〕《馬王堆漢墓帛書（壹）》頁49。
〔註27〕《馬王堆漢墓帛書（壹）》頁51。
〔註28〕《馬王堆漢墓帛書（壹）》頁82。
〔註29〕《史記．太史公自序》，載《史記》頁3289～3291。

者爲之，則苛鉤懫析亂而已。〔註30〕

可知名家之主要思想及特徵，乃在重視各種名位及職責間的關係，與前所述「因任而授官，循名而責實」的精神相同。在名家思想方面，「黃老帛書」認爲，主上若想要有效的借助臣下辦事，即必須使用「控名責實，參伍不失」的方法。與「法」一樣，「黃老帛書」亦以形上論述的方式，來確保「名」的正當性。《十六經．成法》云：

昔天地既成，正若有名，合若有刑（形），□以守一名。〔註31〕

認爲「名」乃天地既成之初即存在，故名實之間實有某種關聯。將此一觀念運用於政治上，則可將「名」視爲臣下的「職位和言論」，「實」視爲臣下「實際施政的效果」，而人主之職責，乃在「控名責實」：以臣下的職位和言論爲依據，來考核其所做所爲是否「名實相應」。《十六經．行守》云：

有人將來，唯目之瞻。言之壹，行之壹，得而勿失。【言】之采，行之配（熙），得而勿以。是故言者心之符【也】，色者心之華也，氣者心之浮也。有一言，無一行，胃（謂）之誣。〔註32〕

又《道原》云：

分之以其分，而萬民不爭。授之以其名，而萬物自定。〔註33〕

強調人主要觀察臣下的言行是否如一，此即「名實相應」，又《經法．論》云：

帝王者，執此道也。……達於名實【相】應，盡知請（情）僞而不惑，然后帝王之道成。〔註34〕

認爲主上如果能夠依照臣下的職位、言論而考核其所做之事，即能清楚的監督臣下的所做所爲，如此一來，也能成就「帝王之道」。此外，前所謂「參伍」，疑與「什伍」相同，爲編列軍民爲一單位，以便加以掌握的方法。商鞅變法時即「令民爲什伍，而相牧司連坐」〔註35〕，在編列組識的基礎下實行「連坐法」。「黃老帛書」中也載有這種觀念，《經法．君正》云：

號令者，連爲什伍，巽（選）練賢不宵（肖）有別毆（也）。〔註36〕

〔註30〕《漢書》頁1737。
〔註31〕《馬王堆漢墓帛書（壹）》頁72。
〔註32〕《馬王堆漢墓帛書（壹）》頁78。
〔註33〕《馬王堆漢墓帛書（壹）》頁87。
〔註34〕《馬王堆漢墓帛書（壹）》頁53。
〔註35〕《史記》頁2230。
〔註36〕《馬王堆漢墓帛書（壹）》頁47。

將五人或十人編爲一組，作爲最小的單位。用這種層層監督的方式，準確考核出個人能力的高下。

總結以上「刑名法術」之政治思想，「黃老帛書」認爲人主應該審察「三名」。所謂「三名」者，乃《經法．論》所云：

> 三名：一曰正名位而偃，二曰倚名法而亂，三曰強主滅而無名。三名察則事有應矣。〔註 37〕

強調名位的端正能使國家安定，反之，若名位不正或不設名位，國家可能紊亂、滅亡。以上，乃「黃老帛書」中，引入法家及名家之政治思想處。此亦可顯示「黃老帛書」政治思想之主要特徵，即「沒有固定的主張」。但是，「沒有固定的主張」乃建立在順應環境而施政的原則。

從以上的討論可知，所謂「無爲」，指的是「以虛無爲本」的原則，也就是前述的「虛靜」之道。人主能夠「安徐正靜」，國家才能治理。政策的推動雖然不以人主的好惡、成見爲依歸，但仍有一定的指導方針，這個指導方針就是「順應環境」的原則。能夠順應環境，提出適當的政策，就能夠有效的完成所有的事，解決所有的問題，這就是「無不爲」。簡而言之，就主觀的心理層面而言，可以稱之爲「無爲」；就客觀的實際層面而言，又可稱之爲「無不爲」，而施政的最高境界就在於同時作到「無爲」與「無不爲」。因此，「無爲」與「無不爲」非但不是兩個相對立的概念，而且還是同一境界的兩個面向。換言之，能夠「無爲」才能「無不爲」，「無爲」是「無不爲」的必然條件。

以上所述，乃「黃老帛書」之政治思想。附帶一提，以上所談到的思想，皆與漢人對「道家」的理解相符，包括：

第一、強調政策的執行要「與時遷移，應物變化」：司馬談〈論六家要旨〉云：

> 其爲術也……，與時遷移，應物變化，立俗施事，無所不宜，指約而易操，事少而功多。〔註 38〕

這段文字是司馬談對「道家」之術的描述，而所謂的「道家」之術，指的就是黃老學派的政治思想。司馬談認爲：道家思想「指約而易操」，只要人主能

〔註 37〕「一曰正名位而偃」原作「一曰正名一日位而偃」，此處依帛書整理小組所校改，詳《馬王堆漢墓帛書（壹）》頁 53～54。

〔註 38〕《史記．太史公自序》，載《史記》：漢司馬遷著，唐司馬貞索隱，唐張守節正義，宋裴駰集解，北京中華書局 1989 年北京初版十一刷，頁 3289。

把握「與時遷移，應物變化」的大原則，處理國事時就能「事少而功多」，以簡馭繁地作到「立俗施事，無所不宜」的完善施政。所謂「與時遷移」，指的是「順應時勢的變化而配合以適當的政策」。從上文可知，這種思想亦爲「黃老帛書」所強調。

第二、人主貴在「清虛自守，卑弱自持」、注重精神方面的修養：〈漢志・諸子略序〉云：

道家者流，蓋出於史官，歷記成敗存亡禍福古今之道，然後知秉要執本，清虛以自守，卑弱以自持，此君人南面之術也。〔註39〕

這段文字認爲黃老道家的「南面之術」在於「清虛以自守，卑弱以自持」，而這兩種態度就是治術之「要」、「本」，人主應該時時把握它們。所謂「清虛以自守」是指：內心不要有任何的好惡，這樣一來理智才不會被自我的成見矇蔽而作出不完滿的判斷；所謂「卑弱以自持」是指：以一種謙虛的心態看待自我，要認爲自已的能力比他人低下，並時時展現出能力不足的樣貌。從上文可知，這兩種施政態度在「黃老帛書」中也常常被強調。

第三、達到「動合無形，贍足萬物」的境界：〈論六家要旨〉云：

道家使人精神專一，動合無形，贍足萬物。〔註40〕

人主必須把握「精神」，使其集中而不致散亂，這種修養就是所謂的「精神專一」。然則，「黃老帛書」和〈論六家要旨〉所提「道家」一樣，皆強調「精神專一」的修養境界。

第四、「無爲而無不爲」的施政境界：〈論六家要旨〉所云：

道家無爲，又曰無不爲，其實易行，其辭難知。其術以虛無爲本，以因循爲用。無成埶，無常形，故能究萬物之情。不爲物先，不爲物後，故能爲萬物主。有法無法，因時爲業；有度無度，因物與合。故曰「聖人不朽，時變是守。虛者常之道也，因者君之綱。」也。〔註41〕

「黃老帛書」亦強調順應環境的重要性，並且認爲環境是瞬息萬變的，所以施政者在實施其政策時，應當配合著當時的環境，以制定出適當的政策、法令。

以上所述，乃漢人對黃老思想的理解，而這些思想正好反映且貫穿於「黃老帛書」之中。從此一現象可知，「黃老帛書」當爲黃老學派的產物。

〔註39〕《漢書》頁1732。
〔註40〕《史記・太史公自序》，載《史記》頁3289。
〔註41〕《史記・太史公自序》，載《史記》頁3292。

第二節　「黃老帛書」的戰爭觀

「黃老帛書」中，雖無明確論及戰術問題，但若干篇幅談及戰爭的議題，包括：發動戰爭的條件、作戰的時機、供作參考的原則等，故仍有可探之處。

「黃老帛書」的戰爭觀，與其政治思想一樣，乃建立在以「因」爲中心思想的基礎上。其中，《十六經》中多篇論及兵道，且其精神多同於〈漢志〉兵書略兵陰陽家，值得注意。〈漢志兵書略兵陰陽家序〉云：

> （兵）陰陽者，順時而發，推刑德，隨斗擊，因五勝，假鬼神而爲助者也。〔註42〕

可見兵陰陽家的戰爭理論是：「順時而發」、「推刑德」、「隨斗擊」、「因五勝」和「假鬼神而爲助」。這些兵陰陽家的戰爭理論，部分反映於「黃老帛書」之中，以下析而論之：

一、順時而發

所謂「順時而發」，指的是「順應時勢而發動攻擊」，也就是把握時機出兵的意思。在《十六經．五正》中，閹再對黃帝說：

> 今天下大爭，時至矣，后能慎勿爭乎？〔註43〕

認爲天下大爭的時機已經到了，故黃帝應當揚棄不爭的念頭。相反的，若能在適當的時機發動戰爭，則必然有所成就，〈兵容〉云：

> 兵不刑天，兵不可動。……耶（聖）人之功，時爲之庸，因時秉□，是必有成功。……。〔註44〕

又〈姓爭〉云：

> 天地已成，黔首乃生，胜（姓）生已定，敵者○生爭，不諶不定。……爭（靜）作得時，天地與之。爭不衰，時靜不靜，國家不定。可作不作，天稽環周，人反爲之【客】。靜作得時，天地與之。靜作失時，天地奪之。〔註45〕

此段文字不但提出作戰成功的重要因素在於順應天時，而且認爲，如再不把握時機，就會遭受不良的後果。又〈觀〉云：

〔註42〕《漢書》頁1760。
〔註43〕《馬王堆漢墓帛書（壹）》頁65。
〔註44〕《馬王堆漢墓帛書（壹）》頁71。
〔註45〕《馬王堆漢墓帛書（壹）》頁69。

當天時，與之皆斷。當斷不斷，反受其亂。〔註46〕

又〈兵容〉云：

因天時，與之皆斷。當斷不斷，反受其亂。〔註47〕

認爲到了適當的時機，就必須作出出兵的決定，否則就會遭受禍亂。這些，都與「順時而發」的原則相符。

二、推刑德

所謂「推刑德」，指的是透過推算「刑」、「德」的方式，以作爲決定戰術的參考。《淮南子·天文》云：

陰陽刑德有七舍。何謂七舍？室、堂、庭、門、巷、術、野。十二月德居室三十日，先日至十五日，後日至十五日，而徙所居各三十日。德在室則刑在野，德在堂則刑在術，德在庭則刑在巷，陰陽相德則刑德合門。八月、二月，陰陽氣均，日夜分平，故曰刑德合門。德南則生，刑南則殺，故曰二月會而萬物生，八月會而草木死。〔註48〕

此處所引，雖非專用於戰爭上，要之「推刑德」之基本精神當亦如此，亦即推算時間，以尋出何處爲「刑」、何處爲「德」。以此例之，用之於戰爭上，則所謂「推刑德」者，其重點亦在推算何時何處爲「刑」，何時何處爲「德」，以作爲作戰的參考。「黃老帛書」雖無如此詳細的論述，然其所提之「刑德」觀，卻可作爲此說的理論基礎。《十六經·觀》云：

春夏爲德，秋冬爲刑。先德後刑以養生。姓生已定，而敵者生爭，不諶不定。凡諶之極，在刑與德。刑德皇皇，日月相望，以明其當，而盈□無匡。〔註49〕

認爲作戰必須講求「刑」與「德」，「刑」與「德」就與日月一樣，可以指明戰略，此段文字與〈姓爭〉中的一段極爲相似，其云：

凡諶之極，在刑與德。刑德皇皇，日月相望，以明其當。望失其當，環視其央（殃）。天德皇皇，非刑不行。繆（穆）繆（穆）天刑，非德必頃（傾）。刑德相養，逆順若成。刑晦而德明，刑陰而德陽，刑

〔註46〕《馬王堆漢墓帛書（壹）》頁63。
〔註47〕《馬王堆漢墓帛書（壹）》頁71。
〔註48〕《淮南鴻烈准解》頁98。
〔註49〕《馬王堆漢墓帛書（壹）》頁62。

微而德章。其明者以爲法，而微道是行。〔註50〕

此段文字不但指明了「刑」與「德」的重要性，更指出：「天德」雖然偉大，但是如果沒有「刑」的配合，還是無法施行於天下；反之，莊嚴肅穆的「天刑」，如果沒與「德」配合，最後亦必然傾毀。在此，「黃老帛書」進一步的申論「刑」、「德」必須相互應用，方能相輔相成之義。

三、隨斗擊、因五勝

「斗擊」的「斗」，當爲星斗之斗。兵陰陽家認爲，星的斗柄指向，可供爲作戰參考。《尉瞭子·天官》載：

楚將公子心與齊人戰，時有慧星出，柄在齊。柄所在勝，不可擊。公子心曰：「慧星何知！以慧斗者，固倒而勝焉？明日與齊戰，大破之。」〔註51〕

可知戰國時的確出現過如下說法：慧星斗柄的指向，可作爲作戰勝負的判斷標準。至於「五勝」，顏師古認爲即「五行相勝」之意，其說或是。銀雀山出土《孫臏兵法·地葆》云：

凡地之道，陽爲表，陰爲里，……，絕水、迎陵、逆流、居殺地、迎眾樹者，鈞舉也，五者皆不勝。南陣之山，生山也。東陣之山，死山也。東注之水，生水也。北注之水，死水。不流，死水也。五地之勝曰：山勝陵，陵勝阜，阜勝陳丘，陳丘勝林平地。五草之勝曰：藩、棘、椐、茅、莎。五壤之勝：青勝黃，黃勝黑，黑勝赤，赤勝白，白勝青。五地之敗曰：谿、川、澤、斥。（筆者案：此處當缺一地）五地之殺曰：天井、天宛、天離、天隙、天柖。五暮，殺地也，勿居也，勿□也。春毋降，秋毋登。軍與陣皆毋政前右，右周毋左周。〔註52〕

其中，言及陰陽四時及某勝某等，與陰陽家五行相勝之論有所雷同；且論及水、山、地、草、壤等，與《尉繚子·天官》所載《黃帝之言》：「背水陳爲絕地，向阪陳爲廢軍」〔註53〕中，透過對大自然的觀察，以作爲軍事行動參考的思想

〔註50〕《馬王堆漢墓帛書（壹）》頁69。

〔註51〕《尉繚子譯注》：李解民譯注，河北人民出版社1995年4月初版二刷，頁6。

〔註52〕《孫臏兵法殘簡釋文》：郭化若注，收錄於《十一家注孫子》：郭化若等譯，里仁書局1982年10月初版，頁27。

〔註53〕《尉繚子譯注》：李解民譯注，河北人民出版社1995年4月初版二刷，頁4。

亦相合。此外，曾憲通認為，「從帛書《五星占》這一天文著作看到，以五星配五行、五方、五色以推斷用兵的吉凶、勝數，……。如『將軍在野，必視明星之所在』；『東去之，其國凶，不可興事用兵，戰爭不勝』；『星卑，用兵淺』；『太白上出，破軍殺將，客勝』」。等，都是兵陰陽家的戰術理論。〔註54〕因此，「五勝」之說當與《孫臏兵法．地葆》及帛書《五星占》所載相似。

此外，「隨」與「因」之義相近，都有「順應」的意思，故「隨斗擊」、「因五勝」之大意當為「觀察天象和地勢所顯示的災福，而作為作戰的參考，並決定是否出兵攻打敵人或如何攻打敵人」。「黃老帛書」的思想觀，雖然與之有所差距，但是考量到天時及地利，以作為戰術的參考這方面，卻是相近的。〈正亂〉云：

> 天地立名，□□自生，以隋（隨）天刑。〔註55〕

認為萬物的生成都隨著天地運行的道理，所以作戰也必須如此。〈順道〉云：

> 單（戰）視（示）不敢，明埶不能。……愼案其眾，以隋（隨）天地之從（蹤）。〔註56〕

這兩段文字都提出把握時機發兵的理論。除此之外，順應戰爭的形勢而擬定作戰方針，也為《十六經》所強調。〈正亂〉中記載太山之稽與力牧的對話，當力牧說到蚩尤有「天佑」，故高陽氏未能戰勝時，太山之稽勸力牧不要存有此種想法，並且說：

> 【吾】將因其事，盈其寺，軵其力，而投之代。〔註57〕

太山之稽所提出其戰略方針為：順應蚩尤的惡行，滿足他的慾望，使他繼續著迷於此，等到適當的時機出兵必可大獲全勝。《十六經》在這裡強調順應當時敵方的情勢，而擬定作戰方針的觀念。換言之，就是要使對方先有所作為，我方再考慮如何應戰。因此，在敵方尚未有所行動時，我方必須表現出無所作為的態勢，〈順道〉云：

> 立於不敢，行於不能。單（戰）視（示）不敢，明埶不能。守弱節而堅之，胥雄節之窮而因之。〔註58〕

此所言「不敢」、「不能」，即「守弱節」的一種表現。驕兵必敗，我方若表現

〔註54〕〈座談馬王堆漢墓帛書〉：唐蘭等著，載《文物》1974年9期。
〔註55〕《馬王堆漢墓帛書（壹）》頁67。
〔註56〕《馬王堆漢墓帛書（壹）》頁79。
〔註57〕《馬王堆漢墓帛書（壹）》頁67。
〔註58〕《馬王堆漢墓帛書（壹）》頁79。

出無能的樣子，就可以使對方輕敵而採取行動。這種作戰行爲的表現稱之爲「雄節」；頻示「雄節」，必然會有窮盡的一天，等到敵方黔驢技窮之後，我方即可掌握對方的虛實，擬定勝利的戰略。

四、假鬼神而爲助

「假鬼神而爲助」指的是「憑藉著鬼神的力量以幫助我方」的意思，《尉繚子・天官》載：

> 黃帝曰：「先神先鬼，先稽我智。」謂之天官，人事而已。〔註59〕

依其文意可知，當時確實有人將上引黃帝之言，以「天官」的角度解釋。所謂「天官」的角度解釋，即前所述，認爲天象、地勢等因素能決定戰爭勝負。以這種觀點看待戰爭的勝負，則人爲因素必然相對減少。在此，從「天官」的角度解釋黃帝之言，也是忽視人爲因素在戰爭中所佔的地位，而強調「鬼神」的影響力。「黃老帛書」中，亦嘗提及「鬼神」在戰爭中的地位，〈前道〉云：

> 聖【人】舉事也，合於天地，順於民，祥於鬼神，使民同利，萬夫賴之，所謂義也。〔註60〕

肯定鬼神的存在，並認爲聖人若要發動戰爭，則必須向鬼神詢問是否吉祥，如此才能人神和諧，又〈行守〉云：

> 天有恒榦，地有恒常。與民共事，與神同□。〔註61〕

這段文字雖然尚缺一字，但是從上下文意可知它還是很強調重視神明的重要性的。

總上所論，《十六經》中除了反映出漢初黃老道家的思想外，亦在許多地方與兵陰陽家的思想相契。

應該加以分辨的是，雖然「黃老帛書」的戰爭觀，可作爲兵陰陽家「數術化」戰爭思想的基礎，但其本身的迷信色彩並不明顯。舉例而言，「黃老帛書」所提之「刑德」觀，其目的乃在依四時之運行，提出「賞罰」的觀念，以作爲帶兵譴將的參考，而非如數術家所言，可依天象推算戰爭的結果。《尉瞭子・天官》載：

> 梁惠王問尉繚子曰：「黃帝刑德，可以百勝，有之乎？」尉繚子對曰：

〔註59〕《尉繚子譯註》頁7。
〔註60〕《馬王堆漢墓帛書（壹）》頁76。
〔註61〕《馬王堆漢墓帛書（壹）》頁78。

「刑以伐之，德以守之，非所謂天官、時日、陰陽、向背也。黃帝者，人事而已矣。」〔註62〕

依文意可知，當時使用「刑德」者，其觀點不盡相同。《尉𦘒子．天官》通篇之大意，乃在反駁這種「天官」的戰爭觀，而易之以「人事」的角度看待天時、地勢等因素在戰爭中的地位。這種觀點，與「黃老帛書」所持相等。因此，「黃老帛書」之戰爭觀，乃是兵陰陽家用以提出其「數術化」戰爭思想的基本觀點，而非兵陰陽家本身的理論。

第三節　「黃老帛書」的形上思想

戰國中期以降，一方面因爲諸子遊歷各國，使得各家思想得以遍佈天下，二方面因爲百家爭鳴的緣故，使得各種思想間形成了某種競爭關係。在這種思想間交流與競爭的環境下，各家思想爲取得優勢，故在思想的內涵及格局上，對於一己之短以及他人之長，即不能有所忽視。演變至後來，則各家思想對於當時涉及之各種議題，皆不得不有一番論述。職是之故，戰國思想雖不以形上思想的論述爲重，但自《老子》、《莊子》著重「道」、「天」等課題以還，各家對於形上思想，即不能不有所論述，「黃老學派」亦不能置外於此。

「黃老帛書」的形上思想有一値得注意之處，即書中同時存在以「天」和「道」爲形上依據。換言之，其同時提出兩個形上觀念，實屬特殊。以下分而述之：

一、道

「黃老帛書」中「道」的地位一如《老子》，乃宇宙萬物之本體。萬物之生存和活動，皆依存於「道」。《經法．道法》形容「道」云：

虛无刑（形），其裻冥冥，萬物之所從生。〔註63〕

認爲萬物皆「道」所生。又《道原》云：

一度不變，能適規（蚑）僥（蟯）。鳥得而蜚（飛），魚得而流（游），獸得而走，萬物得之以生，百事得之以成。人皆以之，莫知其名。人皆用之，莫見其形。〔註64〕

〔註62〕《尉繚子譯註》頁1～2。

〔註63〕《馬王堆漢墓帛書（壹）》頁43。

〔註64〕《馬王堆漢墓帛書（壹）》頁87。

認爲蟲鳥魚獸等生物的生存，以及各種事業的成就，乃至於人類的種種行爲，皆依存於「道」。「道」之所以能被宇宙萬物所共同依存，乃因其不若現象界之諸物般，受限於現象界之種種規則。《名理》云：

> 道者，神明之原也，神明者，處於度之内而見於度之外者也。處於度之【内】者，不言而信。見於度之外者，言而不可易也。處於度之内者，靜而不可移也。見於度之外者，動而◯不可化也。動而靜而不移，動而不化，故曰神。〔註 65〕

所謂「度之內」者，即現象界之內也。「道」既處於「度之內」，又見於「度之外」，則其作爲萬物之本體，乃存在於現象界，又超越於現象界。職是之故，現象界之時空觀，亦不適用於「道」，因爲時間和空間的觀念乃現象界所有，而「道」則超越時間和空間。《道原》云：

> 恒无之初，迵同大虛。虛同爲一，恒一而止。……神微周盈，精靜不配（熙）。古（故）未有以，萬物莫以。〔註 66〕

因爲超越時間而存，故宇宙未成之時，「道」即存在。又《道原》云：

> 天弗能復（覆），地弗能載。小以成小，大以成大。盈四海之内，又包其外。〔註 67〕

因爲超越空間，故大小的觀念亦不足囿之。除了時間及空間的超越外，現象界的其他種種規則，亦不適用於「道」。《道原》云：

> 在陰不腐，在陽不焦。〔註 68〕

又云：

> 堅強而撌，柔弱而不可化。精微之所不能至，稽極之所不能過。〔註 69〕

此所謂「不腐」、「不焦」、「不可化」等，其所強調者並非「道」在物理性質上之堅韌無比，而是在說明，「道」非存在於現象界的一般「物質」，故無它的種種性質。除了「質」的超越外，「道」亦超越「量」的觀念。《道原》云：

> 天地陰陽，【四】時日月，星辰雲氣，規（蚑）行僥（蟯）動，戴根之徒，皆取生，道弗爲益少；皆反焉，道弗爲益多。〔註 70〕

〔註 65〕《馬王堆漢墓帛書（壹）》頁 58。
〔註 66〕《馬王堆漢墓帛書（壹）》頁 87。
〔註 67〕《馬王堆漢墓帛書（壹）》頁 87。
〔註 68〕《馬王堆漢墓帛書（壹）》頁 87。
〔註 69〕《馬王堆漢墓帛書（壹）》頁 87。
〔註 70〕《馬王堆漢墓帛書（壹）》頁 87。

故而，若純以現象界之物質觀念來理解「道」，必不可得。《道原》云：

> 是故上道高而不可察也，深而不可則（測）也。顯明弗能爲名，廣大弗能爲刑（形），獨立不偶，萬物莫之能令。〔註71〕

此即《老子》所云「道可道，非常道」之發揮、引申。然則，「道」不但不能以現象界中的「物質」視之，且不能視之爲「精神」。《道原》云：

> 古（故）无有刑（形），大迥无名。〔註72〕

「無形」和「無名」，分別指出道的非物質與非精神二方面。因此，欲形容「道」的性質，只能以某些概念來勉強比擬，如「一」、「虛」、「無爲」、「和」等。《道原》云：

> 一者其號也，虛其舍也，无爲其素也，和其用也。〔註73〕

將「道」比擬作現象界的事物，則認爲「一」乃是「道」的名號，「虛」乃是「道」的外形，「無爲」乃「道」的性質，「和」乃「道」的用功。值得注意的是，「黃老帛書」之論道，雖大致爲《老子》所論之發揮，但其中亦有與《老子》相悖者。《道原》敘述先天地而生的「道」之狀態爲：

> 濕濕夢夢，未有明晦。〔註74〕

似將「道」理解爲一種物質。然則，前所論「道」之種種特性，即難獲得一合理的解釋。

「道」雖然不能以一般的方式理解，但是，人亦並非不可能認識它。《十六經．前道》云：

> 古之堅者，道是之行，知此道，地且天，鬼且人。以居軍□，以居國其國昌。古之賢者，道是之行。〔註75〕

肯定人類有認識「道」的能力。又，體「道」者亦可稱「聖人」，《道原》云：

> 故唯耶（聖）人能察无刑（形），能聽无【聲】。知虛之實，后能大虛。乃通天地之精，通同而无間，周襲而不盈。服此道者，是胃（謂）能精。〔註76〕

而體「道」之君主，即爲「聖王」。「聖王」體「道」之後，即能依「道」之

〔註71〕《馬王堆漢墓帛書（壹）》頁87。
〔註72〕《馬王堆漢墓帛書（壹）》頁87。
〔註73〕《馬王堆漢墓帛書（壹）》頁87。
〔註74〕《馬王堆漢墓帛書（壹）》頁87。
〔註75〕《馬王堆漢墓帛書（壹）》頁76。
〔註76〕《馬王堆漢墓帛書（壹）》頁87。

種種性質治國。《道原》云：

明者固能察極，知人之所不能知，人服人之所不能得。是胃（謂）察稽知◯極。耶（聖）王用此，天下服。〔註77〕

如上所言，「道」之重要性質有「虛」、「無爲」。依前者，則君王必須心無存何好惡、成見。《道原》云：

无好无亞（惡），上用□□而民不麋（迷）惑。上虛下靜而道得其正。信能无欲，可爲民命。上信无事，則萬物周扁（遍）。〔註78〕

依後者，若考慮到現實之效率，則純然「無爲」顯然不適合戰國時的政治環境。因此，即不得以另以「刑名」的觀念與之相副。《經法・道法》云：

虛无有，秋稿（毫）成之，必有刑（形）名。刑（形）名立，則黑白之分已。故執道者之觀於天下毆（也），无執毆（也），无處毆（也），无爲毆（也），无私毆（也）。是故天下有事，无不自爲刑（形）名聲號矣。〔註79〕

又《道原》云：

分之以其分，而萬民不爭。授之以其名，而萬物自定。不爲治勸，不爲亂解（懈）。廣大，弗務及也。深微，弗索得也。〔註80〕

若然，則聖人可同時於治國和治身上臻至化境。《道原》云：

夫爲一而不化。得道之本，握少以知多；得事之要，操正以政（正）畸（奇）。前知大古，后□精明。抱道執度，天下可一也。觀之大古，周其所以。索之未无，得之所以。〔註81〕

在此，「黃老帛書」的形上思想與政治思想乃有所聯繫。然則，此處即有一問題須討論，即上述「道」之種種觀念，要皆與《老子》所述相符，可視之爲《老子》形上思想之發展。但是，其所提之「刑名」觀念，與《老子》所云「名可名，非常名」之觀點不同。「黃老帛書」看待「名」之焦點，乃置於「非常名」之上，以肯定「名」的用功。《十六經・成法》載力黑之言云：

昔天地既成，正若有名，合若有刑（形），□以守一名。上拴之天，下施之四海。吾聞天下成法，故曰不多，一言而止。循名復一，民

〔註77〕《馬王堆漢墓帛書（壹）》頁87。
〔註78〕《馬王堆漢墓帛書（壹）》頁87。
〔註79〕《馬王堆漢墓帛書（壹）》頁43。
〔註80〕《馬王堆漢墓帛書（壹）》頁87。
〔註81〕《馬王堆漢墓帛書（壹）》頁87。

无亂紀。〔註 82〕

萬名雖多，然人君需守者僅「一」而已；「一」即「道」之號也。若能守「一」，則萬物之名雖多，亦能以簡御繁。《成法》云：

一者，道其本也，胡爲而无長？□□所失，莫能守一。一之解，察於天地。一之理，施於四海。何以知紃之至，遠近之稽？夫唯一不失，一以騶（趨）化，少以知多。夫達望四海，困極上下，四鄉（向）相枹（抱），各以其道。夫百言有本，千言有要，萬【言】有蔥（總）。萬物之多，皆閱一空。夫非正人也，孰能治此？罷（彼）必正人也，乃能操正以正奇，握一以知多，除民之所害，而寺（持）民之所宜。〔註 83〕

可知其看待「名」，乃將焦將放在形而下的「非常名」上。職是之故，在「名」一觀念上，「黃老帛書」爲確保其所提之治術的有效性，故在形上思想上即不得不在《老子》之外另闢蹊徑。此一蹊徑，乃「黃老帛書」中另一形上觀念——天。

二、天

人主治國需循「道」而治、「虛靜無爲」，然若因此而對國事不聞不問，亦非治國之方。於此，「黃老帛書」乃以「刑名」的觀念作爲人主「無爲而治」的配套思想。然如前所述，其所引之「刑名」觀念卻與《老子》齟齬不合。因此，「黃老帛書」於「形名」之說的形上依據方面，即不得不另有說明。此即「黃老帛書」不得不在「道」之外，另提出一形上觀念——「天」的主要原因。《十六經．果童》云：

地俗德以靜，而天正名以作。〔註 84〕

此提出「天」的觀念，以確保「名」之實在性。「黃老帛書」認爲，人主之內心虛靜，乃法「道」之性質；而國家法律制度之訂定，卻須法「天」之規則。「法制」的頒訂，其義乃在爲人民立一客觀規則，因而其形上依據，即「天」亦具備某種客觀規則。〈行守〉云：

天有恒榦，地有恒常。〔註 85〕

〔註 82〕《馬王堆漢墓帛書（壹）》頁 72。
〔註 83〕《馬王堆漢墓帛書（壹）》頁 72。
〔註 84〕《馬王堆漢墓帛書（壹）》頁 66。
〔註 85〕《馬王堆漢墓帛書（壹）》頁 78。

天之客觀性，顯而易見者爲天文、四時之運行規律上。《經法・四度》云：

當者有□。極而反，盛而衰，天地之道也，人之李（理）也。……日月星辰之期，四時之度，【動靜】之立（位），外內之處，天之稽也。〔註 86〕

又〈論約〉云：

四時有度，天地之李（理）也。日月星晨（辰）有數，天地之紀也。〔註 87〕

此種星球運行之規則及其所造成之四季變化，乃先民觀察實際生活所歸納出之經驗，證之於日常生活亦徵實不誣，用之農業上更有其功效。故而，此說實無甚多形上意味。然而，「黃老帛書」卻將此種天文與人事的關係，在範圍上加以擴大，在意義上加以深化，並認爲此種規律背後，包藏著某種政策指示。《經法・道法》云：

天地有恒常……。天地之恒常，四時、晦明、生殺、輮（柔）剛。〔註 88〕

又〈論約〉云：

始於文而卒於武，天地之道也。〔註 89〕

因此，人主當循此規則治國。《經法・四度》云：

周遷（遷）動作，天爲之稽。〔註 90〕

又《十六經・順道》云：

慎案其眾，以隋（隨）天地之從（蹤）。〔註 91〕

除了平時的施政之外，對外用兵時亦是如此。〈兵容〉云：

兵不刑天，兵不可動。〔註 92〕

又〈正亂〉云：

【太】山之稽曰：子勿言佑……上人正一，下人靜之，正以侍（待）天，靜以須人。天地立名，□□自生，以隋（隨）天刑。〔註 93〕

〔註 86〕《馬王堆漢墓帛書（壹）》頁 51。
〔註 87〕《馬王堆漢墓帛書（壹）》頁 57。
〔註 88〕《馬王堆漢墓帛書（壹）》頁 43。
〔註 89〕《馬王堆漢墓帛書（壹）》頁 57。
〔註 90〕《馬王堆漢墓帛書（壹）》頁 51。
〔註 91〕《馬王堆漢墓帛書（壹）》頁 79。
〔註 92〕《馬王堆漢墓帛書（壹）》頁 71。
〔註 93〕《馬王堆漢墓帛書（壹）》頁 67。

若能法「天」而行，則能成就帝王之業。〈論〉云：

> 帝王者，執此道也。是以守天地之極，與天俱見，……，然后帝王之道成。〔註94〕

反之，若逆「天」而行，則不但功效不彰，而且可能國破身亡。〈論約〉云：

> 順則生，理則成，逆則死，失□□名，伓(倍)天之道，國乃无主。……。不循天常，不節民力，周遷而无功。〔註95〕

因爲人主若違背此客觀規則，則必然遭受「天」對其國的懲罰。《經法·國次》云：

> 不盡天極，衰者復昌。誅禁不當，反受其央(殃)。禁伐當罪當亡，必墟(虛)其國。兼之而勿擅，是胃(謂)天功。……過極失【當】，天將降央(殃)。人強朕(勝)天，愼辟(避)勿當。天反朕(勝)人，因與俱行。先屈後信(伸)，必盡天極，而毋擅天功。……故唯耶(聖)人能盡天極，能用天當。……毋陽竊，……陽竊者天奪【其光】。〔註96〕

又〈四度〉云：

> 伓(倍)逆合當，爲若又(有)事，雖◯无成功，亦无天央(殃)。〔註97〕

又〈亡論〉云：

> 凡犯禁絕理，天誅必至。……興兵失理，所伐不當，天降二央(殃)。逆節不成，是胃(謂)得天。逆節果成，天將不盈其命而重其刑。〔註98〕

又《十六經·正亂》云：

> 上帝以禁。帝曰：……其上帝未先而擅興兵，視之(蚩)尤共工。……〔註99〕

又〈姓爭〉云：

> 高陽問力黑曰：天地【已】成，黔首乃生。莫循天德，謀相復(覆)

〔註94〕《馬王堆漢墓帛書(壹)》頁53。
〔註95〕《馬王堆漢墓帛書(壹)》頁57。
〔註96〕《馬王堆漢墓帛書(壹)》頁45。
〔註97〕《馬王堆漢墓帛書(壹)》頁51。
〔註98〕《馬王堆漢墓帛書(壹)》頁55。
〔註99〕《馬王堆漢墓帛書(壹)》頁67。

頃(傾)。吾甚患之,爲之若何?力黑對曰:勿憂勿患,天制固然。……順天者昌,逆天者亡。毋逆天道,則不失所守。……天稽環周,人反爲之【客】。靜作得時,天地與之。靜作失時,天地奪之。……〔註100〕

又〈兵容〉云:

天固有奪有予,有祥□□□□□弗受,反隋(隨)以央(殃)。〔註101〕

由以上所引可知,「黃老帛書」看待「天」的觀點,乃認爲其爲一有意志之「主宰之天」。〔註102〕由此觀之,前所述「天」所顯現的種種規律,乃此「主宰之天」所設,其目的在於爲人間君主之施政立一規範。《經法·君正》云:

天有死生之時,國有死生之正(政)。因天之生也以養生,胃(謂)之文,因天之殺也以伐死,胃(謂)之武。〔註103〕

又〈論〉云:

天執一,明【三,定】二,建八正,行七法,然后□□□□□□□之中无不□□矣。……明以正者,天之道也。適者,天度也。信者,天之期也。極而【反】者,天之生(性)也。必者,天之命也。□□□□□□□□□□者,天之所以爲物命也。此之胃(謂)七法。〔註104〕

又《十六經·立命》載黃帝之語云:

吾受命於天,定立(位)於地,成名於人。唯余一人□乃肥(配)天,乃立王、三公,立國,置君、三卿。……吾畏天愛地親【民】,□无命,執虛信。……〔註105〕

又〈三禁〉云:

〔註100〕《馬王堆漢墓帛書(壹)》頁69。

〔註101〕《馬王堆漢墓帛書(壹)》頁71。

〔註102〕馮友蘭云:「在中國文字中,所謂天有五義:曰物質之天,即與地相對之天。曰主宰之天,即所謂皇天上帝,有人格的天、帝。曰運命之天,乃指人生中吾人所無奈何者,如孟子所謂『若夫成功則天也』之天是也。曰自然之天,乃指自然之運行,如荀子天論篇所說之天是也。曰義理之天,乃謂宇宙之最高原理,如中庸所說『天命之謂性』之天是也。」詳《中國哲學史》頁

〔註103〕《馬王堆漢墓帛書(壹)》頁47。

〔註104〕《馬王堆漢墓帛書(壹)》頁53。

〔註105〕《馬王堆漢墓帛書(壹)》頁61。

行非恒者，天禁之。〔註106〕

又〈行守〉云：

天亞（惡）高……。高而不已，天闕土（之）。〔註107〕

可見「天」雖具意志，但不若人之有情緒。換言之，「天」對一國之賞罰，乃以其所顯現之規則為標準：循之則賞，違之則罰。此或為漢初「天人之學」的淵源，亦可證明「黃老帛書」之齊學性格。

以上，乃「黃老帛書」中論及「主宰之天」之處。值得注意的是，除了「主宰之天」外，「黃老帛書」部分文句所述之「天」，卻以另一態度視之，即「自然之天」的觀念。《十六經．成法》云：

綷〈總〉凡守一，與天地同極，乃可以知天地之禍福。〔註108〕

「一」即「道」，為天地運行的標準。然則，「天」乃與其他事物一樣，皆以「道」為其形上依據。依此而言，則「天」不得為宇宙之本體。換言之，刑名法術之施行，其形上依據乃不在「天」，而在「道」。職是之故，「黃老帛書」中，其言及「天」之運行有其規則，而人主則需依此規則而施政的文句，乃須依上下文理解其說。舉例而言，《十六經．本伐》云：

道之行也，繇（由）不得已。繇（由）不得已，則无窮。故□者，趆者【也】；禁者，使者也。是以方行不留。〔註109〕

認為「自然」之運行不已，乃依「道」而來，與《老子》所云「天法道」所論相同。在此，「天」所顯示之種種規則，其依據乃在「道」，而非上文所提之「主宰之天」。值得注意的是，以「天法道」作為「人法天」的理由，不但與上述「主宰之天」之說有異，而且可能造成其說之相互矛盾。朱曉海云：

蓋主宰之天具人格性，本為先民宗教觀下之產物，乃老傳統矣！……暨老子，乃於根本上剗去天之人格性、宗教性，創出自然之天，……。是後此二種形上範疇相互頡頏，未嘗調合……。〔註110〕

並認為此適可證明「黃老帛書」非一人之作。從思想史上觀之，朱氏所言甚是。此一矛盾乃「黃老帛書」融合「刑名法術」與道家「清靜無為」思想為一爐時，不能逃避之重要問題。其實，若非先秦思想著重於政治思想，而忽

〔註106〕《馬王堆漢墓帛書（壹）》頁74。
〔註107〕《馬王堆漢墓帛書（壹）》頁78。
〔註108〕《馬王堆漢墓帛書（壹）》頁72。
〔註109〕《馬王堆漢墓帛書（壹）》頁75。
〔註110〕《黃帝四經考辨》：朱曉海著，台灣大學中文研究所1977年碩士論文，頁10。

略形上思想，則此一問題亦非全然不可解說。今「黃老帛書」所面臨的問題焦點在於，如何使宇宙之本體——「道」與支持人主依刑名法術而行賞罰之「意志天」並存於一思想體系中。於此，可有之解釋爲：視「意志天」爲一循「道」而行在存在物。其任務乃在負責督導、實踐「道」所宣示之種種律則，故對人類之種種行爲，有賞罰的責任與義務。然則，律則訂定的依循在於「道」；而律則的執行與貫徹，其事則操之在「意志天」上。換言之，「天」之地位，雖然並非宇宙之本體，亦非人類價値判斷之終極所在，但在「刑名法術」之實行上，卻仍何作爲提供人主運用賞罰時的依據。

結　語

以「因」爲中心，「黃老帛書」在政治思想上引入陰陽家、法家、名家的統治技術；在戰爭觀上爲兵陰陽家的術數思想提供理論依據；在形上論述上引入《老子》的「道」及春秋以前先人所崇信之「天」，以爲其政治思想之依憑。除此之外，「黃老帛書」中的若干思想，乃是在此種架構內，批評性的引入儒家、墨家的部分思想。顯而易見者，乃其政治思想。司馬談〈論六家要旨〉云：

> 《易．大傳》：「天下一致而百慮，同歸而殊塗。」夫陰陽、儒、墨、名、法、道德，此務爲治者也，直所從言之異路，有省不省耳。嘗竊觀陰陽之術，大祥而眾忌諱，使人拘而多所畏；然其序四時之大順，不可失也。儒者博而寡要，勞而少功，是以其事難盡從；然其序君臣父子之禮，列夫婦長幼之別，不可易也。墨者儉而難遵，是以其事不可徧循；然其彊本節用，不可廢也。法家嚴而少恩；然其正君臣上下之分，不可改矣。名家使人儉而善失眞；然其正名實，不可不察也。〔註 111〕

可見其政治思想乃廣引「儒、墨、名、法、陰陽」五家而成。其中，「陰陽、名、法」諸家已見前文，此不贅述。以下，略述「黃老帛書」對儒、墨二家思想之掌握及援用。

司馬談指出，黃老道家也認爲「君臣、父子之禮，序夫婦、長幼之別」等倫理觀念乃不可失。「黃老帛書」中雖然很少直接論及「父子、夫婦、長幼」等倫理觀念，但是對於「君臣」之間的倫常卻看得極重。《經法．六分》云：

〔註 111〕《史記．太史公自序》，載《史記》頁 3288～3289。

凡觀國，有六逆：其子父，其臣主，雖強大不王。其◯謀臣在外位者，其國不安，其主不悟則社稷殘。其主失位則國無本，臣不失處則下有根，【國】憂而存。主失位則國荒，臣失處則令不行，此之謂𩩲國。主兩則失其明，男女爭威，國有亂兵，此謂亡國。〔註 112〕

又《經法．四度》云：

君臣易交謂之逆，……。君臣當位謂之靜……君臣不失其位。〔註 113〕

雖然只強調君臣，但上行下效，君臣間若能守禮，必然對於其他倫理關係的維持有某種影響。

此外，司馬談指出，黃老道家與墨家一樣，都很重視「彊本節用」的觀念。所謂「本」，指的即是「農業」的發展，所以「強本」就是強調農業對一個國家的重要性。「黃老帛書」認爲，國家如要強盛，即必須在農業上多加注重。所謂「節用」，指的是「節約資源」，而各種資源之中，最珍貴的就是人力。以此爲例，「黃老帛書」特別強調善用人力，使之發揮最大的工作效益。《經法．君正》云：

人之本在地，地之本在宜，宜之生在時，時之用在民，民之用在力，力之用在節。知地宜，須時而樹，節民力以使，則財生。〔註 114〕

一方面認爲應該要了解地質的特性而發展農業，另一方面也認爲必須調節民力，如此國家才會「生財」。

必須注意的是，「黃老帛書」對於此二家思想之援用，乃站在其思想架構的基礎上理解儒、墨二家的思想，故對其精神之掌握不免有所偏頗。以儒家而言，其對君臣、父子、夫婦、兄弟、朋友等五倫之重視，乃從倫理的角度考量，故其根本精神，乃在強調個人道德之自覺。孔子曰：「禮乎！禮乎！王帛云乎哉！」〔註 115〕，又曰：「人而不仁，如禮何。」〔註 116〕所重者乃在內心之道德自覺。反觀「黃老帛書」之所以重視君臣，所考量者乃爲國君之權力及國家之存亡，與儒家之精神截然不同，可謂只得其皮，不得其髓。以墨家言，墨子雖強調「節用」，然其中心思想乃在「兼愛」的提倡，「黃老帛書」

〔註 112〕《馬王堆漢墓帛書（壹）》頁 49。
〔註 113〕《馬王堆漢墓帛書（壹）》頁 51。
〔註 114〕《馬王堆漢墓帛書（壹）》頁 47。
〔註 115〕《論語．陽貨》，載《論語注疏》：周孔丘著，藝文印書館景清嘉慶江西南昌府學《十三經注疏》本，頁 156。
〔註 116〕《論語．八佾》，載《論語注疏》頁 26。

捨本而逐末，亦不得墨家要旨。由此可知，「黃老帛書」中之引入儒、墨二家思想的部分，乃在其自身思想之架構下，選擇性的引入部分內容，而非對此二家充分理解，融合後所得。

附帶一提，「黃老帛書」思想的發展，在漢初時的風貌，可以《淮南子》爲代表。《淮南子》除了以「黃老帛書」的思想爲基礎，而使其論述更加詳細、具體外，〔註 117〕值得注意的是《淮南子》論道，乃著重在「黃老帛書」中異於《老子》的部分，即道之物質性描述，《淮南子．道原》云：

> 夫道者，覆天載地。廓四方，柝八極。高不可際，深不可測，包裹天地，稟授無形。原流泉浡，沖而徐盈；混混滑滑，濁而徐清。故植之而塞于天地，橫之而彌于四海，施之無窮而無所朝夕。舒之幎於六合，卷之不盈於一握。約而能張，幽而能明，弱而能強，柔而能剛。橫四維而含陰陽，紘宇宙而章三光。甚淖而滒，甚纖而微。〔註 118〕

此所云「混混滑滑、濁而徐清」及「甚淖而滒，甚纖而微」，明顯指出「道」的物質性。依此物質性，《淮南子》提出「精氣」的觀念，以作爲「道」與「萬物」之間的過程狀態，而發展出一套系統的「氣化宇宙論」。〈天文〉云：

> 天墜未形，馮馮翼翼，洞洞灟灟，故曰太昭。道始于虛霩，虛霩生宇宙，宇宙生氣。氣有涯垠，清陽者薄靡而爲天，重濁者凝滯而爲地。清妙之合專易，重濁之凝竭難，故天先成而地後定。天地之襲精爲陰陽，陰陽之專精爲四時，四時之散精爲萬物。〔註 119〕

認爲天地萬物乃由「氣」所合成，而「氣」之根源乃是「道」。又〈精神〉云：

> 古未有天地之時，惟像無形，窈窈冥冥，芒芠漠閔，澒濛鴻洞，莫知其門。有二神混生，經天營地，孔乎莫知其所終極，滔乎莫知其所止息，於是乃別爲陰陽，離爲八極，剛柔相成，萬物乃形。〔註 120〕

對照上引之文，則二神亦屬「氣」。至此，則「道」乃從一超越物質、精神之形上本體，轉變爲創生宇宙之基本物質。可知「黃老帛書」論道之跳脫《老子》處，乃在《淮南子》上完全發揮。

〔註 117〕詳〈《淮南子》裡的黃老思想〉，載《秦漢時期的黃老思想》：陳麗桂著，文津出版社 1997 年 2 月初版一刷。

〔註 118〕《淮南鴻烈集解》頁 1～2。

〔註 119〕《淮南鴻烈集解》頁 79～80。

〔註 120〕《淮南鴻烈集解》頁 218。

至於漢武帝罷黜百家、獨尊儒術之後，「黃老思想」的官方地位雖然被今文經學所取代，但是它仍然活躍於部分士大夫階級和一般人民的社會中。從武帝至東漢滅亡的這段期間，黃老思想保存於河上公的《老子章句》、嚴遵的《道德指歸》和道教經典《太平經》等書中，亦也發現「黃老思想」的痕跡。然而，由於活動環境的轉移，「黃老之學」的內涵也漸漸產生了變化。原本極重視統治技巧，強調刑名法術的部分慢慢被忽視，取而代之是發展讖諱、神仙、方術等民間宗教的思想。〔註 121〕

〔註 121〕審視以上三書的思想，可知部分內涵乃黃老帛書思想之繼承或改造，詳《漢代思想史》：金春峰著，中國社會科學出版社 1997 年 12 月北京二版一刷；及〈黃老思想的附會〉，載《秦漢時期的黃老思想》。

第五章　結　論

以上乃本文之研究，其中，主要討論的課題包括「黃老帛書」的外在形式、名稱、作者、產生時間、地點及思想等。要而言之，可得以下幾點結論：

第一、從「黃老帛書」的外在形式看來，其本身未必爲一不可分割的整體，而其與〈漢志〉中所載之諸典籍間，在內涵上也未必完全相同；依其內容及形式觀之，「黃老帛書」中的諸篇章，較可能收錄在諸子略道家《黃帝君臣》和兵書略兵陰陽家《黃帝》二書中。

第二、從內容與形式上來看，「黃老帛書」當非一人一時之作。經討論後，較爲可信的結果是：《經法》爲楚人所作，而「黃老帛書」的產生地點則在齊國稷下。

第三、「黃老帛書」之產生時間，約當戰國末期初葉。

第四、詳細剖析「黃老帛書」的思想後，可知其內涵大致與漢初流行之「黃老思想」相同；而其中心思想，乃是「因」的觀念。此外，「黃老帛書」在「因」的基礎上，取用道家、法家、名家和陰陽家之說，而構成其思想體系，其間，亦以此爲基準，批判式的取用儒家、墨家思想。

根據以上結論，筆者有如下心得：

第一節　黃老之學興盛於漢初的原因

關於「黃老帛書」名稱的推測，基於種種限制，目前爲止難得較爲有力之證據，而且，書名的確立與「黃老帛書」抄寫的時間相較乃屬後事。故而，其名稱問題可暫不深究，取而代之者，當爲「黃老帛書」的思想性質及產生的時間、地點的研究。舉例而言，即使不能確定「黃老帛書」的名稱，但肯定其思想性質之後，對於漢初「黃老之學」的興盛問題，亦可有更進一步的認識。

根據史籍的記載看來，「黃老之學」無疑是漢初政治圈內佔主流地位的思想，然而，「黃老思想」卻早在戰國時期即存在，只不過當時尚未被獲得執政者的重視罷了。「黃老思想」能在諸子爭鳴的情況下脫穎而出，並獲得執政者的青睞，除了思想本身的因素之外，它的興盛也是因爲某些機緣的適時成熟，以及整體大環境適合其發展所致。析而言之，黃老思想興盛於漢初的原因有下列原因。

第一、張良、陳平等功臣多以「黃老術」建功立業。

「黃老之學」能在漢庭取得強勢地位，最直接的原因是：漢朝開國功臣中，多有以「黃老術」建功立業者，例如：張良、陳平、曹參等。

史載張良曾得圯上老人賜《太公兵法》、《素書》等書，其說雖待考究，但張良之學自此數部書來則大抵無誤。依〈漢志〉的分類，這些書籍乃是道家典籍，且其書內容亦與道家思想相符，故張良雖然不像曹參、陳平等人一樣，曾直接學習「黃老之學」，〔註 1〕但是其所學道家兵法、治術，在性質上亦與「黃老之學」相近。例如《太公・六韜》中的「柔而靜，恭而敬，強而弱，忍而剛」〔註 2〕，就與「黃老帛書」中所說的「安徐正靜，柔節先定」相契。另外，不但張良所學與「黃老之學」相契，〔註 3〕從史籍上的記載來看，其亦能用「黃老術」來處理國家事務。《史記・淮陰候列傳》載：

> 漢四年，遂皆降平齊。使人言漢王曰：「齊僞詐多變，反覆之國也，南邊楚，不爲假王以鎮之，其勢不定。願爲假王便。」當是時，楚方急圍漢王於滎陽，韓信使者至，發書，漢王大怒，罵曰：「吾困於此，旦暮望若來佐我，乃欲自立爲王！」張良、陳平躡漢王足，因附耳語曰：「漢方不利，寧能禁信之王乎？不如因而立，善遇之，使自爲守。不然，變生。」漢王亦悟，因復罵曰：「大丈夫定諸侯，即爲眞王耳，

〔註 1〕曹參曾習黃老學之事，本文已於第二章第五節引《史記・樂毅列傳》之文以說，此不贅引。引文載《史記》：漢司馬遷著，北京中華書局 1989 年北京初版十一刷，頁 2436。（以下，同章中提及同書處皆逕標書名，其他資料不複述，它書亦然）陳平曾習黃老學之事，載《史記・陳丞相世家》，文曰：「太史公曰：『陳丞相少時，本好黃帝、老子之術。』」。

〔註 2〕《六韜》：舊題周姜子牙著，四部叢刊本，頁 4。

〔註 3〕此文亦出現在《六韜・大禮》中，作「安徐而靜，柔節先定。」，載《六韜》頁 4。

何以假爲！」乃遺張良往立信爲齊王，徵其兵擊楚。〔註4〕

張良、陳平在處理韓信欲自立爲王的事件中，建議劉邦順應韓信的要求立他爲王。這種處理事情的態度就符合「黃老術」中的「靜因之術」，可知張良所學實與「黃老之學」相契。然則其與曹參、陳平漢初開國功臣一樣，皆能把握「黃老之學」的精神。由此可知，漢初開國功臣中，習「黃老術」者實不乏其人，而其建功立業，對於「黃老之學」的興盛於漢庭，亦當有所助益。

第二、漢朝執政者對周、秦兩朝統治的反省與調整。

一個新朝代建立之後，必然對前朝的滅亡的原因作深刻的反省，此乃因一來前朝的不良風氣大多尚存於社會，二來執行者恐重蹈前朝之覆轍而被推翻，故站在鞏固政權的立場來看，反省前朝的統治技巧乃是新政權不可避免的工作。漢朝對周、秦兩朝統治技巧的反省，就是一個典型的例子。

周朝實行宗法、封建制度，其鞏固政權的力量來自於統治貴族間，因血緣而產生的倫理關係。歷史的發展顯示出這種制度的缺點：隨著世代的遞嬗，各個封建國家的統治者之間的血緣關係也逐漸淡化。這種情形下，再加上某些與周天子無血緣關係的諸侯勢力（如秦、楚等國）的強大，使得各個諸候國脫離周天子的控制，形成了一個個獨立的政體，最後導致周朝滅亡。代周而起，秦代在諸候爭強的競爭中擊敗了其他對手，成爲統一中國的政權。其統治國家的方法與周朝不同：實行中央集權式的郡縣制度，並用刑名法術的統治方法來治理國家。嚴刑峻罰的結果使得人民苦不堪言，並形成一股反撲的力量，以致秦朝在短短的幾十年間旋即滅亡。這些國家滅亡的歷史教訓，必然會在劉邦政治集團的心中留下深刻的印象，故尋求一套能避免重蹈周、秦覆轍的新統治方法，乃漢朝初建時必需做的工作。而且，這套統治方法，必須取二者之長，去二者之短。從較寬鬆的角度來看，可以將周朝的統治型態視爲一種「德治」，而秦朝的統治型態則可視爲「法治」。如此，即不難理解，何以同時強調「德治」與「法治」的「黃老之學」，〔註5〕會在諸子思想中脫穎而出了。

〔註 4〕《史記》頁 2621。

〔註 5〕《經法．四度》云：「因天時，伐天毀，謂之武。武刃而以文隨其後，則有成功矣。用二文一武者王。」（《馬王堆漢墓帛書（壹）》：中共國家文物局古文獻研究室編，文物出版社 1980 年 3 月北京初版一刷，頁 51～52。）《十六經．姓爭》云：「刑德皇皇，日月相望，以明其當。望失其當，環視其殃。天德皇皇，非刑不行。穆穆天刑，非德必傾。刑德相養，逆順若成。」（《馬王堆漢墓帛書（壹）》頁 69）皆爲「德治」、「法治」並重的思想。

第三、社會人心的期待：

中國歷經春秋戰國以至秦漢之際間數百年來的動亂不安，在長期遭受戰爭迫害的情況下，人心自然思定。另一方面，漢朝初定天下，百廢待舉，需要民間投入大量的精力從事生產、建設的工作，故此時政府不宜對民間多所約制，一切政令當以簡化爲尚。在這種環境下，漢朝需要的是一種強調安定、簡單的政治思想，而「黃老之學」中本來就有「清靜無爲」的政治主張，因此，這部分的思想在漢初時即受到重視，而「黃老之學」也因而興盛起來了。

第二節　「黃老帛書」在思想史上的意義

依「黃老帛書」產生的時間觀之，其在思想史上之定位，乃爲道、法、名及陰陽諸家思想之集成，而非其源頭；依其「源」、「流」觀之，可將之視爲先秦道家（以《老子》爲代表）轉變爲漢雜家（以《淮南子》爲代表）的過渡性典籍中的代表。因爲黃老思想的獨創性，乃是提出「因」的觀念，而在論述上將各家思想融而爲一，使這些思想在其體系內並存。由此觀之，「黃老思想」在思想史上最大的意義，乃在促進戰國各家思想之融合，從而使「雜家」之思想更爲、成熟、完備。

成熟思想的條件之一，在於整體思想與各個部分間，是否具備合理的邏輯關係。換言之，成熟的思想本身當爲一具邏輯關係的有機體。「雜家」思想之不深入與不成熟，正在於未能達此要求，〈漢志〉云：

> 雜家者流，蓋出於議官。兼儒、墨，合名、法，知國體之有此，見王治之無不貫，此其所長也。及盪者爲之，則漫羨而無所歸心。〔註6〕

就施政的效果而言，融合各家思想優點的發展路線，乃一符合現實之必要，因爲諸家思想之提出，大致上乃從某一觀點出發，如孔子之「仁」、墨子之「兼愛」，而如此單一向度的思考，即容易忽略其他方面，造成自身思想盲點的產生。故而，在經過一段時期的百家爭鳴後，必然有人發現某家某派思想，往往有其盲點，而此一盲點，又往往爲其他流派所強調，因而產生取長補短，甚而融合各家，使思想更形完備的想法。雜家之長處，乃在能善取各家思想的優點，以補各家思想的缺點，而形成一面面俱到的政治思想。然其短處，則是其思想體系中，因所引各流派間思想的差異所形成的齟齬現象。此一問

〔註 6〕《漢書》：漢班固著，北京中華書局 1987 年初版五刷，頁 1742。

題若不克服，則雜家思想在實際運用於政治事務時，則容易產生「漫羡而無所歸心」，對各家思想不知如何取捨的情況。此乃因各家思想之提出，在出發點、著重處以及思維方式等方面即有相當程度的差異；而這種差異，在各家組織其思想後，更是天轅地轍。因此，雜家在廣取這些思想以爲已用時，在論述上會遭遇到某種程度的困難亦可想而知。面對這種困難，解決的方式或許唯有在論述上提出一更高層次觀念，以將各家思想的長處廣泛涵蓋，並加以統整。「黃老思想」在這一方面，可說貢獻良多。在「黃老帛書」中，這個更高層次的觀念即爲「因」，而此一觀念，也使雜家思想更加深入、成熟。此一成果，最直接的展現即是《淮南子》一書。《淮南子・要略》云：

> 夫作爲書論者，所以紀綱道德，經緯人事。……道論至深，故多爲之辭以抒其情；萬物至眾，故博爲之說以通其意。……故著書二十篇，則天地之理究矣，人間之事接矣，帝王之道備矣。〔註 7〕

所謂「道論」，即黃老政治思想，可見《淮南子》的融合各家，在思維上乃循著「黃老思想」的路線發展；相對於前於它的雜家著作——《呂氏春秋》，其思想的整合則較爲成功。

第三節　「黃老帛書」中的「法治精神」

「法制」與「人制」乃政治學中兩種不同的主張和方法，在中國，雖然也發生過一些非嚴格定義之「法制」與「人制」的爭論，例如：漢初的「黃老」與「儒家」的爭論。不過，中國古代政治（清朝以前）的本質大抵上還是以「人治」爲主，所謂「法治」不過是「人治」下的附庸而已（詳下）。另一方面，西方自十七、八世紀起，即產生一系列「法治」與「人治」之爭。爭論的結果爲「法治」的大獲全勝，「要法治不要人治」的口號響徹雲宵。西風東漸，在近代西方政治思潮的影響下，中國傳統以「人治」爲主的政治型態乃爲人所詬病，而「法治精神」之不足，亦被認爲是中國傳統政治思想中一大缺憾。於此，則有如下思考：若無西方思潮的「橫的移植」，中國思想本身是否有能夠獨自發展出「法治思想」呢？此一問題雖是一個假設性的問題，本身並無標準答案，但中國傳統政治思想中涵有多少的法治思想，擁有多少法治精神，乃涉及文明進化的認定及民族自尊的建立，故仍不失爲一值得探

〔註 7〕《淮南鴻烈集解》：清劉文典集解，北京中華書局 1997 年 1 月初版二刷，頁 700。

討的課題。

目前學者對「法治」內涵的認定雖然尚有爭議，但「法治」國家有以下的特徵，則爲大部分學者所承認：第一、依法律來治理國家，不同於「人治」的依道德治理國家。第二、對人民行爲的指引，主要依靠一般性的法律規則，不同於「人治」的依具體情況的具體指引。第三、在政治制度上應實行「民主」，而非「專制」。

「黃老帛書」中所提出的許多政治主張，與上述「法治思想」，恰有許多契合之處。首先、它對以君主本身的意識來治理國家的看法，表示不己爲然，認爲一國之君最好能「虛」，也就是說在處理政治事務時，心中不要有任何的成見、好惡，取而代之的，卻是依照法律來治理國家。其次，「黃老帛書」認爲必須制定常規性的法律以處理政治問題。以上論點，乍看之下似與商、韓等法家所持相同，但是對於法律本身的制定與功用，「黃老帛書」卻與法家有相當程度的差異：法家雖然也強調以法來治理國家，但法律的制定乃出於君主的意志，其制定法律的出發點，也是以君主的利益爲第一考量，只要於有利於政權的鞏固，有益於富國強兵的法律就値得制定，反之，只要不利於君主的行爲，也應該制定法律來禁止它，而不論其是否有利於人民。固然，以君主利益爲出發點所制定出的法律有時亦可能利益人民，但在本質上，這種法律卻是君主個人的意志下的產物，故其法治精神只是限於表面；另一方面，在「黃老帛書」中，法律的制定雖然也必須經過君主的深思熟慮始能頒發，但君主的意志並非制定法律的唯一指導原則。在君主的意志之上，「黃老帛書」提出了「道」的觀念；不但提出以法來治理國家的地位，還用「道」來保障法的正當性。因此，法律雖然由君主所制定，但並非依君主本身的利益作爲出發點，而是以「道」作爲最高指導原則。由於「道」的虛無特性，使君主在循「道」的過程中，不得不對天、地、人等環境因素有所考量。在這種論述上，人民的利益的考量在法律制定時或可佔有一席之地，可知「黃老帛書」在思想上較法家更富「法治精神」。

總之，雖然黃老思想因爲受限於當時的實際政治、思想環境，而沒有提出以「民主」替代「專制」的論點，但是「黃老思想」中關於政治論述的部分，或直接提出上述法治原則，或雖不直接提出以上原則，但其思想本身卻足以經合理之推論而發展出它們，故說黃老政治思想中，包涵高濃度的「法治精神」，應該是不爲過的。

以上，乃本文之研究結果及心得。以此爲基礎，本文認爲以下問題可再深入研究：

第一、既知黃老學派之思想大要，則可進而詳論其與他家思想之異同。這個工作本文作了一些，但只舉其大略，而非全面、完整的討論。此一課題固然亦有學者關注，如郭美玲所著《韓非子與黃帝四經之比較研究》，乃屬黃老思想與法家思想比較之作，但是，黃老思想多採諸家思想以爲己說，故除法家之外，儒、道（《老子》、《莊子》）、陰陽、名、墨諸家之思想亦不能與黃老思想無關，可再深探。

第二、近年出土的文獻中，不乏與兵家思想有關者，如竹簡《孫子兵法》、《孫臏兵法》、《尉繚子》幾種，若以之與《十六經》比較，或可辨先秦兵家諸流派之思想。這方面的工作已有學者注意，如李訓詳所著《先秦的兵家》，〔註 8〕即以上述出土與傳世文獻作爲主要材料，對先秦兵家作一全面性的研究。然而，其書所論兵陰陽家之處，僅論及兵陰陽家思想，而未能標示其思想基礎。在〈漢志〉中所載兵陰陽家之書皆無傳世本的情況下，欲對深入探討此一問題，則與兵陰陽家思想有所牽連的《十六經》乃爲不可或缺之材料。因此，《十六經》與兵陰陽家思想間之關係，仍爲一可再加以研究的課題。

第三、「黃老帛書」的內容與某些傳世典籍，在內容上有雷同之處。其中，若干典籍乃前人疑其眞僞者，如《文子》、《鶡冠子》等。「黃老帛書」出土後，若干學者嘗依此種文句雷同之現象，否定前人的辨僞成果。然而，此種說法的合理與否，實有待更進一步的討論。此間問題，亦與思想史之理解息息相關而有待辨明也。

〔註 8〕《先秦的兵家》：李詳訓著，台大出版委員會 1991 年台北初版。

附 錄

一、「黃老帛書」與其他古籍文句雷同表〔註1〕

（一）《經法》

《經法》	《鶡冠子》	《管子》	《淮南子》	《國語．越語下》	《慎子》
故同出冥冥，或以死，或以生；或以敗，或以成。（〈道法〉）		道也者，……人之所失以死，所得以生也。事之所以敗，所得以成也。（〈內業〉）			
事如直木，多如倉粟。斗石已具，尺寸已陳。則無所逃其神。（〈道法〉）	同如林木，積如倉粟。斗石已陳，升委無失也。（〈王鈇〉）				
極而反，盛而衰，天地之度也。（〈四度〉）		天道之教，至則反，盛則衰。（〈重令〉）	天地之道，極則反。盈則損。（〈泰族〉）		

〔註1〕此表乃據〈《老子》乙本卷前古佚書引文表〉修減。修減標準爲：某些文句或隻字片語與佚書相同，或僅在文義上雷同於佚書，而句法、用詞則與佚書差異甚大，此等文句筆者皆不認爲其與佚書有引用關係。〈《老子》乙本卷前古佚書引文表〉，載〈馬王堆出土《老子》乙本卷前古佚書的研究——兼論其與漢初儒法鬥爭的關係〉：唐蘭著，《考古學報》1975年1期，附錄。

蚑行喙息，扇蜚蠕動，無不□□。（〈論〉）			蚑行喙息，蠉飛蠕動，待而後生，莫之知德。待之後死，莫之能怨。（〈原道〉）；		
天執一以明三：日信出信入，南北有□，□□□□。月，信生信死，進退有常，數之稽也。列星有數而不失其行，信之稽也。（〈論〉）	日、信出信入，南北有極，度之稽也。月、信死信生，進退有常，數之稽也。列星不亂其行，代而不干，位之稽也。天明三以定一則萬物莫不至矣。（〈泰鴻〉）；天者誠其日德也。日、誠出誠入，南北有極，故莫弗以爲法則。天者信其月刑也。月、信死信生，終則有始，故莫弗以爲政。天者明星其稽也。列星不亂，各以序行，故小大莫弗以章。（〈王鈇〉）				
三名：一曰正名立而偃，二曰倚名法而亂，三曰強主立而無名。（〈論〉）		名正則治，名倚則亂，無名則死。（〈樞言〉）；正名自治，倚名自廢。（〈白心〉）			

三時成功，一時刑殺，天地之道也。四時時而定，不爽不貸，常有法式。（〈論約〉）	三時生長，一時殺刑，四時而定，天地盡矣。（〈泰鴻〉）				

（二）《十六經》

《十大經》	《鶡冠子》	《管子》	《淮南子》	《國語．越語下》	《愼子》
吾受命于天，定位於地，成名于人。（〈立命〉）	受數于天，定位于地，成名于人。（〈世兵〉）				
天地已成，而民生逆順無紀，德虐無形，靜作無時，莫□其命名。……因以爲常。（〈觀〉）				德虐之行，因以爲常。	
其明者以爲法，而微道是行。（〈觀〉）	明者爲法，微道是行。（〈世兵〉）			明者以爲法，微者則是行。	
今始判爲兩，分爲陰陽，離爲四時，……□□牝牡。牝牡相求，會剛與柔。剛柔相成，牝牡若刑。（〈觀〉）			于是乃別爲陰陽，離爲八極。剛柔相成，萬物乃生。（〈精神〉）		
是故爲人主者，時　□三樂，毋亂民功，毋逆天時。然則五谷溜熟，民乃蕃滋。君臣上		故不犯天時，不亂民功。秉時養人，先德後刑。順于天，微度人。（〈勢篇〉）		時節三樂，不亂民功，不逆天時。五谷睦熟，民乃蕃滋。君臣上下，交得其志。	

下，交得其）志，天因而成之。夫并時以養民功，先德後刑，順于天。（〈觀〉					
聖人不巧，時反是守。（〈觀〉）				上帝不考，時反是守。	
任一□重，任百則輕。人有其中，物有其刑。（〈果童〉）			人有其才，物有其形。有任一而太重，或任百而尚輕。（〈主術〉）		
以天爲父，以地爲母。（〈果童〉）	故聖人立天爲父，建地爲母。（〈泰時〉）	以天爲父，以地爲母。（〈五行〉）	以天爲父，以地爲母。（〈精神〉）		
天道環，于人反爲之客。爭作得時，天地與之。爭不衰，時靜不靜，國家不定，可作不作。天稽環周，人反爲之客。（〈姓爭〉）				天時不作，反爲之客。	
觀其所積，乃知□□之向。（〈雌雄節〉）			觀其所積，以知禍福之向。（〈原道〉）		
□□□之，天地形之，聖人因而成之。（〈兵容〉）				人自生之，天地形之，聖人因而成之。	
□□弗受，反受其殃。（〈兵容〉）				得時不成，反受其殃；天予不取，反爲之災。	

一之解，察于天地；一之理，施于四海。（〈成法〉）		是故聖人一言解之，上察于天，下察于地。（〈心術〉）；一言之解，上察于天，下察于地。（〈內業〉）	是故一之理施四海。一之嘏察于天地。（〈原道〉）		
萬物之多，皆閱一空。（〈成法〉）			萬物之總，皆出一孔。（〈原道〉）〔註2〕		
諸庫藏兵之國，皆有兵道。（〈本伐〉）					藏甲之國，必有兵道。《意林》二引《愼子》道誤作遁；《太平御覽三五六引《愼子》》
聖人舉事也，闔于天地，順于民，祥于鬼神。（〈前道〉）			當于世世，得于人理，順于天地，祥于鬼神。（〈氾論〉）		
安徐正靜，柔節先定。昴濕共僉，卑約主柔。常後而不先。（〈順道〉）		故賢者安徐正靜，柔節先定。（〈勢篇〉）；安徐而靜，柔節先定，虛心平意以待須。（〈九守〉）	守清道而抱雌節，因循應變，常後而不先。柔弱以靜，舒安以定。攻大靡堅，不能與之爭也。（〈原道〉）；虛無因循，常後而不先。（〈主術〉）		
正信以仁，慈惠以愛人。端正□勇，弗敢以先人。中請		故賢者誠信以仁之，慈惠以愛之，端正勇，不敢以先			

〔註 2〕唐蘭〈《老子》乙本卷前古佚書引文表〉云：「上文說『萬言有總』，《文子》等所引上面的『總』字移過來了。但『多』和『一』是相對的，改爲『總』和一相近，顯然是改錯了。」

不 ，執一無求。刑于女節，所生乃柔。□□□正德，好德不爭。(〈順道〉)		人。中靜不留，裕德無求。刑于女節，其所處者柔。安靜樂，行德而不爭。(〈勢篇〉)			
立于不敢，□于不能。戰視不救，明勢不能。守弱節而堅之，胥雄節之窮而因之。(〈順道〉)		行于不敢而立于不能，守弱節而堅處之。(〈勢篇〉)〔註3〕	所謂志弱而事強者，柔毳安靜，藏于不敢，行于不能。(〈原道〉)		
若此者戰勝不報，取地不反。戰勝于外，福生于內。用力甚少，名聲章明，順之至也。(〈順道〉)			故能戰勝而不報，取地而不反。兵勝于外，福生于內。用力甚少而名聲章明。(〈兵略〉)	是故戰勝而不報，取地而不反。兵勝于外，福生于內。用力甚少而名聲章明。	
能一乎？能止乎？能毋有已？能自擇而尊理乎？(〈《十六經》篇末〉)		能專乎？能一乎？能毋卜筮而知吉凶乎？能止乎？能已乎？能毋問于人而自得之于己乎？(〈心術〉)；能博乎？能一乎？能無卜筮而知之乎？能止乎？能一乎？能勿求諸人而得之己乎？(〈內業〉)			

〔註3〕唐蘭〈《老子》乙本卷前古佚書引文表〉云：「這裡說『守弱節』和下句『胥雄節』是相應的。《管子》只用了『守弱節而堅之』一句是錯的。」

（三）《稱》

《稱》	《鶡冠子》	《管子》	《淮南子》	《國語．越語下》	《慎子》
安徐正靜，柔節先定。善予不爭。此地之度而雌之節也。			守清道而抱雌節，因循應變，常後而不先。柔弱以靜，舒安以定。攻大靡堅，不能與之爭也。（〈原道〉）		
侍表而望則惑，案法而治則亂。	彼立表而望則惑，按法而割者不疑。（〈天權〉）		循繩而斵則不過，懸衡而量則不差，植表而望則不惑。（〈說林〉）		
聖人不爲始，不制已，不豫謀，不爲得，不辭福，因天之則。			不爲善，不避醜，遵天之道。不爲始，不專己，循天之理。不豫謀，不棄時，與天爲期。不爲得，不辭福，因天之則。（〈詮言〉）		
不受祿者天子弗臣也。祿泊者弗與犯難。					是故先王見不受祿者不臣，祿不厚者不與入難。（〈因循〉）
……不士于盛盈之國。不嫁子于盛盈之家。不友□□□易之□。		滿盈之國不可以仕任。滿盈之家不可以嫁子。驕倨傲暴之人不可與交。（〈白心〉）			

故立天子□□□諸侯疑焉。立正嫡者不使庶孽疑焉。立正妻者不使婢妾疑焉。疑則相傷，染則相方。					立天子者不使諸侯疑焉。立諸侯者不使大夫疑焉。立正妻者不使嬖妾疑焉。立嫡子者不使庶孽疑焉。疑則動，兩則爭，染則相傷。（〈德立〉）
取予不當，流之死亡。天有環刑，反受其殃。				得時不成，反受其殃。失德滅名，流走死亡。得時不成，天有環形。	
時極未至而隱于德。既得其極，遠其德，淺□以力。既成其功，環復其從，人莫能代。		未得天極則隱于德。已得天極則致其力。既成其功，順守其從，人莫能代。（〈勢篇〉）			
實谷不華。至言不飾。至樂不笑。			至味不慊。至言不文。至樂不笑。至音不叫。（〈說林〉）		
毋失天極，數而止。		毋亡天極，究數而止。（〈勢篇〉）		毋過天極，究數而止。	
贏絀變化，後將反施。	蚤晁絀贏，反相殖生。變無窮，何可勝言。（〈世兵〉）			贏絀變化，後將悔之。	
天有明而不憂民之晦也，百姓辟其戶牖而各取			天有明，不憂民之晦也，百姓穿戶鑿牖，自取照		

昭焉。天無事焉。地有□而不憂民之貧也，百姓斬木薪而各取富焉。地亦無事焉。			焉。地有財，不憂民之貧也，百姓伐木芟草，自取富焉。(〈詮言〉)		
臣有兩位者其國必危。國若不危，君臾存也。失君必危。失君不危者臣故差也。子有兩位者家必亂。家若不亂，親臾存也。□□□危，失親不亂，子故差也。					故臣有兩位者國必亂，臣兩位而國不亂者君在也，恃君而不亂矣。失君必亂。子有兩位者家必亂，子兩位而家不亂者，父在也，恃父而不亂矣。失父必亂。(〈德立〉)

(四)《道原》

《道原》	《鶡冠子》	《管子》	《淮南子》	《國語・越語下》	《慎子》
鳥得而蜚，魚得而流，獸得而走。			獸以之走，鳥以之飛。(〈原道〉)		
萬物得之以生，百事得之以成。			萬物不得不生，百事不得不成。(〈原道〉)		
虛其舍世，無爲其素也。			虛無者道之舍也，平易者道之素也。(〈道原〉)；平者道之素也，虛者道之舍也。(〈詮言〉)		

二、「黃老帛書」研究知見目錄

(一) 單篇論文

1. 〈略談黃老學派〉:王婆楞著,載《人文雜誌》1957 年 2 期。
2. 〈黃老思想在西漢〉:周紹賢著,載《國立政治大學學報》26 期 1972 年 12 月。
3. 〈黃老考〉:王叔岷著,載《東方文化》十三卷二期 1974 年 7 月。
4. 〈長沙馬王堆二,三號漢墓發掘簡報〉:湖南省博物館;中國科學院考古研究所著,載《文物》1974 年 7 月。
5. 〈馬王堆漢墓帛書概述〉:曉函著,載《文物》1974 年 9 期。
6. 〈座談馬王堆漢墓帛書〉:唐蘭等著,載《文物》1974 年 9 期。
7. 〈漢初黃老思想和法家路線〉:程武著,載《文物》1974 年 10 期。
8. 〈《黃帝四經》初探〉:唐蘭著,載《文物》1974 年 10 期。
9. 〈長沙馬王堆漢墓出土《老子》乙本前古佚書釋文〉:馬王堆漢墓帛書整理小組著,載《文物》1974 年 10 期。
10. 〈馬王堆出土《老子》乙本卷前古佚書的研究——兼論其與漢初儒法鬥爭的關係〉:唐蘭著,載《考古學報》1975 年 1 期。
11. 〈十大經初探〉:高亨、董治安著,載《歷史研究》1975 年 1 期。
12. 〈馬王堆出土《老子》卷前古佚書探源〉:龍晦著,載《考古學報》1975 年 2 期。
13. 〈十大經的思想和時代〉:康立著,載《歷史研究》1975 年 1 期。
14. 〈法家路線和黃老思想—讀帛書經法〉:康立、衛今著,載《紅旗》1975 年 1 期。
15. 〈法家對黃老之學的吸收和改造—讀馬王堆經法等篇〉:湯新著,載《文物》1975 年 8 期。
16. 〈從馬王堆漢墓看西漢初年儒法兩條路線的鬥爭〉:商志潭著,載《考古》1976 年 2 期。
17. 〈黃老思想與道法關係—讀帛書經法〉:俊奎著,載〈破與立〉:1976 年 3 期。
18. 〈黃老之學是維護封建統治的法家重要流派〉:上海市重型機械製造公司工人歷史研究小組著,載《文物》1976 年 3 期。
19. 〈再談黃老思想與法家路線—讀馬王堆三號漢墓出土帛書札記之二〉:田昌五著,載《文物》1976 年 4 期。
20. 〈十大經的年代與四人幫的野心〉:史明著,載《考古》1977 年 2 期。
21. 〈侈談黃老之學的背後〉:邁越著,載《陝西師大學報》1977 年 3 月

22. 〈黃老帛書的哲學思想〉：鍾肇鵬著，載《文物》1978 年 2 期。
23. 〈曹參的黃老之學與漢初的思想演變〉：林建著，載《福建師大學報》1978 年 2 月。
24. 〈對〈十大經〉初論的質疑〉：高振鐸著，載《吉林師大學報》1978 年 2 期。
25. 〈漢代黃老術脞談〉：周錫侯著，載《青年戰士報》1978 年 5 月 18 日十版。
26. 〈對漢初崇尚黃老之學的剖析〉：黃留珠著，載《人文雜誌》1979 年 2 期。
27. 〈略論黃老學派的產生和演變〉：許抗生著，載《文史哲》1979 年 3 期。
28. 〈讀經法〉：郭元興著，載《中華文史論叢》1979 年 10 期。
29. 〈經法等古佚書四種釋文校補〉：溫公翔著，載《中國語文》1979 年 5 期。
30. 〈記在美國舉行的馬王堆帛書工作會議〉：李學勤著，載《文物》1979 年 11 期。
31. 〈漢初流行的黃老之學〉，載《中國哲學史》第二冊：任繼愈著，人民出版社 1979 年北京初版，附錄。
32. 〈馬王堆帛書《老子》甲乙本卷前後佚書與"道法家"〉：裘錫圭著，載《中國哲學》1980 年 3 月第二輯。
33. 〈從漢初黃老之治論及歷史發展動力問題〉：陳克明著，載《社會科學輯刊》1980 年 5 期。
34. 〈黃帝四經思想探源〉：魏啓鵬著，載《中國哲學》1980 年 10 期。
35. 〈帛書四篇的思想特徵及其對后來哲學的影響〉：祝瑞開著，載《先秦社會和諸子思想新探》福建人民出版社 1981 年初版。
36. 〈論黃老之學〉：鍾肇鵬著，載《世界宗教研究》1981 年 2 期。
37. 〈馬王堆漢墓帛書抄寫年代考〉：李裕民著，載《考古與文物》1981 年 4 期。
38. 〈試論黃老帛書的道和無爲思想〉：葛晉榮著，載《中國哲學史》1981 年 3 期。
39. 〈黃老之治與黃老之學〉：奕保群著，載《學習與思考》1981 年 3 期。
40. 〈釋黃老之稱〉：張維華著，載《文史哲》1981 年 4 期。
41. 〈西漢初年黃老政治思想〉：張維華著，載《中國社會科學》1981 年 5 期。
42. 〈司馬遷與黃老〉：王叔岷著，載《臺大文史哲學報》三十期 1981 年 12 月。

43. 〈黃老之學述考〉：劉景泉著，載《南開史學》1982 年 1 期。
44. 〈經法等佚書是田駢遺書〉：董英哲著，載《人文雜誌》1982 年 10 期。
45. 〈漢初的黃老之治與法家思想〉：王曉波著，載《食貨月刊》十一卷十期 1982 年 2 月。
46. 〈經法等篇中樸素辯證法思想〉：方克立著，載《學術論壇》1982 年 4 期。
47. 〈黃老思想簡論〉：馮友生著，載《安徽師大學報》1982 年 4 期。
48. 〈漢初黃老思想的一個側面〉：（日）西川靖二著，載《哲學叢譯》1982 年 5 期。
49. 〈論黃老之學的起源〉：劉毓璜著，載《歷史教學問題》1982 年 5 期。
50. 〈司馬遷尊奉黃老論〉：張家順著，載《中州學刊》1982 年 5 期。
51. 〈黃老思想略論〉：趙吉惠著，載《中國歷史文獻研究集刊》二集 1983 年 2 月。
52. 〈馬王堆帛書與著，載《鶡冠子》〉：李學勤著，載《江漢考古》1983 年 2 期。
53. 〈經法等篇中的樸素辯證法思想〉：方克著，載《學術論壇》1983 年 3 月。
54. 〈尹文子與稷下黃老學派—兼論尹文子非僞書〉：胡家聰著，載《文史哲》1984 年 2 期。
55. 〈管子和黃老之學〉：馮契著，載《中國哲學》第十一期 1984 年 1 月。
56. 〈試論黃老之學的理論特點與歷史作用〉：吳光著，載《浙江學刊》1984 年 3 月。
57. 〈關於黃老哲學的性質問題〉：吳光著，載《學術月刊》1984 年 8 月。
58. 〈論黃老學派的形成與發展〉：吳光著，載《杭州大學學報（哲社版）》1985 年 2 月。
59. 〈莊子後學中的黃老派〉：劉笑敢著，載《哲學研究》1985 年 7 月。
60. 〈黃老思想初探〉：余明光著，載《湘譚大學學報（社科版）》1985 年 3 月。
61. 〈黃老思想源流〉：劉蔚華、苗潤田著，載《文史哲》1986 年 1 期。
62. 〈試論黃老思想—兼論馬王堆出土古佚書爲漢初作品〉：姜廣輝著，載《中國哲學史研究集刊》二輯。
63. 〈黃老之學通論述評〉：滕復著，載《學術月刊》1986 年 2 月。
64. 〈黃帝道家的三個基本概念著，載"道""理""法"〉：（美）簡永華；吳方桐譯，載《中國哲學史研究》1986 年 4 月。
65. 〈論《黃帝四經》的思想文獻價值〉：趙吉惠著，載《中國歷史文獻研究（一）》1986 年 8 月。

66. 〈黃老哲學對老子道的改造和發展〉：滕復著，載《哲學研究》1986 年 9 期。
67. 〈馬王堆漢墓帛書《黃帝書》研究評述〉：劉翔著，載《中國文化與中國哲學》東方出版社 1986 年 12 月。
68. 〈戰國末年新道家的思想〉：向燕南著，載《北京師範大學學報》1987 年 1 期。
69. 〈論六家要旨所述道論源於黃學（讀漢墓帛書《黃帝四經》）〉：余明光著，載《中國哲學史》1987 年 5 期。
70. 〈關於道家黃老之學的幾個問題〉：吳光著，載《中國哲學論集》十三號 1987 年 10 月。
71. 〈論六家要旨所述道論源於學—讀漢墓帛書《黃帝四經》〉：余明光著，載《中國哲學史》1987 年 2 期。
72. 〈試論董仲舒思想中的黃老學説〉：盧瑞容著，載《大陸雜誌》七十四卷二期 1987 年 2 月。
73. 〈《管子》中道家黃老之作新探〉：胡家聰著，載《中國哲學史研究》1987 年 4 月。
74. 〈論道家的兩個流派—帛書《黃帝四經》和老子的比較〉：余明光著，載《求索》1988 年 1 期。
75. 〈黃老帛書經法的政治哲學—兼論淵源于稷下之學〉：胡家聰著，載《中國哲學史研究》1988 年 4 期。
76. 〈齊學與漢初黃老之學〉：丁原明著，載《管子學刊》1988 年 4 月。
77. 〈論稷下黃老之學產生的歷史條件〉：知水著，載《南京大學學報（哲學；人文；社會科學版）》1988 年 5 月。
78. 〈黃老・老莊・無爲而治〉：熊靜中著，載《渤海學刊》1988 年 8 月。
79. 〈關於黃老帛書之我見〉：黃釗著，載《管子學刊》1989 年。
80. 〈大學中庸與儒家黃老關係之初探〉：莊萬壽著，載《師大文學報》十八期 1989 年 6 月。
81. 〈關於黃老之學、《黃帝四經》產生時代考證〉：趙吉惠著，載《哲學與文化》十二期 1990 年 12 月。
82. 〈黃老帛書之文化考察〉：譚家健著，載《求索》1991 年 1 期。
83. 〈《莊子》內篇與早期。黃老思想的比較〉：苗潤田著，載《文史哲》1991 年 3 月。
84. 〈道教通論—兼論道家學説序〉：王明著，載《哲學研究》1991 年 7 期。
85. 〈《黃帝四經》與先秦思想史研究〉：趙吉惠著，載《哲學與文化》十七卷第八期 1991 年。

86. 〈“黃老政治”與劉邦經濟改革〉：胡一華著，載《麗水師專學報（社科版）》1991 年 4 期。
87. 〈泰漢時道家思想的演變〉：丁懷軫著，載《江淮論壇（合肥）》1992 年 1 期。
88. 〈“黃老之學”新論〉：修建軍著，載《管子學刊》1992 年 2 期。
89. 〈楚學與漢初黃老之學〉：丁原明著，載《文史哲》1992 年 4 期。
90. 〈黃老學與漢初社會〉：馬勇著，載《中國史研究》1992 年 4 期。
91. 〈呂氏春秋裡的黃老思想〉：陳麗桂著，載《中國學術年刊》十三期 1992 年 4 月。
92. 〈《黃老帛書》與稷下學〉，載《稷下學史》：劉蔚華、苗潤田著，中國廣播電視出版社 1992 年 4 月北京初版一刷。
93. 〈《黃老帛書》的哲學思想〉，載《稷下學史》：劉蔚華、苗潤田著，中國廣播電視出版社 1992 年 4 月北京初版一刷。
94. 〈《黃老帛書》的社會政治思想〉，載《稷下學史》：劉蔚華、苗潤田著，中國廣播電視出版社 1992 年 4 月北京初版一刷。
95. 〈經法等佚書四篇與韓非子思想的關係論韓非之學本於黃老之說〉：康韻梅著，載《中國文學研究》六期 1992 年 5 月。
96. 〈《黃帝四經》書名與成書年代考〉：余明光著，載《道家文化研究》一輯上海古籍出版社 1992 年 6 月。
97. 〈《黃帝四經》和管子四篇〉：王博著，載《道家文化研究》一輯上海古籍出版社 1992 年 6 月。
98. 〈論尚黃老與著淮南子〉：潘雨廷著，載《道家文化研究》一輯上海古籍出版社 1992 年 6 月。
99. 〈道家理論思維對管子哲學體系的影響〉：李德永著，載《道家文化研究》一輯上海古籍出版社 1992 年 6 月。
100. 〈馬王堆《老子》甲乙本卷前後佚書與“道法家”〉：裘錫圭著，載《江蘇古籍》1992 年 6 期。
101. 〈西漢國家宗教與黃老學派的宗思想〉：王葆玹著，載《道家文化研究》二輯上海古籍出版社 1992 年 8 月。
102. 〈董仲舒與黃老之學—黃帝四經對董仲舒的影響〉：余明光著，載《道家文化研究》二輯上海古籍出版社 1992 年 8 月。
103. 〈泰漢哲學的特點與民族傳統〉：馮契著，載《哲學研究（京）》1992 年 9 期。
104. 〈泰漢之際的黃老學派思想（上）〉：趙雅博著，載《中國國學》二十期 1992 年 11 月。

105. 〈黃老之學新論讀後的幾點思考〉：許抗生著，載《管子學刊（濟南）》1993 年 1 期。
106. 〈"泰漢新道家說"質疑〉：修建軍、張良才著，載《甘肅社會科學》1993 年 2 期。
107. 〈從"稷下黃老"到"家人之言"〉：熊鐵基著，載《中國哲學史》1993 年 1 期。
108. 〈帛書繫辭和帛書《黃帝四經》〉：陳鼓應著，載《周易研究》1993 年 4 期。
109. 〈荀況是戰國末期黃老之學的代表〉：趙吉惠著，載《哲學研究（京）》1993 年 5 期。
110. 〈泰漢之際的黃老學派思想（下）〉：趙雅博著，載《中國國學》二十一期 1993 年 5 月。
111. 〈論《黃帝四經》產生的地域〉：王博著，載《道家文化研究》三輯上海古籍出版社 1993 年 8 月。
112. 〈馬王堆帛書《老子》卷前古佚書并非《黃帝四經》〉：裘錫圭著，載《道家文化研究》三輯上海古籍出版社 1993 年 8 月。
113. 〈楚帛書與道原篇〉：饒宗頤著，載《道家文化研究》三輯上海古籍出版社 1993 年 8 月。
114. 〈帛書道原和老子論道的比較〉：胡家聰著，載《道家文化研究》三輯上海古籍出版社 1993 年 8 月。
115. 〈黃老帛書哲學淺議〉：蕭萐父著，載《道家文化研究》三輯上海古籍出版社 1993 年 8 月。
116. 〈馬王堆帛書《經法・大分》及其他〉：李學勤著，載《道家文化研究》三輯上海古籍出版社 1993 年 8 月。
117. 〈帛書"十四經"正名〉：高正著，載《道家文化研究》三輯上海古籍出版社 1993 年 8 月。
118. 〈董仲舒和黃老思想〉：〔美〕薩拉・奎因（Sarah 著，載 A.Queen）著，載《道家文化研究》三輯上海古籍出版社 1993 年 8 月。
119. 〈道家與"帛書"〉：李零著，載《道家文化研究》三輯上海古籍出版社 1993 年 8 月。
120. 〈從馬王堆出土文物看我國道家文化〉：周世榮著，載《道家文化研究》三輯上海古籍出版社 1993 年 8 月。
121. 〈馬王堆漢墓文物的道家傾向〉：陳松長著，載《道家文化研究》三輯上海古籍出版社 1993 年 8 月。
122. 〈論荀學是稷下黃老之學〉：趙吉惠著，載《道家文化研究》三輯上海古籍出版社 1993 年 8 月。

123. 〈尹文黃老思想與稷下“百家爭鳴”〉：胡家聰著，載《道家文化研究》三輯上海古籍出版社 1993 年 8 月。
124. 〈黃老學說：宋鈃和愼到論評〉：（美）史華慈著，載《道家文化研究》三輯上海古籍出版社 1993 年 8 月。
125. 〈說“黃老”〉：李零著，載《道家文化研究》三輯上海古籍出版社 1993 年 8 月。
126. 〈先秦道家研究的新方向－從馬王堆漢墓帛書《黃帝四經》說起〉：陳鼓應著，載《道家文化研究》三輯上海古籍出版社 1993 年 8 月。
127. 〈稷下黃老之學對孟子思想的影響〉：孫開泰著，載《道家文化研究》三輯上海古籍出版社 1993 年 8 月。
128. 〈荀子思想與黃老之學〉：余明光著，載《道家文化研究》三輯上海古籍出版社 1993 年 8 月。
129. 〈董仲舒的黃老思想〉：陳麗桂著，載《道家文化研究》三輯上海古籍出版社 1993 年 8 月。
130. 〈道家黃老學的“天、地、人”一體觀〉：胡家聰著，載《道家文化研究》三輯上海古籍出版社 1993 年 8 月。
131. 〈論〈經法・大分〉及〈經・十大〉標題〉，載《簡帛佚籍與學術史》：李學勤著，時報文化出版有限公司 1994 年。
132. 〈黃帝考〉：葉林生著，載《江海學刊》1994 年 2 期。
133. 〈馬王堆漢墓帛書《經法》注釋商榷〉：施謝捷著，載《文史》三十九輯 1994 年 3 月。
134. 〈黃老思想的體現〉：陳麗桂著，載《中國學術年刊》十五期 1994 年 3 月。
135. 〈申韓之學本於黃老，卻與老子學術思想背道而馳〉：曾爲惠著，載《孔孟學刊》三十三卷十一期 1994 年 7 月。
136. 〈陸賈思想並非“黃老”論〉：吉永繼著，載《惠州大學學報（社科版）》1994 年 1 月。
137. 〈漢初黃老思想「禮法」合流之探析〉：詹哲裕著，載《復興岡學報》五十二期 1994 年 9 月。
138. 〈荀子是儒學還是黃老之學的代表〉：張頌之，揚春梅著，載《哲學研究》1994 年 9 期。
139. 〈董仲舒與黃老之學〉：李定生著，載《復旦學報（社科版）》1995 年 1 期。
140. 〈《黃老四經》與百家之學〉：白奚著，載《哲學研究》1995 年 4 期。
141. 〈漢代黃老之學的核心－《黃帝四經》〉：張遠華著，載《西北大學學報（哲學社會科學版）》1995 年 2 期。

142. 〈從《天人三策》到《春秋繁露》－兼論董仲舒與黃老之學〉：張國華著，載《中國社會科學研究院研究生學報》1995 年 3 期。
143. 〈黃老學術向黃老道教之轉變〉：余明光、譚建輝著，載《湘潭大學學報（哲學社會科學版）》1995 年 5 期。
144. 〈荀子思想與“黃老”之學〉：余明光著，載《河北學刊》1996 年 1 月。
145. 〈帛書《黃帝四經》的思想和時代〉，載《漢代思想史》：金春峰著，中國社會科學出版社 1997 年 12 月北京修訂二版一刷，頁 18～48。
146. 〈漢初黃老思想的政治實質及其在學術領域的影響〉，載《漢代思想史》：金春峰著，1997 年 12 月修訂二版。
147. 〈黃帝造說盛起於稷下學宮之蠡測——兼論「黃老之學」〉：鍾宗憲著，載《輔大中研所學刊》1997 年。
148. 〈「黃帝四經」與「老子」道論、政治思想之比較〉：周旻秋著，載《輔大中研所學刊》1997 年。
149. 〈稷下的主流學派黃老之學〉，載《稷下學研究——中國古代的思想自由與百家爭鳴》：白奚著，三聯書店 1998 年 9 月北京初版一刷。
150. 〈《經法》中的“形”“名”思想探源〉：郭梨華著，載《安徽大學學報》三期。
151. 〈帛書黃帝五正考釋〉：魏啓鵬著，載《徐中舒先生百年誕辰紀念文集》。

（二）專書

1. 《馬王堆漢墓帛書（壹）（線裝二冊）》：文物出版社 1974 年北京初版。
2. 《馬王堆漢墓帛書（壹）》：中共國家文物局古文獻研究室編著，文物出版社 1975 年北京初版。
3. 《馬王堆漢墓帛書經法》：北京文物出版社 1976 年初版。
4. 《黃帝四經考辨》：朱曉海著，台大中文研究所 1977 年碩士論文。
5. 《馬王堆漢墓帛書（壹）（精裝一冊）》：中共國家文物局古文獻研究室編著，文物出版社 1980 年 3 月北京初版一刷。
6. 《中國哲學發展史》：任繼愈著，中國人民出版社 1983 年北京初版。
7. 《黃帝經通釋》：胡信田注釋，天工書局 1984 年台北出版。
8. 《秦漢新道家略論》：熊鐵基著，上海人民出版社 1984 年上海初版。
9. 《黃老之學通論》：吳光著，浙江人民出版社 1985 年上海初版。
10. 《黃老評議》：吳賢俊著，台灣師範大學國文研究所 1988 年碩士論文。
11. 《戰國末秦漢之際黃老學說之探討》：高祥著，台灣師範大學國文研究所 1988 年碩士論文。
12. 《黃帝四經與黃老思想》：余明光著，黑龍江人民出版社 1989 年黑龍江初版。

13. 《戰國時期的黃老思想》：陳麗桂著，聯經出版社 1991 年 4 月台北初版。
14. 《韓非子與黃帝四經之比較研究》：郭美玲著，逢甲大學中文研究所 1992 年碩士論文。
15. 《黃帝四經今注今譯》：余明光、張國華著，岳麓書社 1993 年出版。
16. 《黃帝四經今註今譯》：陳鼓應著，台灣商務印書館 1995 年台北 6 月初版一刷。
17. 《秦漢時期的黃老思想》：陳麗桂著，文津出版社 1997 年台北初版。

引用、參考書目

一、引用書目（依首字筆劃排序）

1. 《十一家注孫子》，曹操等注，郭化若等譯，里仁書局，1982年10月初版。
2. 《三國志》，晉陳壽撰，宋裴松之注，北京中華書局，1995年6月二版十三刷。
3. 《山海經校注》，劉歆編，袁珂校注，里仁書局，1982年8月台北初版。
4. 《六韜》，舊題周姜子牙著，四部叢刊本。
5. 《太平御覽》，宋任昉等撰，四部叢刊本。
6. 《孔子家語》，魏王肅著，世界書局新編諸子集成本。
7. 《文史通義校注》，清章學誠著，葉瑛校注，里仁書局，1984年台北初版。
8. 《文選》，蕭統編，五南出版社，1991年10月台北初版。
9. 《古代文史研究新探》，裘錫圭著，江蘇古籍出版社，1992年6月南京初版一刷。
10. 《白虎通疏證》，班固編，陳立疏證，北京中華書局新編諸子集成本。
11. 《毛詩正義》，漢毛亨傳，鄭玄箋，唐孔穎達正義，藝文印書館，景清嘉慶江西南昌府學《十三經注疏》本。
12. 《史記》，漢司馬遷著，唐司馬貞索隱，唐張守節正義，宋裴駰集解，北京中華書局，1989年北京初版十一刷。
13. 《四庫全書總目》，清紀昀等著，藝文印書館印。
14. 《列子集釋》，舊題列禦寇著，楊伯峻集釋，北京中華書局新編諸子集成本。

15. 《呂氏春秋校釋》，秦呂不韋編，陳奇猷校釋，新華書店，1995年10月上海初版三刷。
16. 《沖虛至德眞經釋文》，舊題文子著，唐殷敬順釋文，中華書局，景湖海樓叢書本。
17. 《孟子注疏》，周孟軻著，趙岐章句，孫奭疏，藝文印書館，景清嘉慶江西南昌府學《十三經注疏》本。
18. 《尚書正義》，舊題漢孔安國傳，唐孔穎達正義，藝文印書館，景清嘉慶江西南昌府學《十三經注疏》本。
19. 《帛書老子校注》，舊題周老聃著，高明校注，北京中華書局，1996年5月初版一刷。
20. 《春秋左傳注》，舊題左丘明著，楊伯峻注，漢京出版社，1987年9月台北初版。
21. 《孫臏兵法殘簡釋文》，舊題周孫臏著，郭化若注，收錄於《十一家注孫子》：曹操等注，郭化若等譯，里仁書局，1982年10月初版。
22. 《荀子集釋》，周荀卿著，李滌生集釋，學生書局，1988年10月台北初版五刷。
23. 《馬王堆漢墓帛書（壹）》，中共國家文物局古文獻研究室編，文物出版社，1980年3月北京初版一刷。
24. 《國語》，舊題周左丘明著，漢韋昭注，宏業書局，1980年9月台北初版。
25. 《尉繚子譯注》，舊題尉繚著，李解民譯注，河北人民出版社，1995年4月初版二刷。
26. 《淮南鴻烈集解》，漢劉安編，清劉文典集解，北京中華書局新編諸子集成本。
27. 《莊子集釋》，舊題莊周著，清郭慶藩集釋，王孝魚點校，天工書局，1988年9月台北初版。
28. 《隋書》，唐魏徵等著，北京中華書局，1987年北京初版五刷。
29. 《新語校注》，漢賈誼著，王利器校注，北京中華書局，1997年10月初版三刷。
30. 《愼子》，舊題愼到著，世界書局，景守山閣叢書本。
31. 《漢書》，漢班固著，唐顏師古注，北京中華書局，1987年初版五刷。
32. 《管子校釋》，舊題周管仲著，顏昌嶢校釋，岳麓書社，1996年2月初版一刷。
33. 《說文解字注》，漢許愼著，清段玉裁注，台灣黎明書局，景經韻樓藏版本。

34. 《論語注疏》，周孔丘著，魏何晏等集解，宋邢昺疏，藝文印書館，景清嘉慶江西南昌府學《十三經注疏》本。
35. 《論衡校釋》，漢王充著，黃暉校釋，劉盼遂集解，北京中華書局新編諸子集成本。
36. 《墨子校注》，墨翟著，吳毓江校注，西南師範大學出版社，1992 年 8 月成都初版一刷。
37. 《戰國策》，劉向編，里仁書局，1990 年 9 月台北初版。
38. 《戰國縱橫家書》，載《戰國策》：劉向編，里仁書局，1990 年 9 月台北初版，附錄。
39. 《韓非子集釋》，周韓非著，陳奇猷集釋，復文書局，1991 年 7 月高雄二版。
40. 《鶡冠子彙校集注》，舊題鶡冠子著，黃懷信彙校集注，北京中華書局，2004 年 10 月北京初版一刷。

二、參考書目

（一）專書（依首字筆劃排序）

1. 《中國史學家評傳》，陳清泉等編，河南：中州古籍，1985 年 3 月初版一刷。
2. 《中國版本目錄學書籍解題》，日．長澤規矩也著，北京：書目文獻，1990 年 6 月初版。
3. 《中國知識階層史論》，余英時著，台北：聯經出版社 1993 年 5 月初版二刷。
4. 《中國哲學史》，馮友蘭著，台北：藍燈出版社，1989 年 10 月初版。
5. 《中國哲學史新編》，馮友蘭著，北京：人民出版社，1995 年 8 月 3 版三刷。
6. 《中國哲學發展史（秦漢）》，任繼愈主編，北京：人民出版社，1998 年 5 月初版二刷。
7. 《中國書籍史話》，葉松發著，高雄：白莊出版社，1978 年 11 月。
8. 《支配的類型》，韋伯著，康樂等譯，台北：遠流出版社，1996 年二版。
9. 《文子研究》，鄭國瑞著，高雄：高雄中山大學中文研究所，1997 年碩士論文。
10. 《古史辨》，顧頡剛等編，台北：藍燈出版社，1993 年 8 月初版二刷。
11. 《古書眞僞及其考辨》，梁啓超著，台北：台灣中華書局，1978 年初版二刷。
12. 《先秦政治思想史》，梁啓超著，台北：中華書局，1968 年臺五版。

13. 《先秦齊學考》，林麗娥著，台北：台灣商務印書館，1992 年 2 月初版一刷。
14. 《先秦諸子繫年》，錢穆著，台北：東大出版社，1990 年 9 月三版二刷。
15. 《老子考》，王有三編，台北：東昇出版社，1981 年 1 月初版。
16. 《周秦道論發微》，張舜徽著，台北：木鐸出版社，1988 年 9 月初版。
17. 《校讎廣義》，程千帆、徐有富著，山東：齊魯書社，1988 年 8 月初版。
18. 《眞理與方法》，漢斯-格奧爾格．加達墨爾著，洪漢鼎譯，台北：時報出版社，1999 年 1 月初版四刷。
19. 《秦漢時期的黃老思想》，陳麗桂著，台北：文津出版社，1997 年 2 月初版一刷
20. 《荊門郭店楚墓老子研究》，崔仁義著，北京：科學出版社，1998 年 10 月初版一刷。
21. 《馬王堆帛書老子試探》，嚴靈峰著，台北：河洛出版社，1976 年 10 月初版。
22. 《僞書通考》，張心澂編，台北：台灣商務印書館，1970 年初版。
23. 《莊老通辨》，錢穆著，台北：東大出版社，1991 年 11 月初版。
24. 《黃老之學通論》，吳光著，浙江：浙江人民出版社，1985 年 6 月初版一刷。
25. 《黃老評議》，吳賢俊著，台北：台灣師範大學國文研究所，1988 年碩士論文。
26. 《黃帝四經今註今譯》，陳鼓應著，台北：台灣商務印書館，1995 年 6 月初版一刷。
27. 《黃帝四經考辨》，朱曉海著，台北：台灣大學中文研究所，1977 年碩士論文。
28. 《黃帝四經與黃老思想》，余明光著，黑龍江：黑龍江人民出版社，1988 年 8 月初版一刷。
29. 《經傳釋詞》，王引之著，台北：漢京出版社，1983 年 4 月初版。
30. 《鄒衍遺說考》，王夢鷗著，台北：台灣商務印書館，1966 年 1 月初版。
31. 《漢代思想史》，金春峰著，北京：中國社會科學出版社，1997 年 12 月二版一刷。
32. 《漢書藝文志考釋》，梁啓超著，北京：新華書局，1989 年 3 月初版一刷。
33. 《漢書藝文志注釋彙編》，陳國慶編，台北：木鐸出版社，1983 年 9 月初版。
34. 《漢書藝文志問答》，正中書局編審委員會著，台北：正中書局，1969

年7月初版。
35. 《漢書藝文志通釋》，張舜徽著，湖北：湖北教育出版社，1990年3月初版一刷。
36. 《漢書藝文志講疏》，顧實著，台北：商務印書館，1980年二版。
37. 《管子思想研究》，徐師漢昌著，台北：學生書局，1990年6月初版。
38. 《管子探源》，羅根澤著，台北：里仁書局，1981年11月初版。
39. 《稷下鉤沉》，張秉楠輯注，上海：上海古籍出版社，1991年5月初版一刷。
40. 《稷下學史》，劉蔚華、苗潤田著，北京：中國廣播電視出版社，1992年4月初版一刷。
41. 《稷下學研究——中國古代的思想自由與百家爭鳴》，白奚著，北京：三聯書店，1998年9月初版一刷。
42. 《戰國史》，楊寬著，台北：谷風出版社，1986年9月初版。
43. 《戰國史繫年輯證》，繆文遠著，四川：巴蜀書社，1977年初版一刷。
44. 《戰國末秦漢之際黃老學說之探討》，高祥著，台北：台灣師範大學國文研究所，1988年碩士論文。
45. 《戰國時期的黃老思想》，陳麗桂著，台北：聯經出版社，1991年4月初版。
46. 《韓非子與黃帝四經之比較研究》，郭美玲著，台中：逢甲大學中文研究所，1992年碩士論文。

（二）單篇論文（依出版時間排序）

1. 〈陳侯四器考釋〉，徐中舒，《中研院史語所集刊》第三本第四分冊，1933。
2. 〈座談馬王堆漢墓帛書〉，唐蘭等，《文物》，1974年9期，1974。
3. 〈馬王堆漢墓帛書概述〉，曉函，《文物》，1974年9期，1974。
4. 〈《黃帝四經》初探〉，唐蘭，《文物》，1974年10期，1974。
5. 〈長沙馬王堆漢墓出土《老子》乙本前古佚書釋文〉，馬王堆漢墓帛書整理小組，《文物》，1974年10期，1974。
6. 〈黃老考〉，王叔岷，《東方文化》十三卷二期，1974年7月，1974。
7. 〈馬王堆出土《老子》乙本卷前古佚書的研究——兼論其與漢初儒法鬥爭的關係〉，唐蘭，《考古學報》，1975年1期，1975。
8. 〈馬王堆出土《老子》卷前古佚書探源〉，龍晦，《考古學報》，1975年2期，1975。
9. 〈十大經初論〉，高亨、董治安，《歷史研究》，1975年1期，1975。
10. 〈十大經的思想和時代〉，康立，《歷史研究》，1975年1期，1975。

11. 〈再談黃老思想與法家路線—讀馬王堆三號漢墓出土帛書札記之二〉，田昌五，《文物》，1976年4期，1976。
12. 〈十大經的年代與四人幫的野心〉，史明，《考古》，1977年2期，1977。
13. 〈黃老帛書的哲學思想〉，鍾肇鵬，《文物》，1978年2期，1978。
14. 〈漢初流行的黃老之學〉，任繼愈，《中國哲學史》第二冊附錄：人民出版社1979年北京初版，1979。
15. 〈經法等古佚書四種釋文校補〉，溫公翔，《中國語文》，1979年5期，1979。
16. 〈略論黃老學派的產生和演變〉，許抗生，《文史哲》，1979年3期，1979。
17. 〈從文法、語彙的差異證國語、左傳非一人所作〉，張以仁，載《國語、左傳論集》：張以仁著，東昇出版社1980年9月台北初版，1980。
18. 〈《黃帝四經》思想探源〉，魏啓鵬，《中國哲學》，1980年10期，1980。
19. 〈馬王堆漢墓帛書抄寫年代考〉，李裕民，《考古與文物》，1981年4期，1981。
20. 〈司馬遷與黃老〉，王叔岷，《臺大文史哲學報》三十期，1981年12月，1981。
21. 〈經法等佚書是田駢遺書〉，董英哲，《人文雜誌》，1982年10期，1982。
22. 〈司馬遷尊奉黃老論〉，張家順，《中州學刊》，1982年5期，1982。
23. 〈黃老思想略論〉，趙吉惠，《中國歷史文獻研究集刊（二）》，1983年2月，1983。
24. 〈馬王堆漢墓帛書《黃帝書》研究評述〉，劉翔，《中國文化與中國哲學》，東方出版社，1986年12月1985。
25. 〈竹簡與木牘〉，錢存訓，《中國圖書文獻學論集》：王國良；王秋桂編，明文書局，1986年11月增訂版，1986。
26. 〈論《黃帝四經》的思想文獻價值〉，趙吉惠，《中國歷史文獻研究（一）》，1986年8月，1986。
27. 〈黃老帛書經法的政治哲學—兼論淵源于稷下之學〉，胡家聰，《中國哲學史研究》，1988年4期，1988。
28. 〈關於「黃老之學」、《黃帝四經》產生時代考證〉，趙吉惠，《哲學與文化》十二期，1990年12月，1990。
29. 《黃帝四經》與先秦思想史研究，趙吉惠，《哲學與文化》十七卷第八期，1991年8月，1991。
30. 〈馬王堆《老子》甲乙本卷前後佚書與"道法家"〉，裘錫圭，《江蘇古籍》，1992年6期，1992。
31. 〈《黃帝四經》和《管子》四篇〉，王博，《道家文化研究》一輯，1992

年6月上海古籍出版社，1992。

32. 〈《黃帝四經》書名與成書年代考〉，余明光，《道家文化研究》一輯，1992年6月，上海古籍出版社，1992。
33. 〈論《黃帝四經》產生的地域〉，王博，《道家文化研究》三輯，1993年8月上海古籍出版社，1993。
34. 〈馬王堆帛書〈經法‧大分〉及其他〉，李學勤，《道家文化研究》三輯，1993年8月，上海古籍出版社，1993。
35. 〈帛書《道原》和〈老子〉論道的比較〉，胡家聰，《道家文化研究》三輯，1993年8月，上海古籍出版社，1993。
36. 〈帛書"十四經"正名〉，高正，《道家文化研究》三輯，1993年8月，上海古籍出版社，1993。
37. 〈馬王堆帛書《老子》卷前古佚書并非《黃帝四經》〉，裘錫圭，《道家文化研究》三輯，1993年8月，上海古籍出版社，1993。
38. 〈黃老思想的體現〉，陳麗桂，《中國學術年刊》十五期，1994年3月，1994。
39. 〈論〈經法‧大分〉及〈經‧十大〉標題〉，李學勤，《簡帛佚籍與學術史》，1994年時報文化出版有限公司，1994。
40. 〈先秦道家研究的新方向－從馬王堆漢墓帛書《黃帝四經》說起〉，陳鼓應，《道家文化研究》六輯，1995年6月上海古籍出版社，1995。
41. 近年黃老學說研究情形述議，鄭國瑞，《第一屆南區四校中文系研究生論文研討會論文集》，1996。